本书由

大连市人民政府资助出版

The Published book is sponsored
by the Dalian Municipal Government

本书由大连市人民政府资助出版，并为2012年度大连外国语大学科研项目“经济全球化背景下转轨国家贸易自由化研究——以中国和俄罗斯为例”（项目编号：2012XJYB33）及2013年辽宁省高等学校优秀人才支持计划项目（编号：WJQ2013019）最终成果。

JINGJIQUANQIUHUABEIJINGXIA
ZHUANGUIGUOJIAMAOYIZIYOUHUAYANJIU

经济全球化背景下

转轨国家贸易自由化研究

——以中国和俄罗斯为例

朱玉荣 ● 著

图书在版编目（CIP）数据

经济全球化背景下转轨国家贸易自由化研究：以中国和俄罗斯为例／朱玉荣著．—北京：中国社会科学出版社，2014.10

ISBN 978-7-5161-4285-1

Ⅰ.①经…　Ⅱ.①朱…　Ⅲ.①国际贸易—自由贸易—研究—中国、俄罗斯　Ⅳ.①F752.751.2

中国版本图书馆 CIP 数据核字（2014）第 097877 号

出 版 人　赵剑英
责任编辑　顾世宝
责任校对　张　慧
责任印制　李寡寡

出　　版　中国社会科学出版社
社　　址　北京鼓楼西大街甲 158 号（邮编 100720）
网　　址　http://www.csspw.cn
　　　　　中文域名：中国社科网　　010-64070619
发 行 部　010-84083685
门 市 部　010-84029450
经　　销　新华书店及其他书店

印　　刷　北京君升印刷有限公司
装　　订　廊坊市广阳区广增装订厂
版　　次　2014 年 10 月第 1 版
印　　次　2014 年 10 月第 1 次印刷

开　　本　710×1000　1/16
印　　张　15.5
插　　页　2
字　　数　243 千字
定　　价　49.00 元

凡购买中国社会科学出版社图书，如有质量问题请与本社联系调换
电话：010-64009791

目 录

导　论

第一节　选题意义

20世纪90年代以来，经济全球化进一步发展。在经济全球化和新自由主义思潮的影响下，苏联解体后的独立国家与东欧国家开始了由计划经济体制向市场经济体制的转轨过程，采取开放性的对外贸易政策，实现本国市场与世界市场的接轨。贸易自由化改革是体制转轨的重要内容，也是转轨国家追求本国经济发展的必由之路。

在当今世界，几乎所有的国家都实行对外开放的政策，而贸易自由化是实现本国经济与世界经济接轨最基本的途径。转轨国家的经济转轨使世界市场真正融合为统一的整体。转轨国家的贸易自由化对全球贸易自由化发展起到重要的推动作用。转轨国家的贸易自由化不同于一般发展中国家的贸易自由化，虽然转轨国家与大多数发展中国家在调整本国产业结构，改善贸易结构，提高本国贸易竞争力方面有相似之处，但由于体制上的不同以及经济转型等问题，转轨国家的贸易自由化又存在很多特别之处。转轨国家是在由计划经济向市场经济转型的过程中实施贸易自由化，而一般发展中国家由于原本就是市场经济体制，不存在转型问题。在向市场经济体制转轨过程中，转轨国家没有现成的经验可以借鉴，如何克服计划经济的影响，顺利向市场经济转轨需要一个长期的探索过程。在贸易自由化的进程中，计划经济体制的意识和行为方式的影响不会在短时间内消除，新旧体制摩擦将是一个长期的过程。在贸易自由化过程中，如何实施政府职能转换，使转轨国家政府既能对贸易自由化过程进行掌控，有力地规避贸易风险，又能使贸易主体在贸易自由化环境中充分发挥市场主体的作用，努力适应竞争环境，提高自身竞争力，这既是一个思想观念的转化问题，也是一个政府能力提高与调整的过程。

研究经济全球化背景下转轨国家的贸易自由化问题，深入分析转轨国家贸易自由化的成效与问题，提出规避贸易风险，加强贸易宏观调控，提高市场主体竞争力的路径与策略，对于像我国这样的转轨国家具有重要意义。

转轨国家的贸易自由化是在经济全球化的背景下进行的，是全球贸易自由化的重要组成部分。经济全球化与转轨国家的贸易自由化是一个互动过程。不同的转轨国家由于采取的转轨道路、方式不同，转轨的结果不同，因而其实施贸易自由化的效果也是不同的。俄罗斯实施激进式转轨，全面放开对外贸易，实现对外贸易完全自由化，导致本国资源被大量低价输出，国家科技秘密外泄，本国经济安全受到威胁，不利于本国经济的可持续发展。进口完全放开，导致本国工业崩溃，生产下降，只能高价进口生活必需品。中国采取了渐进式改革，逐步放开贸易活动，对经济风险的防控意识较强，但是在体制转轨的过程中，同样存在贸易结构不合理、市场开放度不够、政府宏观调控不完善、贸易战略不明确、贸易竞争力低下等转轨国家存在的共性问题。

只有深入分析转轨国家贸易自由化的进程与成效，分析贸易自由化过程中存在的各种深层次问题，才能透过转轨国家贸易额高涨的表面，看到转轨国家贸易自由化的改革对经济增长和社会发展所起的积极作用与安全威胁，才能认识转轨国家贸易自由化过程中存在的各种现实的和潜在的安全问题，才能使转轨国家的政府认识到在对外贸易方面进行职能转换的必要性，认真思考本国的贸易战略，调整产业结构，突破计划经济体制的束缚，采取灵活、有效的宏观调控措施。只有对转轨国家的贸易安全问题进行深入分析，才能使转轨国家企业认识到自身的活动对于国家的重要作用，使其克服短期意识和行为，对企业提高竞争力问题进行深入的思考。

第二节 国内外研究现状

一 国外研究现状

20世纪90年代，自俄罗斯、东欧等国家开始实行经济转轨以来，国内外学者就转轨问题的各个方面展开了持续的研究，就经济转轨的形式、原因、过程、后果等进行了全面的评述，就转轨过程中出现的各种问题如资本、市场准入、贸易自由化、私有化、价格自由化、利率制度、税率制度、社会保障等进行了全面的分析研究。从研究现状来看，对转轨经济的研究多是进行综合性的研究，对转轨国家贸易自由化问题进行专题研究的较少。

转轨国家贸易自由化方面的研究者普遍认为，转轨国家应实施贸易自由化措施，放松对进出口的行政管制，这有助于转轨国家拓宽贸易对象，使转轨国家的企业获得更多与世界市场接触的机会，从而提高国际竞争力，促进转轨国家的经济增长。研究者们还普遍认为，转轨国家实施完全的贸易自由化措施会产生严重的通货膨胀、高失业等现象，因而贸易自由化的措施需要政府进行必要的调控。

在转轨国家贸易自由化与经济增长的关系上，Sachs-Warner认为直接的经济转轨，包括在投资政策、产业政策、贸易政策、汇率政策等方面全面开放，是经济增长的发动机。Frankel认为开放政策将通过贸易扩大推动财富的增加。Jeffrey Sachs和Andrew Warner认为在发展中国家和发达国家之间实施对外贸易开放是实际收入提高的重要因素。①

关于对外开放是经济增长发动机观点的不同看法主要有：Sachs，Krugman-Eichengreen，Rodrik（2001）指出建立在比较优势和竞争优势基础上的贸易开放将会导致财富的分流而不是财富的聚集。Dragoljub Stojanov和Vinko Kandžija认为实施完全的贸易开放和引进竞争，从长期意义上，很难真正增加一个国家的实际财富，此外，这种政策还会导致

① Dragoljub Stojanov, Vinko Kandžija, Are the Trade Opennes and Competitiveness of Transition Economies Drivers for Economic Growth and Convergence or Not, http://oliver.efri.hr/~euconf/2005/files/plenary%20session/3rd%20stojanov%20kandzija.pdf, pp. 1-3.

严重的通货膨胀。从经济增长与贸易的关系来看，应是经济增长导致出口，而不是出口贸易带来经济增长。Economy 通过回顾历史认为，基础商品的专业化出口需要与较高的收入水平相联系，而较高的收入水平及经济的长期动态增长不仅需要出口推动，更需要产业结构的更新发展。①

在贸易自由化对转轨国家技术水平的影响方面，Yener Kandogan 认为贸易自由化有助于转轨国家提高技术水平。贸易自由化加大了国内企业竞争的压力，促使它们通过技术进步降低生产成本，因此，落后国家获得了缩小与发达国家技术差距的机会。转轨国家的一些初始条件如技术水平的原始差距、贸易开放的程度、市场化改革的阶段、贸易伙伴的选择，尤其是贸易自由化的速度和国内经济的结构等都是缩小技术差距的影响因素。计划经济时的封闭的经济结构加速了贸易自由化对技术进步的影响，而在 20 世纪 90 年代早期的单边贸易自由化措施则抑制了后来双边贸易自由化的发展。比如中东欧国家，与欧盟国家的过快的贸易自由化抑制了缩小技术差距的速度。转轨国家高度集中的产业群加速了缩小技术差距的速度。最后，贸易对象的选择也是重要的因素。贸易伙伴的经济越先进、开放程度越高、经济规模越大，在贸易自由化开始时就越能带来激烈的竞争，缩小技术差距的机会就越大。②

在贸易自由化过程中政府的作用方面，Truong Quang Hoai Nam 认为转轨国家在转轨过程中应建立并完善竞争政策，除包括限制企业控制市场的行为，如禁止卡特尔、限制企业滥用市场支配地位、控制企业兼并外，还包括一切限制垄断市场的行为及一切其他不公平的做法。竞争政策的作用是确保自由贸易、公平交易、进入市场的自由。因此，竞争政策的实施必须实行贸易自由化。通过进口自由化和投资自由化开放市场，加速竞争，可能会在短期内提高竞争的程度，但是如果没有有效的监管措施，有较强实力和经验的外资企业可能会利用自由化的机会，实施控制其他企业的行为和滥用市场支配地位。在参与经济全球化方面，

---

① Dragoljub Stojanov, Vinko Kandžija, Are the Trade Opennes and Competitiveness of Transition Economies Drivers for Economic Growth and Convergence or Not, http://oliver.efri.hr/~euconf/2005/files/plenary%20session/3rd%20stojanov%20kandzija.pdf, pp. 1 - 11.

② Yener Kandogan, Technological Progress Through Trade Liberalization in Transition Countries, William Davidson Institute Working Paper No. 567, May 2003, p. 20.

发展中国家尤其是转轨国家，并没有做好应对全球化竞争的准备。因而转轨国家应探讨在贸易自由化过程中，加强政府的宏观调控作用。[①]

Stephen L. Parente 和 José-Víctor Ríos-Rull 对俄罗斯和中国两个转轨大国转轨的进程、方式和后果进行了比较，分析了两者后果不同的原因，强调了政府在转轨过程中的重要作用。认为俄罗斯和中国的经济转轨后果不同的原因在于两国在转轨过程中，政府在管理价格和经济活动方面采取了不同的方式。在俄罗斯，政府给予一些工业集团垄断权力，阻止使用新技术，而在中国，改革没有导致类似的垄断情况。改革的决定因素在于政府的力量。[②]

在贸易伙伴的选择上，研究者们普遍认为，转轨国家在实施贸易自由化的过程中，除应加强与发达国家的合作，还应加强相互之间的合作及与广大发展中国家的合作。

J. Frankel 认为克罗地亚等国加入欧盟将会提高其与欧盟国家的贸易额，并通过分析认为，加入欧盟后，其成员国的贸易额将会提高 60% 左右。但 Dragoljub Stojanov 和 Vinko Kandžija 认为东欧国家与欧盟的贸易越多，其经济与欧盟的联系就越紧密，会使东欧国家的经济受到欧盟成员国经济波动的影响。[③]

Jaleel Ahmad 和 Jing Yang 认为东欧国家与欧盟国家及 OECD 国家的合作，加强了其与欧盟国家及 OECD 国家的贸易联系。但在东欧国家内部，尤其是东欧国家与独联体国家的贸易合作上，似乎在短期和中期都没有安排。转轨国家应加强相互之间的合作。转轨国家除应考虑与目前

① Truong Quang Hoai Nam, Competition Policy and Liberalization of Trade, and Investment, 2006, http://www.jftc.go.jp/eacpf/06/6_01_03.pdf, pp. 1 – 7.

② Stephen L. Parente and José-Víctor Ríos-Rull, The Success and Failure of Reforms in Transition Economies, Journal of Money, Credit and Banking, Vol. 37, No. 1 (Feb., 2005), pp. 23 – 42.

③ Dragoljub Stojanov, Vinko Kandžija, Are the Trade Opennes and Competitiveness of Transition Economies Drivers for Economic Growth and Convergence or Not, http://oliver.efri.hr/~euconf/2005/files/plenary%20session/3rd%20stojanov%20kandzija.pdf, p. 5.

的合作伙伴发展贸易外，还应谋求与更广泛的国家开展对外贸易。[①]

Joze Damijan，Jose de Sousa，Olivier Lamotte通过研究东南欧国家的贸易状况认为，东南欧国家相互之间签订自由贸易协定并与欧盟国家进行区域经济一体化合作后，其与欧盟的贸易水平显著提高。但东南欧国家之间，由于原有的贸易已经达到一定水平，它们之间的互惠贸易安排似乎并没有起到太大的作用。而且，所有东南欧国家与世界上其他国家的贸易并没有达到应有的水平。在东南欧国家与发达国家的贸易不断增长的同时，非关税壁垒大幅增加，贸易伙伴的国内企业为应对来自巴尔干国家企业出口的竞争，纷纷采取非关税壁垒来保护自己。东南欧国家与世界经济的一体化程度还很低，说明其有必要继续实施贸易自由化的改革，拓展贸易对象。[②]

在贸易自由化的顺序上，一些研究者认为转轨国家应先放松出口限制，实行出口自由化。如Bartlomiej Kaminski，Zhen Kun Wang，L. Alan Winters，Andre Sapir，Istvan P. Szekely认为，虽然实施经济转轨后，15个苏联解体后新独立的国家和6个中东欧国家与经互会国家的传统贸易大幅下降，但是它们的出口贸易对象变动很大。实施自由化改革的措施，提高自由化改革的能力，包括价格自由化、宏观经济稳定、对外贸易开放改革是保持良好的出口贸易成绩和实现贸易对象转移的关键。从东欧和中亚转轨经济体的贸易业绩来看，出口贸易活动的初期成功需要稳定化和自由化的贸易改革。除非国内市场价格放开，预期通货膨胀率降低，政府对经济的行政管制放松，无论是贸易自由化体制的改革还是国内货币的贬值，都不能促进贸易的发展。解除出口管制似乎比放松进口管制更迅速、更优先，出口管制将导致价值低估和高水平保护，使本国生产者和消费者与世界市场隔离。出口的表现是与摆脱行政控制的广泛的贸易自由化改革和追求有力的宏观经济改革政策联系在一起的。东

---

① Jaleel Ahmad and Jing Yang, Trade Liberalization in Eastern European Countries and the Prospects of Their Integration into the World Trading System, CESifo Group Munich in its series CESifo Working Paper Series with number 164, 1998, pp. 12 - 13.

② Joze Damijan, Jose de Sousa, Olivier Lamotte, The effect of trade liberalization in South-Eastern European countries, August 2006, http: //www. wiiw. ac. at/balkan/files/DAMIJAN% 20DESOUSA% 20LAMOTTE. pdf, pp. 1 - 2.

欧和中亚转轨经济体的出口表现说明出口的成功需要稳定化和自由化同时进行。单纯的对外贸易体制自由化不能提高贸易业绩，除非国内价格放开和预期通货膨胀率降低，取消出口管制应优先于放松进口管制，因为管制导致的货币贬值会造成高水平保护并使国内生产者、消费者与国际市场隔离。进口贸易体制的自由化在转轨的初期可能只会对贸易表现产生较小的影响，因为除非出口和国内价格自由化，其不会增加市场竞争的程度。但这并不意味着自由体制改革可以被缩减，因为它在转轨后期会发挥重要的作用。出口贸易体制是一个需要立即解决的重要问题，正如转轨初期伴随着大幅度货币贬值，在促进出口体制调整和出口业绩提高过程中产生的币值提高是一件好事。从长期来看，开放的进口贸易体制，宽松的货币汇率和自由化对于确保向市场经济转轨和保持经济增长都是必需的。这些在经济复苏的道路上应该比应对危机本身以实现经济复苏优先进行，就像得了痢疾在考虑营养水平之前，必须先用药，进口贸易自由化和私有化通过引入竞争机制，减少地方垄断权力，确定质量标准，引进新技术等促进价格自由化和宏观经济稳定。所以，政府的中期政策应是在对内和对外政策上同时进行改革，并且稳定政策和出口政策应优先进行。所有这些政策是很简单的，提高出口业绩不是转轨的目标，但它是这一过程的重要组成部分和指标。出口业绩的迅速提高似乎依赖于两项政策的确立：宏观经济稳定和随着出口管制的取消而实现的价格自由化。这些政策对于使世界市场价格成为企业的有效激励机制是必要的。所有的转轨经济体应该关注这些最初的步骤，正确地实施这些措施，调整迟早要进行，越快开始就越早受益。进口贸易措施和自由化措施不能倒退，一国不应由于担心而推迟稳定化和价格自由化的改革，这些措施将变得非常重要，但是不能等到经济开始复苏时才实施。①

在转轨国家的对外贸易战略选择上，一般认为转轨国家应创造性地综合运用出口导向和进口替代战略，并对其含义赋予新的解释。俄罗斯学者阿巴尔金认为，在对外贸易战略的选择上，出口导向和进口替代不

---

① Bartlomiej Kaminski, Zhen Kun Wang, L. Alan Winters, Andre Sapir, Istvan P. Szekely, Export Performance in Transition Economies, Economic Policy, Vol. 11, No. 23 (Oct., 1996), pp. 423 – 442.

是互相排斥的，在每一种具体的情况下，国家可以运用其中的一种，也可以同时利用两种战略。俄罗斯的经济发展可分成三个阶段，在不同的阶段，应实施不同的战略。第一阶段：1999—2000年，发展出口导向部门战略占主要地位，进口替代有选择地进行。出口燃料方针占主导地位，但同时必须实施提高出口原料商品价格及改进其质量的具体措施。提高制造业产品尤其是军事工业产品的出口比重。利用知识产权的巨大潜力，向国外出售知识产权项目。减少轻工业产品的进口比重。第二阶段：2001—2008年，出口将被看作代替国内需求的另一选择，制造业和知识产权产品出口的增长速度将比矿物原料快。在进口方面，突出研究本国产品替代进口货的战略和有选择地保护本国生产者的机制。第三阶段：2009—2015年，俄罗斯对外贸易在国内市场或国外市场的选择方面将更加自由，因为大部分俄罗斯商品和服务将能成功地在世界市场上竞争。在这一时期，俄罗斯有可能实行最全面的对外贸易自由化。俄罗斯生产者将有相对充分的选择自由——国产品或进口，国内市场或出口。在经济稳定增长时期，国家支持的对象（从外贸活动角度看）很可能是农业、国防工业、燃料能源产品、各种知识产权成果、各种高技术和各种知识密集型产品。①

二　国内研究现状

国内对经济转轨的研究同样涉及转轨的各个方面，对经济转轨的方式、速度及其涉及的私有化、宏观经济稳定、价格、货币、对外经济政策等问题进行了深入的研究。但对转轨国家贸易自由化的研究同样不够深入、系统和规范。综合国内文献，多数研究者是在对转轨国家经济进行综合研究时，部分内容涉及转轨国家的对外贸易问题，对转轨国家贸易自由化问题进行专门研究的较少。

冯舜华、杨哲英、徐坡岭认为，经济对外开放、对外经贸体制的改革，是独联体国家和东欧国家经济转轨的重要组成部分，对外经贸体制的市场化，使各国国民经济与国际市场进一步接轨，成为带动国内经济

① ［俄］Л. Н. 阿巴尔金：《俄罗斯发展前景预测——2015年最佳方案》，社会科学文献出版社2001年版。

体制转轨的重要因素。转型时期各国对外经济关系的发展，既为这些国家的改革和发展带来种种机遇，也为这些国家的经济转轨和经济发展带来挑战和风险。

转轨初期贸易自由化的改革，有利于这些国家发展与其他国家的经贸往来，许多转轨国家的进出口增长速度明显高于经济回升的速度。东欧国家的经济回升具有出口带动的特点。但是，转轨国家的出口一般以出口初级产品、半成品和劳动密集型产品为主，在国际分工中的地位低下。出口商品结构的低档化，对国内生产结构产生影响，导致俄罗斯经济结构出现自发性和退化性的逆工业化趋势，即能源工业、采矿业在工业增加值中的比重上升，机器制造、轻工业等的比重急剧下降。在东欧国家中，经济回升速度最快的波兰，向欧盟成员国的出口已占其出口总额的70%左右，但是，向西欧国家出口的商品主要是农产品、食品和初级加工产品。

经济转轨国家在转轨初期对外开放国内商品市场的步骤和幅度，是需要研究的重要问题。当本国产品的经济技术水平严重落后于进口产品时，过早地实行贸易完全自由化，将不利于本国经济发展，并有可能使外国产品垄断国内市场，造成国际收支逆差。转轨国家在转轨初期不应过早地实施贸易全面自由化政策，在众多产业具有潜在比较优势，但无法转化为实际竞争优势的条件下，转轨国家有必要对有发展前途但目前处于竞争劣势的产业实行适当的保护政策，使其具有一定的生存空间，在边干边学的过程中逐步发展和改进，最终形成在国际市场上有竞争优势的产业，实现国民经济结构的改造和提升。早在18世纪和19世纪美国人汉密尔顿和德国人李斯特提出的保护幼稚产业，发展后进国家生产力的贸易理论，对转轨国家依然具有实践价值。政府对可能实现比较优势，发展成为竞争优势的产业，在税收、信贷和汇率政策各个方面给予鼓励和支持也是必要的。所以在20世纪90年代后期，在继续进行贸易自由化改革的同时，各转轨国家纷纷加强对贸易的适当的国家调控和干预，是可取的。由此可见，克鲁格曼等经济学家提出的新贸易理论和动态比较利益论，可以为渐进式的贸易改革提供一定的理论基础。①

① 冯舜华、杨哲英、徐坡岭：《经济转轨的国际比较》，经济科学出版社2001年版。

郭连成在《经济全球化与转轨国家经济发展及其互动效应》一书中分别从贸易自由化、金融全球化、投资自由化、生产全球化、区域经济一体化与转轨国家经济的互动关系等方面，论述了经济全球化与转轨国家经济发展的互动效应。在贸易自由化一章中论述了经济全球化与转轨国家贸易自由化和经济贸易的互动发展问题。全球贸易自由化的发展要求转轨国家贸易制度的改革符合世界贸易的发展趋势，即实行贸易自由化改革。转轨国家的贸易自由化改革对经济全球化和贸易自由化起到了推动作用。但转轨国家在实施贸易自由化的过程中也面临着诸多风险，使转轨国家的经济安全面临严峻的挑战。通过分析贸易自由化进程中转轨国家的外贸体制改革与绩效，指出转轨国家贸易自由化改革虽然取得了一定成绩，但也出现很多问题，如俄罗斯商品结构问题，贸易引起的国内金融安全、产业安全、科技安全问题，资金外流，外贸不确定等问题。还有中国的外贸体制创新问题，政府职能转换问题，服务业开放程度低，行政管理过多等问题。指出转轨国家的对外贸易战略应重新定位，采取出口导向和进口替代两种战略，采取综合的外经贸战略发展模式。加快贸易结构和产业结构调整，提高商品的国际竞争力。并注意贸易自由化进程中的国家安全问题，通过制定相关法律，建立相关机制，加入国际经济组织等方式保证国家经济安全。①

郭连成在《俄罗斯经济转轨与转轨时期经济论》一书中，在俄罗斯经济转轨的战略与路径选择一章中，详细论述了俄罗斯转轨以来的进口自由化和出口自由化措施，以及俄罗斯在融入全球贸易自由化进程中出现的主要问题，即对外贸易商品结构问题和国家政策支持滞后等问题。②

冯绍雷、相蓝欣在《俄罗斯经济转型》一书中论述了俄罗斯转型以来的对外贸易发展状况，介绍了俄罗斯贸易自由化的改革措施，分析了俄罗斯贸易中存在的主要问题即商品结构问题，指出俄罗斯在目前的发展阶段仍应实施出口导向战略，加强管理，调整进出口商品结构，并坚持全方位的对外开放，加强与传统及非传统贸易伙伴的经贸关系，调整

---

① 郭连成：《经济全球化与转轨国家经济发展及其互动效应》，经济科学出版社 2007 年版，第 45—62 页。

② 郭连成：《俄罗斯经济转轨与转轨时期经济论》，商务印书馆 2005 年版，第 192—195 页。

对外贸易法律法规，争取早日加入 WTO。[①]

程伟等认为，以贸易自由化为主要内容的经济全球化与经济转轨之间的关系是互动的。计划经济体制国家的经济转轨决定了经济全球化时代的真正到来；反过来，经济全球化的推进也对转轨国家的经济变革产生了重大影响。在制度层面上，经济全球化决定着原计划体制国家经济转轨的基本路径选择，即走市场经济之路；在技术层面上，经济全球化对转轨国家的经济增长方式和发展路径产生了深刻影响。一方面，经济转轨加速了经济全球化时代的到来，同时，它本身也成为经济全球化的一个重要组成部分；另一方面，经济全球化在一定程度上规定了各国经济转轨的方向、路径、范围和内容，同时也制约着各国经济转轨的进程和政策选择。[②]

综上所述，国内对转轨国家贸易自由化的研究普遍认为，转轨国家实施贸易自由化是参与经济全球化的重要途径。目前，转轨国家的贸易自由化促进了全球贸易自由化的发展，也在一定程度上促进了转轨国家的经济发展，但同时脱离本国实际的、过快的贸易自由化也使转轨国家面临一定的安全风险。而且研究者多是在研究经济全球化、经济转轨等问题时提及贸易自由化问题，对转轨国家贸易自由化过程中涉及的国家安全、宏观调控、深化贸易自由化、提高贸易竞争力等具体问题没有进行深入系统的研究。

第三节 本书的框架

本书以经济全球化为背景来研究转轨国家的贸易自由化问题，以期对转轨国家实施贸易自由化的成效进行客观分析，对与转轨国家贸易自由化过程相关的国家经济安全问题、国家宏观调控问题进行深入分析，从而提出转轨国家深化贸易自由化的路径与对策。本书分为七个部分。

导论提出研究的问题，说明选题的意义，研究的基本框架和研究方法，概括国内外的研究现状。

---

① 冯绍雷、相蓝欣：《俄罗斯经济转型》，上海人民出版社 2005 年版。

② 程伟等：《经济全球化与经济转轨互动研究》，商务印书馆 2005 年版。

第一章为经济全球化与贸易自由化综论。首先，对与本书相关的理论——经济全球化理论、贸易自由化理论进行述评，以阐明本书研究的理论背景，为本书的研究奠定理论基础。其次，阐明贸易自由化的含义并分析贸易自由化的意义与成本，指出在经济全球化背景下，在自由贸易体制的框架下，仍有政府干预存在的合理空间，并指出转轨国家应高度重视贸易自由化带来的成本。最后介绍自由贸易的产生及其发展经历，指出当前贸易自由化的多边进程虽然进展缓慢，但贸易自由化作为各国发展对外经贸关系的大背景始终是不可逆转的趋势，转轨国家实施贸易自由化是必然的选择。

第二章研究经济全球化背景下转轨国家贸易自由化的进程。首先，分析转轨国家实施贸易自由化的原因，指出在经济全球化及贸易自由化、区域经济一体化发展的大趋势下，在对传统贸易体制的弊端、经济发展落后的现实情况深刻认识的基础上，转轨国家的贸易自由化是向市场经济体制转轨的必然要求。其次，介绍转轨国家贸易自由化的进程，对其特点进行简单评述。最后，以俄罗斯和中国为例，采用理论分析和实证分析相结合的办法，对转轨国家贸易自由化的成效进行分析，指出不同转轨国家贸易自由化的成效存在很大差异，转轨国家应充分重视贸易自由化带来的负面效应。

第三章从贸易自由化与国家经济安全的关系入手，具体分析转轨国家的进出口贸易与国家经济安全的关系。首先分析贸易自由化与国家经济安全的关系。指出贸易自由化会对宏观经济的各个层面如贸易安全、战略资源安全、产业安全等方面产生直接影响，从而对国家经济安全产生深层次影响。然后，分别从出口贸易和进口贸易两个方面，分析转轨国家对外贸易影响国家经济安全的现状。指出在经济转轨的特殊阶段，政府应充分重视贸易自由化进程中的国家安全问题，采取有效措施规避风险，保证国家经济安全。

第四章从转轨国家经济干预的理论与实践入手，指出在转轨国家贸易自由化的过程中国家宏观调控必不可少，并指出转轨国家宏观干预的方法和途径。首先介绍转轨国家经济干预的理论与实践，从新自由主义学派的“华盛顿共识”，到新凯恩斯主义学派的国家干预经济理论，再到发展经济学的新古典主义学派最优次序理论，理论发展指导转轨国家的经济干预从只稳定货币及明晰产权到在转轨初期转轨国家对国有企业、财政、金融、价格、外贸等方面进行必要的控制。其后在分析贸易自由化与宏观调控关系的基础上，结合俄罗斯、中国等转轨国家的实际情况，指出转轨国家政府应在制定贸易发展战略、实施战略性贸易政策，加快产业结构调整、转变职能等方面加强对贸易的宏观调控。

第五章从商品贸易、服务贸易、参与区域经济一体化组织等方面具体提出转轨国家深化贸易自由化，维护国际经济安全的路径。指出转轨国家实施贸易自由化应在保证国家经济安全的前提下，在国家对自由化进程宏观控制的基础上进行。具体来说，在商品贸易方面，转轨国家应调整贸易战略。出口方面应改变出口贸易结构，提高传统产业的技术水平，发展高技术产业，提高产品技术含量；实现出口商品市场多元化。进口方面应改善进口商品结构，着重进口本国工业发展所必需的机器设备、先进技术，以使进口切实发挥提高本国技术水平，促进本国产业升级，提高本国产业竞争力的作用；促进商品进口市场多元化，改善对特定进口市场的过分依赖。俄罗斯等国还应实行进口替代政策，着力发展本国农业、轻工业，采取适当的贸易保护政策，以培育本国的基础产业，提升这些产业的竞争力，逐步减少这些产业产品的进口。在服务贸易方面，以中国和俄罗斯为代表的转轨国家普遍存在服务贸易整体竞争力较低、服务贸易世界市场占有率低、出口结构不合理、服务业法律法规不健全等问题。因此转轨国家应大力发展服务业，优化服务贸易出口结构。在发挥传统优势项目的同时，注重发展新型服务业，如金融、保险、电信等行业，切实提升服务贸易结构，提高服务的附加值。注意发展生产型服务，如会计、律师、咨询等服务业，为本国工业生产提供更多更好的服务，提高本国服务贸易竞争力。在区域经济合作蓬勃发展的趋势下，转轨国家要加快贸易自由化改革，还应积极参与区域经济一体化组织。

第六章总结全书，并从知识产权的角度提出转轨国家企业提升自身技术水平及贸易竞争力的对策与建议。指出，企业应实施知识产权战略，提高产品的科技含量，并加强对各种贸易壁垒的研究，加快企业制度的完善，以增强自身竞争力，从而从根本上提高转轨国家的贸易竞争力。政府应从信息服务、给予研发补贴、建立知识产权专项基金等方面支持企业加大研发投入，鼓励企业创造更多的智力成果，并支持企业加强知识产权保护。行业协会应发挥协调、沟通和指导作用，为企业提供更多的信息服务，加强企业和政府的沟通，帮助企业应对国外贸易摩擦。

第一章

经济全球化与贸易自由化综论

第一节　相关理论综述

一　经济全球化理论

（一）经济全球化的含义

全球化一词最早是由 T. 莱维于 1985 年提出的，用来说明此前 20 年间国际经济发生的巨大变化，即商品、服务、资本和技术在世界性生产、消费和投资领域中的扩散。有些研究者认为全球化不仅包括经济全球化，还包括政治、文化、信仰、社会运动等方面的全球化，但目前表现得最明显的是经济全球化。经济全球化是 21 世纪世界经济发展的趋势之一，随着对全球化问题研究的深入，人们从不同的视角给出了全球化的定义。

国际货币基金组织在 1997 年《世界经济展望》中对经济全球化作了如下定义：全球化是“通过贸易、资金流动、技术涌现、信息网络和文化交流，世界范围的经济高速融合。亦即世界范围各国成长中的经济通过正在增长中的大量与多样的商品劳务的广泛输送，国际资金的流动、技术被更快捷广泛的传播，而形成的相互依赖现象。其表现为贸易、直接资本流动和转让”①。

德国学者格拉德·博克斯贝格、哈拉德·克里门塔写道：“从最广泛的意义上可以这样理解，商品、服务、资本的交易变得越来越全球化。跨国公司诸如麦当劳、丰田或者西门子在全球范围内生产和销售它

---

① 李琮：《世界经济学新编》，经济科学出版社 2005 年版，第 509 页。

们的产品。越来越多的企业在世界市场上相互竞争，国界的作用越来越小。我们正在进入资本主义的全球化时期。‘经济全球化’的概念使人产生这样一种想法，在任何地方都能买到任何产品。在任何企业之间，每一种工业产品和每一种服务产品都处于面对面的竞争之中。”他们指出，世界市场的全球化是一个大趋势，这主要表现为：全球跨国贸易增长迅速；资本市场发生巨大变化，国际资本流动成倍增长。虽然商品市场的国际化趋势明显，但真正全球化的却是资本市场，而且，金融市场事实上已成为人们经常谈论的“地球村”；尽管劳动力市场还没有实现真正的全球化，但也趋于国际化；公司和企业的经营理念发生重大改变，为了节约生产成本，整个生产过程被分解到不同国家。充分利用全世界可供使用的“生产资源”或“全球资源”，哪里最便宜，就在哪里生产。跨国公司将现代工业发达国家的技术优势与低工资国家的成本优势有机地结合起来。

Raphael Kaplinsky 认为全球化是一个多维的过程。可以描述为是商品、生产要素（资本、人员）、价值和观念的国际流动堡垒的系统性消除。①

美国《芝加哥论坛报》资深记者理查德·隆沃思把全球化定义为全球经济体系的形成。认为全球化“是一项革命，使企业家能够在世界任何地方筹集资金，借着这些资金，利用世界任何地方的科技、通讯、管理和人力，在世界任何地方制造产品，卖给世界任何地方的顾客。真正的全球化经济体系，是把全世界变成单一经济体，其运作方式与一个国家的经济体毫无二致。在这个全球经济体系里，货币、商品、服务、工作和人民可以在各国间自由流通，就像任何资源在美国各州间往来自如一样”②。

有的研究者认为经济全球化是美国主导的全球化。俄罗斯政治家久加诺夫的总结是：美国是当代全球化进程的主要推动者，全球化因此被深深地打上了美国的烙印。有人把当代全球化称作“美国制造的 90 年

① Raphael Kaplinsky, Is globalization all it is cracked up to be? Review of International Political Economy, Vol. 8, No. 1, Spring 2001, pp. 45 – 65.

② ［美］理查德·隆沃思：《全球经济自由化的危机》，三联书店 2002 年版。

代的古怪产品"，久加诺夫对此深表赞同，并把当代全球化称为"美国式全球化"。①

有的研究者认为在经济全球化浪潮中，金融全球化表现得最为明显。并且认为在金融全球化过程中，国家的作用不可或缺。如 Eric Helleiner 写道："在全球化的过程中，过去 30 年来，对金融全球化的研究认为金融全球化是技术和市场力量扩张的产物。但是国家在金融全球化的过程中也起着重要的促进作用。国家支持全球化主要是通过三个途径：第一，给金融市场主体更多的自由；第二，防止金融危机的发生；第三，减少对资本流动的限制。50 年代后，国家对金融全球化趋势的推动作用非常明显。"②

国内学者在综合国内外研究的基础上，也从不同的角度对全球化进行了解释。

有的从技术和经济制度全球扩展的角度解释全球化。认为"经济全球化是指以获得经济利益为动力，借助资本、商品、劳务、人员的自由流动所实现的技术和经济制度在世界范围内的传播和扩展"③。

有的从生产力和生产关系的角度理解全球化。认为经济全球化是生产力的全球性发展以及与其相适应的生产关系的全球性变化与调整。经济全球化作为世界经济的发展趋势，是以各国对外经济和对外经济关系发展为基础的生产力和生产关系的全球性发展，它既是当前国际经济和国际经济关系的综合体现，又是经济国际化和经济一体化的新特点、新阶段。从生产力方面看，各国经济全球化是其经济在国际化的基础上，不断与国际经济融为一体和实现全球性发展的过程；从生产关系方面看，各国经济全球化则是在其对外经济关系发展的基础上，逐步参与全球经济一体化的过程。④

更多的研究者从生产要素自由流动、自由有效配置、各国经济相互

---

① 刘金源、李义中：《久加诺夫的反全球化思想述评》，《探索与争鸣》2007 年第 10 期。

② Eric Helleiner, Explaining the globalization of financial markets: bringing states back in, Review of International Political Economy, Vol. 2, No. 2, Spring 1995, pp. 315 - 341.

③ 王述祖：《经济全球化与发展中大国的经济发展战略》，中国财政经济出版社 2003 年版，第 2 页。

④ 刘昌黎：《经济全球化新论》，《财经问题研究》2003 年第 5 期。

依赖性加强等方面论述全球化。如有学者认为，经济全球化是在生产力高度发展的推动下，在国际分工空前深化的基础上，经济活动在全球范围扩展，商品和生产要素在全球自由流动，资源在全球范围进行配置，各国经济紧密依存，互相融合成全球经济的整体。①

综上所述，经济全球化主要包括两方面含义，一是生产要素的全球流动带来的资源的重新配置；二是各国经济相互依赖的状态。因此研究全球化问题的著名学者郭连成教授这样对经济全球化进行描述：经济全球化是指人类经济活动跨越民族国家界限以及各国经济在世界范围内的相互融合过程。以此为出发点，经济全球化既是指资本、生产、技术、信息、货物等生产要素在全球范围内跨国界广泛而自由地流动，从而实现资源有效配置的过程，也指由于这个过程的深化，使各国之间的联系和相互作用不断加强，形成各国经济“你中有我，我中有你”的相互依赖甚至制约的关系。②

（二）经济全球化理论

经济全球化是当代世界经济的发展趋势，形形色色的经济全球化思潮对转轨国家的经济政策取向产生了重要的影响。本节从经济全球化的支持理论、改革理论及反全球化理论三个层次对全球化理论进行概括。

1. 经济全球化的支持理论

经济全球化的支持理论可以以新自由主义学派关于经济全球化的理论为代表。新自由主义（neo-liberalism）产生于20世纪20—30年代，是西方重要经济思潮之一。新自由主义源于古典自由主义，强调市场化、私有化、自由化、全球化，主张“要使经济尽可能最大程度地自由化”、“尽可能最快地私有化”，要求在财政和金融方面采取强硬措施保证自由化和私有化的实施。

19世纪末20世纪初，资本主义由自由资本主义向垄断资本主义过渡，世界舞台上出现了社会主义国家，古典自由主义遭到挑战和压抑。新自由主义逐渐成为英国官方政策的重要基础。20世纪30年代，资本

① 李琮：《经济全球化新论》，中国社会科学出版社2005年版。

② 郭连成：《面向21世纪的经济全球化——概念、成因、回顾与展望》，《国外社会科学》2001年第2期。

主义爆发经济大危机，凯恩斯主义上升为资本主义世界的主流经济学。20 世纪 70 年代，资本主义世界陷入“滞胀”困境，凯恩斯主义无能为力。此时新古典自由主义（neo-liberalism）再度兴起，后被简称为“新自由主义”，而 new liberalism 则被称为“自由主义”以示区别。

随着美国总统里根和英国首相撒切尔夫人的上台，新自由主义占据了美英等国主流经济学的地位。美英政府以新自由主义为指导，进行经济改革，减少国家对经济的过多管制，实行减税政策，推行国有企业私有化，降低进出口关税，取消和减少贸易壁垒，充分发挥市场机制的作用。新自由主义成为英美政府的施政理念，并在国内外得到大力推行。

自 20 世纪 70 年代以来，随着高新科技革命兴起，生产力大大发展，资本主义由国家垄断向国际垄断转化。适应这种需要，新自由主义开始成为美英国际垄断资本推行的全球一体化理论体系的重要组成部分。其标志性事件是 1990 年由美国政府炮制的包括十项政策工具的“华盛顿共识”。其基本原则是：贸易经济自由化、市场定价、消除通货膨胀和私有化。主张推行以超级大国为主导的全球经济、政治、文化一体化，即全球资本主义化。

新自由主义不仅成为欧美国家的施政理念，还迅速向发展中国家扩展。新自由主义宣传全球化、市场化、自由化、私有化是实现经济发展的“灵丹妙药”。按照新自由主义理论，一个国家特别是发展中国家必须放松政府对经济的干预，解除外汇管制，消除贸易壁垒，使国有企业私有化，最大限度地开放市场，实现经济自由发展，实现市场主体的平等竞争。只有最大限度地参与经济全球化，才能实现本国经济的发展。东亚国家是贸易自由化政策的实践者，这些国家为此而出现多次严重的经济社会危机。俄罗斯“休克疗法”式的经济转轨，也是在新自由主义指导下进行的，引发了长期的经济衰退和社会动荡。

2. 改革论

改革主义反对新自由主义提出的完全市场化、自由化、国家对经济放任不管的主张。20 世纪 90 年代的东亚金融危机，拉美金融危机，俄罗斯、东欧转轨初期严重的经济衰退和社会动荡都被认为是新自由主义失灵的表现。

改革主义认为新自由主义虽然促进了经济全球化的发展，但新自由主义全球化也使一些发展中国家处于全球化的边缘，国家经济安全受到严重挑战。全球化带来全球财富分配严重不公平，两极分化日益严重，社会不平等，政治不民主。

改革主义是自由主义的“华盛顿共识”和激进主义的反全球化之间的折中方案。改革主义者主张对市场机制的作用进行重新定位，并对其进行必要的限制。主张在资本主义的制度和框架内，寻求稳健的变化，而不是彻底的社会变革。早期改革主义者致力于通过国家采取措施，提升社会福利、加强环境保护和追求社会公正，抵制经济全球化的消极作用，从而使各国资本主义能够更好地发展。许多当代改革主义者强调要制定全球公共政策。例如，可以通过制定全球性的管理规范来管理全球跨国公司，也可以通过制定强制性全球环境法规来促进全球生态安全。并认为超国家机构在全球化过程中应发挥主要作用，全球机构应该采取措施增加社会底层阶级及弱势国家集团参与全球经济的机会。

3. 反全球化理论

反全球化理论又可称为激进主义，激进主义不仅反对新自由主义关于全球化的主张，也反对改革主义在资本主义制度框架内对全球化政策的改革。认为全球化本质上是有害的，因此必须阻止这一趋势。认为最好的改革方案也不能解决全球化带来的分配不均、贫富分化等问题，所以激进主义者主张改革整个社会秩序。主张通过积极推动全球工人运动、妇女运动以及其他受压迫民众运动的发展，实现无剥削社会，实现社会公平。

20世纪90年代以来，随着冷战格局的终结以及全球化的迅猛推进，俄罗斯、东欧国家开始全面融入全球化浪潮之中。全球化的消极后果很快体现出来，使得对全球化质疑或批评的声音不断高涨。在俄罗斯、东欧国家涌现出形形色色的反全球化思潮，其中影响较大的是俄罗斯共产党中央委员会主席根纳季·久加诺夫的反全球化思想。作为俄罗斯制度转轨的亲身经历者，久加诺夫目睹了全球化在俄罗斯迅猛推进的现实，看到了全球化给俄罗斯民族带来的威胁与灾难。

久加诺夫认为当今的全球化是资本主义的全球化，资本主义全球化破坏世界历史，否定民族，正在给人类社会带来越来越严重的灾难，它是注定持续不下去的。与之相反，社会主义国际化恰恰是以各民族文化的相互作用和相互充实为前提的，它应该并且必将成为资本主义全球化的替代方式。久加诺夫认为20世纪末发生的社会变迁不是社会主义的崩溃，而是社会主义的一种具体历史形式的瓦解，新的、更加有效的社会主义形式终究会复兴，会取代当前的资本主义。

久加诺夫还指出了社会主义国际化的实现途径，即世界性的反全球化运动。社会主义运动要加强与反全球化运动的联合，建立反全球化国际，才能取代全球主义“世界新秩序”。[①]

二 贸易自由化理论

贸易自由化理论源于英国古典自由贸易理论的奠基人亚当·斯密提出的绝对优势论，绝对优势论反对重商主义国家干预对外贸易的做法，认为分工可以提高劳动生产率，国家之间应按绝对成本优势原则进行分工生产，进行自由贸易，如此可以增加贸易参加国的财富。大卫·李嘉图继承和发展了亚当·斯密的绝对优势论，提出比较优势论。认为决定国际分工与国际贸易基础的是比较优势，国家之间应按照“两优取重，两劣择轻”的原则进行分工与贸易，交易双方都可以获得利益。

20世纪二三十年代，瑞典学者赫克歇尔－俄林提出要素禀赋论，又称为新古典自由贸易理论。认为国际贸易产生的原因是各国同种商品的价格差异，而价格差异源于各国要素禀赋优势不同。一国应出口密集使用本国相对充裕而便宜的生产要素生产的产品，进口密集使用本国相对稀缺而昂贵的生产要素生产的产品。

（一）现代自由贸易理论

赫克歇尔－俄林模型自20世纪初创立以来，逐步为经济学者普遍接受，并成为解释国际贸易产生原因的主要理论。第二次世界大战后，国际贸易规模不断扩大，贸易的地理结构和商品结构发生了很大变化，发达国家之间的贸易比重越来越大，产业内贸易不断发展，传统国际贸易理论已不能全面解释新的贸易现象。因此一些学者提出了新的国际贸易理论，以解释当代国际贸易发生的新变化。

20世纪70年代末80年代初兴起的新贸易理论以张伯伦的不完全竞

---

① 刘金源、李义中：《久加诺夫的反全球化思想述评》，《探索与争鸣》2007年第10期。

争理论为出发点，是对传统贸易理论的重要补充。

1. 规模收益递增理论

规模报酬递增理论是马歇尔、克鲁格曼等经济学家提出的。其基本观点为，规模收益递增是国际贸易产生的基础。某一产品由于生产规模的扩大，生产成本递减，而出现规模报酬递增现象，因而该产品生产取得成本优势，导致该产品规模进一步扩大，得以专业化生产并出口。

规模报酬通常分为外部规模经济和内部规模经济。外部规模经济通常指由于行业内企业数量的增加，引起产业规模扩大，并相对集中，使企业能够更好地利用各种基础设施及各种生产要素，从而在运输、信息收集和产品交易成本等方面降低费用。内部规模经济主要来源于企业本身规模的扩大，由于生产规模的扩大，企业能够更好地组织内部的劳动分工，更好地实行专业化生产，提高机器设备等生产要素的利用效率，降低单位成本，取得规模经济优势。内部规模经济通常会破坏自由竞争，导致垄断、独占和倾销。

2. 产业内贸易理论

产业内贸易是指同一产业内部产品的交易。传统国际贸易理论无法解释产业内贸易，战后的经济学主要从产品异质性、需求多样化、规模报酬递增和偏好相似等角度解释产业内贸易产生的原因。

同一产业部门内的产品，由于质量、性能、外观、商标、设计等方面的不同，形成无数种有差别的系列产品。任何一个国家不可能在具有比较优势的部门生产所有产品，而只能选择某种差别化的产品进行专业化生产。需求多样化造成消费多样化，正是消费者多样化选择的偏好推动了国际贸易发展，从而产生了产业内贸易的市场。

产业内贸易产生利用了规模报酬递增优势，另外它也假设企业生产存在规模经济（内部规模经济），企业为了追求规模经济，必然选择一种或几种产品进行专业化生产，以降低成本，获得比较优势。杨小凯、张永生认为即使两国的要素禀赋没有差异，产业内国际贸易还是会发生，因为两国可以选择不同的专业，从而产生内生的绝对优势。[①] 同时

① 杨小凯、张永生：《新兴古典经济学与超边际分析》，中国人民大学出版社 2000 年版，第 65 页。

由于经济发展水平相近、要素禀赋相近的国家，人们对异质产品的需求偏好也比较相似，因而产业内贸易的规模也会更大。

产业内贸易理论弥补了李嘉图的比较优势理论对产业内贸易模式缺乏解释力的不足，很好地解释了战后发达国家之间的贸易额远远超过发展中国家和发达国家之间的贸易量这一现象，大大提高了贸易理论的现实解释力。但该理论也没有改变要素跨国不流动的假设，无法解释为什么一个国家专业化生产某些产品而另一国家专业化生产其他产品，不能解释国家和地区的贸易结构差异，不能解释中间投入品贸易现象，这都反映了这一理论的局限性。

（二）国际贸易理论的新发展

1. 新兴古典贸易理论

新兴古典贸易理论解释了国际贸易内生形成的原因。杨小凯等经济学家从分工和专业化角度，沿着斯密市场范围限制分工的观点和分工—市场—分工的互动关系理论，得出了国际贸易内生于国内贸易的结论，形成了国际贸易的新兴古典经济学分析框架。

该理论认为随着市场交易效率的提高，分工和专业化水平会不断提高，较高的分工和专业化水平必须和较大的市场容量相适应，而国际贸易可以使市场的容量有效扩大，因此随着国际间交易效率的提高，国际贸易就会自发形成。认为国际贸易和国内贸易的原理都是一样的，它们都是折中专业化经济与交易费用之间两难冲突的结果。因此一个国家卷入国际贸易的程度，也可以用分工水平和交易效率来解释。发达国家因为交易效率高，均衡分工水平也比发展中国家高得多，也就更需要国际贸易来充分利用高分工水平的好处；而落后国家因为交易效率低，均衡分工水平也低，通过国内贸易就能适应低分工水平，并不需要很多国际贸易。[①]

2. 分工和生产国际化

斯蒂格勒对“市场范围限制分工”的斯密定理作了深入的阐述，对分工与企业规模问题作了研究。认为随着产业规模的扩大，这种使报酬

---

① 茹玉骢：《规模报酬递增视角下的国际贸易理论述评》，《浙江社会科学》2004 年第 2 期。

递增的生产工序可能会增加，当规模足够大时，就会有专门的厂商从事这类工序的生产。由此可见，只有当产业的规模达到足够大的时候，产业内进一步的分工才会出现。不断拓宽的世界市场规模为分工水平的进一步提高提供了可能（这也正是亚当·斯密的观点），国际贸易的规模也随之不断扩大。除了那些天然连续性的工序无法空间分割外，任何存在报酬递增的工序都可能在全球范围内被重新分布，这就出现了生产的国际化现象，即产品的中间投入品的生产实际上是在许多国家分工完成的。因此从分工理论可以解释为何会出现生产国际化、分散化、贸易垂直化的趋势。

生产国际化的实现形式主要有两种：一种是垂直型 FDI 的一体化形式；另一种是国际外包形式。不同的生产率水平、南北工资差异、所有权优势、谈判能力和母公司总部的技术密度决定了跨国公司对两种形式的选择。跨国公司的全球经营战略，驱使跨国公司的每一个生产工序都要设立在成本最低的地方，跨国公司的对外直接投资使世界各国的生产成为跨国公司生产链条上的一个环节。跨国公司在内部子公司之间展开的货物贸易、服务贸易、技术贸易极大地促进了世界贸易的发展，丰富了国际贸易的形式，外包的贸易创造效应就更是显而易见，所以市场规模和专业化水平的提高最终决定了分工和贸易模式。

3. 中间投入品贸易现象及其解释

现有理论对产业间贸易和产业内贸易现象作了解释，而对于产业内贸易中中间投入品贸易现象的研究正方兴未艾。Andersson 和 Fredriksson 发现，近年来在国际贸易中中间投入品的贸易比重增加迅速，他们对公司内贸易的中间产品贸易和成品贸易作了区分，并对瑞典的跨国公司贸易行为进行研究发现，瑞典的母公司在公司内贸易结构中倾向于中间产品的贸易，中间产品贸易在公司内贸易中所占的比重由 1970 年的 30% 上升到 1990 年的 70% 。Hummels 等用垂直专业化概念解释了这种现象，他们认为国家之间的垂直专业化必须满足三个条件：一是最终产品的生产过程包括多个序列环节；二是至少包含两个国家在产品的生产序列中提供价值增值；三是至少一个国家必须用进口的投入品从事生产，并且这些产出品（中间产品或成品）的一部分必须出口。当一个国家用进口的中间产品生产用于出口的产品时垂直专业化就出现了。

Krugman 用产品价值增值链的分割概念对国与国之间的垂直专业化现象进行了描述。垂直专业化这个概念很好地概括了在生产国际化、产品价值链全球重新分布情况下国与国之间的贸易和产业分工关系。各个国家从事产品的某一或某些环节的生产，就是所谓的产业的垂直专业化现象。这种产业分布有两个效应，一是必然涉及中间产品的贸易，而不再是如传统或新贸易理论所解释的那样国家之间仅仅是最终产品的贸易，并且中间品的贸易量随垂直专业化的发展而增加；二是打破了我们对产业地理分布的分析框架，即资本、技术密集型产业集中在发达国家，而劳动密集型产业集中在发展中国家，垂直专业化的概念使我们认识到现实世界中产品所涉及的相关产业由众多生产环节和程序组成，实际上是一个价值增值链条，这一链条的地理分布的广度由国际贸易的外生交易费用决定。

Hanson、Mataloni 和 Slaughter 运用美国跨国公司企业层面数据检验母公司和海外分公司之间中间投入品贸易状况，他们的结论是当海外分公司的贸易成本、非熟练工人的工资、公司所得税比较低的时候，母公司对于中间投入品的进口需求较大。与中间产品的贸易相应的是这些跨国公司内的国际垂直生产网络，由于垂直专业化使产业和产品的各个生产部门与环节在全球进行重新区位分布，各个生产环节纳入跨国公司全球性的生产与销售战略中，与该战略相对应的是庞大的世界市场，正是庞大的市场规模使得高度的分工能够在世界范围内展开。交易效率的提高是解决分工水平提高和交易成本上升两难矛盾的有效办法，企业之间网络的构建和运输成本、通信成本、关税的下降充分提高了交易的效率。正是市场规模与分工相互推动的关系使得全球化程度日益加深，国家之间的贸易和生产变得越来越相互依赖，世界贸易组织等国际组织推动的贸易自由化和通信运输技术的进步为市场规模与分工形成互动提供了动力。

第二节　贸易自由化的含义及特征

贸易自由化是世界各国开展国际贸易的必然选择。社会生产力的不断发展，极大地促进了国际分工与交换的深化和拓展，进而要求货物及生产要素能在全球范围内自由流动，以获得更有效、更合理的配置。贸易自由化推动着世界各地区、各国逐步取消贸易壁垒，建立起更广阔、更自由的国际贸易环境，而在这一过程中，各地区、各国可通过充分发挥自身的比较优势，以贸易带动经济的增长。

直至目前，已有的理论对“贸易自由化”仍缺乏一致的认识，这直接导致了人们对现实的贸易自由化行动评价的分歧。从已有的文献来看，人们对“贸易自由化”的定义实际上是与对贸易自由化特征的描述紧密联系在一起的。

一　贸易自由化的含义

关于贸易自由化的定义，具有代表性的观点主要有以下几种：

第一，巴格瓦蒂强调“中性化”和“外向型”是贸易自由化的核心。“中性化”是指政府对进出口不采取偏向措施，在激励措施方面平均分配，中性化政策的实施表明政府的干预水平降低。“外向型”指一国的贸易体制朝“中性化”和“开放性”方向发展，即一国政府对贸易的干预水平降低，贸易对经济发展的作用日益增长。

第二，克鲁格认为“贸易自由化”是减少政府对贸易活动控制的政策或行动，减少对进出口贸易的限制措施。认为消除了数量限制的贸易体制便可以称为自由贸易体制，削减贸易体制中存在的进口配额和许可证之类的数量限制措施是向自由贸易体制转变的过程。

第三，纳什等人认为，“贸易自由化”包括“中性化”和政府干预弱化两个方面。贸易自由化不能存在明显的出口偏向，消减出口偏向，或是在鼓励出口的同时，也采取鼓励进口的措施，即是向“中性化”迈进。贸易自由化还包括政府对贸易活动干预的弱化。所谓政府干预弱化，一是指干预形式的变化，即从数量控制措施转变为关税措施；二是指降低贸易保护水平和程度。如降低关税、实行利率、汇率市场化、放松外汇管制等。

第四，西方一些极端经济自由主义论者认为“贸易自由化”就是实施彻底的自由贸易，消除政府对贸易的一切干预，大幅降低关税，实行自由的进出口体制。

第五，按照经济合作与发展组织的定义，贸易自由化不仅包括消减进口的关税和非关税壁垒，还包括简化进口管理程序，消减出口关税，增加对知识产权的保护以及在服务贸易和与贸易有关的投资措施领域实现自由化。

第六，世界银行的表述为，贸易自由化是为使一国的贸易体制更为中性化，或者使之更接近没有政府干预时的贸易体制的政策或行为。按照这一定义，完全自由化的贸易体制不应对进口竞争行业或出口行业的经济活动给予任何可辨认的激励，这种贸易体制是完全中性的，没有任何形式的政府干预。同时至少在理论上，存在着另一种中性贸易体制，即符合中性化的特征却受到政府广泛干预的贸易体制。例如，在一个贸易体制下，如果征收进口关税以及采取数量限制措施对进口竞争行业产生的激励，正好被出口补贴等鼓励出口的激励完全抵消，那么这种贸易体制仍然是中性的。只要一项政策或行为使贸易体制更接近中性，这项政策或行为就是导致贸易自由化的政策或行为。这意味着贸易自由化改革并不必然伴随着政府干预的减少，至少在贸易自由化进程的某一个阶段上可能是这样，同时也意味着贸易自由化改革可以选择不同的路径。

除第四种观点外，上述观点都认为自由贸易体制与政府对贸易活动的干预并不矛盾，在自由贸易体制的框架下，政府对贸易自由化的过程仍有干预的空间。第四种观点只承认贸易自由化是一种无任何政府干预的自由贸易“状态”，纵观国际贸易政策演进的历史，可以发现，各国政府对本国贸易活动的干预从没有停止过，任何国家从未实施过纯粹意义上的自由贸易政策，各国都是为了自身的利益，根据自身的情况实施不同的贸易政策。即使在当今的多边贸易体制下，各种新的贸易保护措施仍然层出不穷。李嘉图所设想的自由贸易制度至今还未在任何一个国家或地区真正建立过，但自由贸易仍是世界贸易发展的趋势，因此，大部分主张实行自由贸易的学者都认为贸易自由化的过程不应排除政府的干预，但对政府干预的范围、方式、手段有不同的观点。

综合上述观点及 WTO 的宗旨，结合贸易自由化的实践，可以认为贸易自由化是各国在经济全球化的背景下，逐步降低关税水平，取消各种非关税壁垒，减少政府对贸易活动的干预，从而逐步实现商品、服务及各种生产要素在全球范围内优化配置的过程。

二 贸易自由化的特征

在认为贸易自由化是一种“过程”的前提下，不同的贸易自由化观点对这一过程的特征也有不同的理解。

巴格瓦蒂认为“中性化”是贸易自由化的基本特征。克鲁格认为贸易自由化是取消数量限制措施的过程，即使一国存在着很高的进口关税以保护进口，只要没有数量限制，也可以说是一种自由贸易体制。纳什、迈克里等人认为贸易自由化最显著的特征是“中性化”和政府干预弱化。他们认为自由的贸易体制应是政府尽量减少对贸易活动的干预，即使有干预，对进出口也不应采取任何有偏向的干预措施。只有两个特征同时具备，一国的贸易体制才可以算作自由的贸易体制。

上述三种观点对贸易自由化的解释都是从贸易改革过程中政府干预手段、范围变化的角度出发的，主要关注政府在货物贸易进出口方面所采取的措施，忽视了服务贸易的管理问题。服务贸易是国际贸易的重要组成部分，服务贸易的市场准入问题与货物贸易的政策问题同样是一国市场开放的重要指标，因此，服务市场的开放是一国贸易自由化的重要内容。市场开放包括一国贸易、投资、金融活动的对外开放，贸易活动的开放是市场开放的组成部分，是一国对外开放战略的重要内容，同时，开放性也是贸易自由化的基本特征。综上所述，贸易自由化应是过程性、开放性、中性化和政府干预弱化四个基本特征的统一。

三 贸易自由化与贸易政策中性化

转轨国家的贸易自由化在不同阶段，可能会呈现出不同的自由化特征，而逐步使贸易政策中性化并减少非关税措施，降低进口关税是转轨国家贸易自由化的目标。在贸易自由化的过程中，转轨国家可先采取一些中性化的贸易政策，根据需要和可能，逐步实现政府干预的减少。贸易政策中性化表现为两种形式：一是政府干预形式的改变。政府干预形式的改变是指用关税措施来取代数量限制措施。在数量限制措施之下，政府对进出口贸易采取直接的数量配给措施。尽管干预形式的改变可能只是以数量限制措施的“等价关税”来取代它，但由于数量限制措施是远比关税措施严厉、复杂和更具歧视性的干预措施，而且经济行为人对数量限制体制的反应明显不同于对关税措施的反应，以关税措施取代数量措施，将使经济和贸易体制趋向中性化。因此转轨国家在参与WTO的谈判中，应对关税水平的减让采取谨慎态度，并灵活使用WTO的豁免政策，来保护本国贸易利益。政府干预形式的改变是贸易自由化的一个重要标志。二是价格体系的变化。贸易自由化的另一个重要标志是运用价格工具来改变经济中不合理的相对价格体系。通过降低名义保护率和有效保护率的平均水平和离散程度，可以使一国的相对价格体系趋于合理，从而使该国的贸易体制趋向中性化。一般来说，普遍地降低关税水平可以实现这一目的，同时这也使政府干预程度下降。但是，在一些情况下，走向中性化的贸易体制在某个阶段上可能会伴随着政府干预的加强。例如，贸易保护体制下经常有关税升级的现象，即政府为了保护最终产品生产者以较低的成本获得进口中间投入品和进口资本品，在对进口最终消费品课征高关税的同时，对中间产品和资本品进口只征收很低的关税，甚至免税，这导致了对本国进口竞争中间产品和资本品生产行业的歧视，也使本国最终产品生产行业的有效保护率平均水平和离散程度增加。在这种情况下，对进口中间产品和资本品征收或提高关税虽然提高了政府的干预程度，但却使整个贸易体制趋向中性化。因此在一定条件下，增强政府干预可使相对价格体系接近无政府干预时的情况，所以它也是贸易自由化的一种措施。[①]

四　贸易自由化的衡量依据

根据贸易自由化的特征，贸易自由化的衡量应采取综合指标，既包括政策的变化，又包括以各种贸易指标衡量的一国实际开放度。一国是否采取了会使其贸易体制更趋中性化的政策改革，是衡量贸易自由化的依据之一。作为贸易自由化政策的结果，各种贸易指标也可作为衡量贸易自由化的依据。正常情况下，贸易自由化的政策和改革会使一国的进口和出口数量增加，进出口在国内生产总值中的比重一般也会有所上升。因此，一国贸易额增加可以反映出贸易自由化程度的提高。但在某

① 周申：《发展中国家贸易自由化与汇率政策》，中国财政经济出版社2006年版，第3页。

种特殊条件下，如贸易自由化改革初期，也可能出现贸易额下降的情况，因此衡量贸易自由化应将政策变化与各种贸易指标综合考虑。

第三节　贸易自由化的意义与成本

一　贸易自由化的意义

关于实施贸易自由化的好处，古典经济学家亚当·斯密、大卫·李嘉国在其著述中都作过形象的描述。托马斯·孟在《英国得自对外贸易的财富》一书中也对自由贸易带给实施国的利益作了详尽的描述。现代学者也从不同角度对贸易自由化的意义进行了研究。

Deepak Lal 和 Sarath Rajapatirana 研究了发展中国家在贸易自由化运动中的策略收益及出口对经济增长的动态影响。通过对发展中国家 20 世纪六七十年代的贸易体制进行比较研究，认为外向型贸易政策与经济的快速发展密切相关，这些结论也被 20 世纪七八十年代的全球经济发展所检验。因此，贸易是经济增长的发动机，自由贸易是看得见的手，能够间接对国家行为进行限制，使国家的行为不超出必要的公共行动，并使国家对关系国计民生的公共物品进行管理。①

Edward F. Buffie 建立了一个严密的动态贸易模型，对进口自由化和出口促进两种政策在资本积累、失业、福利等方面的影响进行了比较。认为虽然放松对进口消费品的配额管制经常加重失业并导致资本积累减少，但是极端的保护政策也很少被认为是正当合理的。即使有发生严重扭曲的劳动力市场，当配额导致的隐含关税超过 50% 时，自由化似乎总能提高福利水平。与进口自由化相比，出口促进是贸易改革的安全途径。在改革过程中，出口补贴最终会减少失业，提高福利水平。此外，如果保护部门不提高工资的话，从长期来看，福利水平最终会提高，失业会减少。②

国际货币基金组织认为国际贸易政策是促进经济增长的最重要的因

① Deepak Lal and Sarath Rajapatirana, Foreign Trade Regimes and Economic Growth in Developing Countries, The World Bank Research Observer, Vol. 2, No. 2 (July 1987), pp. 189 – 217.

② Edward F. Buffie, Import Liberalization vs. Export Promotion, The Canadian Journal of Economics/Revue canadienne d'Economique, Vol. 28, No. 3 (Aug., 1995), pp. 603 – 616.

素，尤其是在发展中国家。此种观点在经济学界广泛流行，如 Krueger 认为，经济的快速发展与外向型贸易战略之间关系的论证是简单明确的。Fischer 认为，融入世界经济是实现经济发展的最好路径。

综合贸易自由化的理论和实践，自由贸易对实施国的意义可以分为直接利益和间接利益。直接利益指由于实施贸易自由化而使本国增加的福利水平和社会效用。具体包括三个方面：一是按照传统贸易理论，一国按照比较优势原则参与国际贸易，可以得到的利益。由于实施贸易自由化，各国可以发挥各自的比较优势，参与国际分工和贸易，最终提高本国的产品总量，提高本国的福利水平和社会效益。二是由于实施自由贸易，一国放松对进口的限制，可以进口物美价廉的国外产品，还可以进口本国不能生产的高技术产品和高档产品，提高了本国的福利水平。三是实施贸易自由化，可以为本国的剩余产品找到出路。当一国存在市场容量有限，生产能力闲置的情况，可以通过出口为未被充分利用的资源和剩余生产能力寻找出路，不仅可以增加外汇储备，还可以更多地购买本国所需要的产品，从而提高国内的福利水平和社会效益。四是贸易自由化可以在一定程度上提高一国的就业水平。贸易自由化为出口企业开辟了国外市场，扩大了出口企业的生产规模，因而创造出更多的就业机会，在一定程度上会提高一国的就业水平。

间接利益体现在对外贸易对一国经济长期发展的影响上。对外贸易通过引进竞争、扩大市场可以提高本国的技术水平，促进一国产业结构升级从而提高一国的整体竞争力，对一国经济的发展具有更高层次的利益。第一，实施贸易自由化有利于加速竞争。进口市场的开放，使大量国外产品和服务进入本国市场，加剧了本国市场的竞争程度，促使国内企业努力提高技术水平，降低成本，提高管理水平，改善服务质量。从这个角度看，竞争因素的引进有利于提高一国企业的整体技术水平和竞争能力。引入竞争因素时需要考虑本国企业的承受能力，否则可能会抑制本国相关产业的发展，造成外资垄断国内工业的局面。第二，实施贸易自由化，一国可以充分利用世界资源，除引进本国需要的物质产品外，还可以引进国外先进的技术和管理经验，并对其进行改造、吸收、创新，从而提高本国的技术水平，促进本国产业结构的升级换代。第三，贸易自由化可以扩大市场，实现规模经济效益。实施自由贸易，一国具有比较优势的产品可以超越本国市场而在更大的市场范围内进行生产，采取更广泛的分工，从而提高生产力，降低成本，实现规模经济效益，从而提高本国的福利水平。第四，实施贸易自由化，可以起到示范作用。实施贸易自由化，可以引进本国市场没有的商品，从而产生一种示范效应，刺激国内新的消费和相关产业的建立和发展。

对于自由贸易会促进竞争的传统观点，也有一些学者提出了质疑。Steven Globerman 对取消贸易壁垒会促进竞争，使国内价格下降，提高效率的观点，对贸易自由化影响竞争的方向和力度问题提出了质疑。在传统观念的引导下，竞争政策的制定者似乎对贸易自由化背景下的兼并行为持宽容态度，认为贸易政策在过去起着明显的调节国内竞争的传统作用，但是把它看作竞争政策的替代者就显得很天真了。在进口商品价格不断降低的情况下，兼并者除了设置国内集中的门槛，还倾向于维持高价格，并分割市场份额，兼并者把中等程度集中的国内产业转变为高度集中的国内产业，也许会对贸易自由化引起的促进竞争的作用反应迟钝。国内产业可能会采取其他法律允许的方式如专利、商标权，或取得政治保护，在贸易竞争增强的情况下取得出口保护等方式变得更有效率。因此政府在对放松由贸易自由化而产生的兼并行为的立法限制方面应持谨慎态度。竞争政策的制定者应认识到，贸易自由化只是创造了一个一般均衡条件下的政策框架，在这种情况下，贸易自由化并不是总意味着会提高市场准入的程度。①

二　贸易自由化的成本

现实中，由于市场竞争的不完全在各国普遍存在，自由贸易理论所依据的前提条件无法全部得到满足。因此，贸易自由化在带来贸易利益的同时也会产生一定的成本。一国实施贸易自由化的措施需要注意在获取贸易自由化带来的利益时，最大限度地降低其带来的成本。概括地说，实施自由贸易的国家须承担的成本主要有以下几种：

① Steven Globerman, Trade Liberalization and Competitive Behavior: A Note Assessing the Evidence and the Public Policy Implications, Journal of Policy Analysis and Management, Vol. 9, No. 1 (Winter, 1990), pp. 80 – 88.

1. 资源调整成本

按照传统国际贸易理论，参与国际贸易的产品和部门应是本国具有比较优势的产业。参与世界市场带来的收益，必然促使国内生产要素，包括资本、技术和劳动力，向本国具有比较优势的产业部门转移。生产要素的转移导致资源的重新配置，具有比较劣势的产业部门的资产如机器设备等大大贬值，劳动力的转移也使得劳动者原有的技能和经验不再具有可用性，必须重新学习和培训，这一切都使得原来配置在比较劣势部门的资源在一段相当长的时间内处于失业状态，失业的时间越长，社会福利损失就越大，国家实行贸易自由化的调整成本也就越大。

2. 收入分配效应

贸易自由化的成本还包括它可能带来的收入分配上的问题。首先，由于出口贸易带来的巨大收益，使出口产业部门的工资水平、福利待遇明显高于非出口部门，因此带来收入分配的差异。其次，国际贸易理论证明，实行贸易自由化之后，被固定用于本国进口产业部门的要素的价格会下降，被固定用于本国出口产业部门的要素的价格会上升，同时，出口产品的价格会上升，进口产品的价格会下降。从消费者来看，自由贸易将会增加进口商品购买者的实际收入，减少出口商品购买者的实际收入。而一般劳动者和中低收入阶层以购买必需品为主，如果一国出口的是生活必需品，进口的是高档品的话，自由贸易将会使该国的中低收入阶层的实际收入减少，使高收入阶层的实际收入增加，因而收入分配会更加不平等。对于转轨国家而言，上述情况无疑是存在的，因此，自由贸易带来的收入分配不平等效应是显而易见的。

3. 抑制国内相关产业的发展

实施贸易自由化的一个重要方面是实现进口贸易自由化，逐步降低关税，取消进口数量限制，开放本国服务贸易市场。而对于发展中国家和转轨国家而言，市场的开放带来的加剧竞争通常会影响国内产业的发展，进而造成工人失业，企业倒闭。尤其是对一国经济发展有利，但还不具有比较优势的幼稚产业来说，进口的大量增加，不利于其培育竞争力，不利于国内产业结构的优化，因此贸易保护主义主张保护幼稚产业，培育本国动态比较优势，提高核心竞争力。自由贸易条件下，幼稚产业发展机会的丧失是贸易自由化的一种动态机会成本。

4. 贸易条件恶化效应

对转轨国家和发展中国家而言，按照自由贸易理论参与国际贸易，其具有比较优势的产品往往是劳动密集型产品，因此其出口的是劳动密集型产品，进口的是资本和技术密集型产品。而劳动密集型产品可替代性强、价格低，贸易条件会不断恶化，而且按照这种模式参与国际贸易，也不利于本国产业结构的调整和升级。

5. 对外经济依赖关系加强

由于经济全球化的发展，国际分工和自由贸易的深入发展，各国之间的依赖性会变得越来越强，一国经济发展更容易受到其他国家及世界经济波动的影响，其独立性越来越小。而对外贸易是传导经济危机的最直接途径，一国所发生的经济和社会波动会迅速传递到贸易对象国。一国对外开放度越高，其受世界市场变动的影响越大。东南亚金融危机、美国金融危机影响世界各国对外贸易和经济发展的事实已充分说明这一点。另外，一国调节经济发展的宏观政策的有效性会由于国际贸易的相互作用而变得越来越小。一国对本国产业、本国经济发展所采取的调节措施要受到国际条约的限制，要符合国际规则；一国在对外经济活动方面采取任何政策、措施都要考虑到其他国家的反应，考虑到是否会引起其他国家的报复。总之，随着自由贸易的深入发展，各个国家调节经济的能力正在日益减弱，在世界经济面前，单个国家应对经济波动和经济危机的能力已十分有限。

对贸易自由化的成本问题，传统和现代贸易理论都有所关注。如 Francisco Rodriguez 和 Dani Rodrik 对自由贸易优先的政策提出质疑。认为虽然开放的贸易政策仍然对世界各国的政策有广泛的影响，但是在解释经济增长与贸易政策关系的时候应采取谨慎的态度。在某些时候，对贸易政策的优先可能会使其他更具意义的机构改革受到排挤。在现实世界，在政府的管理能力较为缺乏的情况下，对政策的优先选择有明确的认识是很重要的。贸易自由化在传统比较优势的基础上可能会改善一国的国际收支，这似乎没有争议。快速融入世界经济对促进经济增长是否是一个强有力的因素以至于可以取代其他发展经济的战略还值得商榷。[①]

也有学者认为贸易自由化是世界经济发展的主流，自由贸易政策是各国的基本政策取向，对贸易自由化的消极作用不应过分关注。Jonathan D. Ostry 考察了发展中国家关心的政策问题，研究了进口关税水平的降低对经常账户的影响。对认为发展中国家在外向型发展过程中，贸易自由化会导致经常项目恶化的传统观点提出质疑。通过研究中间产品的减税幅度大于最终产品时，贸易自由化对经常项目的影响渠道，认为其对储蓄的影响取决于经济结构的具体信息。此外，关税降低对财富分配的作用也是影响储蓄的重要因素。作者还考察了中间产品关税降低对投资的影响，认为中间产品关税降低可能使投资增加也可能使投资减少，具体情况取决于贸易限制的初始水平和这个国家的经济结构。贸易自由化改革对经常项目和福利状况的影响是不确定的。以往的文献认为不确定性的外贸改革可能会使消费过度膨胀，从而使经济福利降低，经常账户恶化，这种观点是值得怀疑的。经常项目的变动和福利的不利变化是由最初投资低迷决定的投资水平的降低。如果给定国家的经济结构和初始的贸易保护程度不同，贸易自由化对这些国家的经常账户不会在一个既定的方向上产生系统的影响。所以，贸易自由化不应由于被认为对国家产生消极作用而受到过分关注。[②]

关于贸易自由化的意义与成本问题虽然有不同的观点，但主流的观点仍是意义大于成本，因此通过追求更加自由的贸易来增进繁荣，发展经济，成为大多数国家的政策选择。在贸易自由化过程中，必然会出现一些间或的倒退，在这些情况下，贫困可能会加重。这时需要政府出台一些调整的辅助措施来消除这些负面影响。在一些穷国，提供这种调整性辅助措施的能力可能会因为需要预算支持而受到严格的限制。这正是国际货币基金组织等机构发挥作用的时候，它们应该向这些国家提供资

① Francisco Rodriguez and Dani Rodrik, Trade Policy and Economic Growth: A Skeptic's Guide to the Cross-National Evidence, NBER Macroeconomics Annual, Vol. 15 (2000), pp. 261 – 325.

② Jonathan D. Ostry, Trade Liberalization in Developing Countries: Initial Trade Distortions and Imported Intermediate Inputs, Staff Papers-International Monetary Fund, Vol. 38, No. 3 (Sep., 1991), pp. 447 – 479.

金，以实现向增进福利和消除贫困的自由贸易的过渡。[1]

三　关于贸易自由化的争议

自17世纪自由贸易理论产生以来，自由贸易理论政策不断遭到历史和现实的考验。关于自由贸易和保护贸易的争论从不曾停止。从对贸易自由化的讨论中不难发现，在贸易自由化的过程中，并不排除政府的干预，政府对贸易自由化模式和进程的干预在某些国家甚至是必需的。从总体来看，自由贸易是各国贸易政策的总趋势。20世纪末以来对自由贸易的批评主要集中在以下几个方面：

一是认为自由贸易会损害公平，破坏环境，甚至导致贫困。对此，美国著名学者、自由贸易的坚定拥护者贾格迪什·巴格沃蒂认为，如果实施恰当的环境政策（如通过制定和执行污染者赔偿原则），那么自由贸易将重新成为最恰当的贸易政策。坚持自由贸易信念是以大众利益为着眼点，而大部分贸易保护主义者关心的是特殊利益。

二是贸易自由化会对一国就业产生一定的负面影响。实施贸易自由化，国外低价商品大量涌入，会对本国的同类产业造成冲击，导致工人失业。发达国家指责发展中国家的低价产品冲击本国市场，因而对发展中国家产品实施反倾销、反补贴措施。但是，更多的学者相信，制造业就业的大幅下降是由需求结构的改变和劳动生产率的大幅提高引起的。

三是自由贸易导致各国争相降低标准。当前一些发达国家经常将环境标准和劳工标准的差异与公平贸易联系起来，一旦外国公司的环境标准和劳工标准偏低，就指责其为社会倾销，因此需要由关税来抵消，它们担心这种标准的差异会引发各国争相降低标准，从而使得自己的高标准受到破坏。于是，发达国家对其他国家提出了各种公平贸易的要求，要求其将标准提高到与发达国家一样的水平。

---

① ［美］贾格迪什·巴格沃蒂：《今日自由贸易》，中国人民大学出版社2004年版，第88页。

贾格迪什·巴格沃蒂认为，标准的不同往往反映的是各国基本状况的不同，初始状态的不同、资源禀赋的不同和偏好的不同。因此，即使各国都有同样的防止国内污染的愿望，并且都认同污染者必须赔偿的原则，但对于向水源或大气中排放同一致癌物质所制定的税率很可能是有国别差异的。如果墨西哥的空气比美国干净但水质不如美国（美国的汽车更多，同时净水设备和瓶装水也更多），假定两国对地理环境问题有相同的意愿，那么可以预见，墨西哥将征收比美国更高的水污染税和较低的空气污染税。不应该把这种合理的税收差别称作“社会倾销”。各国税负方面的差异完全是合理的。

争相降低标准在理论上是成立的，但缺乏实例支持。非合作型博弈在次优条件下很可能会使所有或者一部分国家无法取得在合作型博弈中可以达到的经济福利或环境水平。但这并不意味着在合作型博弈的纳什均衡中，低标准的国家会提高标准，更不用说采用美国现在流行的标准了。实际上，经济学家约翰·威尔逊证明了整个世界的情况很可能是争相提高标准，而不是降低标准。几乎没有发现任何证据可以证明，政府真的会为了吸引投资而降低标准，或者跨国公司真的被这种低标准所吸引并参与到这种争相降低标准的竞赛中去。[①]

四是自由贸易导致发达国家工资水平降低。发达国家的工会担心与贫穷国家的贸易会压低本国非熟练工人的实际工资，这种担忧促使它们对外国竞争者提出更高标准的要求，因为这样一来就会提高国外产品的生产成本从而缓和竞争。对此贾格迪什·巴格沃蒂认为，这些组织在推进它们的社会目标和道德目标的时候，如果不是采取贸易制裁，而是采用一些专门的方法，或是采用同贸易条约或诸如与 WTO 等贸易组织挂钩，依靠劝告、认证、发动人们进行贸易抵制及相关方法的话，纠纷就会少得多。因此，应避免把贸易制裁当作推进社会目标的手段，像童工问题贸易制裁根本不能击中要害，而且贸易制裁一般会使目标国家的态度变得强硬。

---

① ［美］贾格迪什·巴格沃蒂：《今日自由贸易》，中国人民大学出版社 2004 年版，第 59 页。

第四节 贸易自由化的历史实践及其进展

一 贸易自由化的历史实践

贸易自由化历史悠久，在其发展历程中，曾出现过停滞甚至倒退，但它始终作为各国经济发展的外部环境而存在着。

（一）自由竞争时期的贸易自由化

在资本主义自由竞争时期，资本主义生产方式占统治地位，自由贸易政策是这一时期国际贸易政策的主流。18世纪中叶至19世纪中叶，欧美的一些国家先后完成工业革命，生产力的发展出现了巨大的飞跃，资本主义生产方式取得统治地位。最先实施贸易自由化政策的是英国，英国自18世纪中叶开始进入工业革命，19世纪初，确立了世界工厂的地位，英国资产阶级要求废除保护贸易政策，实行自由竞争和自由贸易政策。英国的自由贸易政策包括：废除限制谷物进口的谷物法、垄断殖民地贸易的航海法，取消特权公司，与外国签订体现自由贸易精神的条约等。19世纪70年代，欧洲的贸易自由化达到高峰，但实行全面贸易自由化政策的国家只有英国和荷兰。

在英国的推动下，19世纪中叶，欧美的其他一些资本主义国家也相继推行了自由贸易政策，降低了关税。1875—1914年间，各国普遍降低关税，铁路与轮船的发展使运输费用大幅下降，国际与洲际的贸易、金融、人员流通加快，刺激了整个经济的增长。

（二）第二次世界大战后贸易自由化的发展

第二次世界大战之后，贸易自由化的进程可以分为三个阶段：

第一阶段（1948—1973年）：贸易自由化迅速发展阶段。战后经济重建和经济发展的浪潮使全球国际贸易以前所未有的速度发展。20世纪50—70年代初期，在全球范围内出现了贸易自由化浪潮。经过两次世界大战，美国成为世界头号经济强国，为了进行对外经济扩张，美国积极主张削减关税，取消数量限制，成为贸易自由化的积极倡导者，很多国家纷纷响应美国提出的削减关税和放宽贸易限制措施的主张，自由贸易思潮成为国际社会的主流思潮，从而推动了贸易自由化新高潮的出现。

战后的贸易自由化以1948年GATT的正式实施为标志，进入了迅速发展阶段。GATT以削减关税和取消贸易壁垒、歧视待遇为宗旨。在20世纪50、60年代的20年间，通过组织5次多边贸易谈判，不仅大幅度地削减了关税，而且在一定程度上限制了非关税壁垒的作用。在贸易自由化的推动下，这一时期国际贸易的发展速度远远超过世界经济的增长速度，贸易成为经济增长的发动机。

第二阶段（1973—1986年）：贸易自由化趋缓阶段。这一阶段世界经济出现滞涨现象，能源危机加重，环境破坏严重，国际货币体系动荡。为了争夺市场，各国贸易保护主义抬头，国际上称之为新贸易保护主义。有些国家利用GATT的例外原则，恢复了某些产品的高关税。更多的国家则采取了新的非关税措施来保护本国产业。但贸易自由化趋势仍在顽强地发展，1973年GATT组织东京回合谈判，谈判结果使各国的关税水平明显下降，谈判还涉及非关税措施问题。

第三阶段（20世纪80年代中期至20世纪末）：贸易自由化加快时期。这一时期冷战结束，全球市场的统一扩大了国际贸易的范围和规模，为贸易自由化创造了良好的国际环境。GATT从1986年开始第八轮多边谈判，即乌拉圭回合谈判，历时8年，这是GATT成立以来议题最多、范围最广、规模最大的多边谈判，也是取得成果最多的一次谈判。

乌拉圭回合谈判取得了丰硕的成果。对传统货物贸易进行了谈判，使长期游离于GATT之外的纺织品纳入多边贸易体制；在非关税措施领域达成了一些协议，如完善了反倾销、反补贴协议，达成技术性贸易壁垒协议等；就世界经济发展的新现象服务贸易、知识产权、与贸易有关的投资措施问题进行了谈判，并分别达成了协议。

值得一提的是，乌拉圭回合达成的《与贸易有关的知识产权协议》（TRIPS），规定了各国实施知识产权保护的最低标准。借助WTO这个全球化的机构，发达国家实现了在短时间内使WTO所有成员国的知识产权保护水平全部提升至其期望水平的目的，因为WTO要求其所有成员国必须一揽子接受WTO的所有协议。TRIPS协议的签订和执行使WTO成员国普遍提高了知识产权保护水平，促进了国际技术贸易及货物贸易的发展。

可以说，全球贸易自由化是伴随着GATT的发展而发展的，并在乌拉圭回合谈判结束后达到了新的高峰，根据GATT乌拉圭回合谈判达成的建立世界贸易组织的协议，1995年1月1日，WTO正式生效运转并取代GATT。WTO的建立显示世界贸易自由化在制度上和机制上有了组织基础并且日益规范化，一个以贸易自由化为中心，囊括当今国际贸易诸多领域的多边贸易体制大框架已基本建立起来。随着乌拉圭回合协议的全面实施以及各国市场的逐步开放，全球贸易壁垒极大地降低，贸易自由化的范围扩大到服务业、知识产权、投资措施、农产品、纺织品。现在，各国的贸易制度和政策措施都在朝着自由贸易体制发展，多边贸易体制的逐步完善和发展，使其吸引力大为增加，越来越多的国家和地区不断融入进来。随着国际贸易壁垒的不断消除，国际商品贸易高速增长，1980—1995年平均增长率达到5.6%，服务贸易更是异军突起，年均增长速度达到9.3%，均高于同期世界经济增长速度。

二 贸易自由化的进展

20世纪90年代以来，信息技术迅猛发展，世界经济进入全球化时代，贸易自由化、投资自由化、金融自由化向纵深发展。20世纪90年代初期，苏联东欧等国向市场经济体制转轨，在对外贸易领域实行贸易自由化的改革。中国从1993年起实行市场经济体制，贸易自由化步伐不断加快，并于2001年加入WTO，俄罗斯也于2011年12月加入WTO。随着贸易自由化加快发展，全球贸易规模空前扩大，越来越多的国家参与到贸易全球化进程之中，加入WTO的国家和地区的数量不断增多，1948年GATT生效时，仅有23个成员国，截至2011年年底WTO有157个成员国，还有一些国家正在积极进行加入WTO的谈判，准备加入WTO。

（一）贸易自由化发展现状

1. 贸易增长一波三折，总体增长速度加快

20世纪90年代以来，世界贸易的增长速度加快，2000年达到增长顶点，贸易总额达到64560亿美元，增长率为12.5%。2001年，由于受“9·11”事件影响，国际贸易额急剧下降，2001年贸易额为61910

亿美元，增长率为负值，其中商品贸易增长率 -4.0%，服务贸易增长率 -1.5%。2001—2004 年，国际贸易呈快速增长之势，2004 年达到高峰，贸易额达到 92180 亿美元，货物贸易增长 21.6%，服务贸易增长 21.2%。2004—2008 年，国际贸易进入反复波动时期。（见表 1-1、图 1-1）

2005 年世界贸易增长速度放慢，2005 年，按不变价格计算，世界贸易增长 6%，而之前预期增长 9%，增长率的下降，反映了 2004 年下半年以来的世界经济的低迷。贸易下降更多的是受到价格变化等因素影响，2005 年价格上涨 6.5%，2004 年上涨 11%。2005 年，出口商品的价值增长 13%，2004 年增长 21%。[①]

2007 年，受世界经济形势高涨及世界市场价格普遍上涨的影响，世界贸易快速增长，其中商品贸易增长率为 16%，服务贸易增长率为 19%。2008 年下半年和 2009 年上半年，随着全球经济形势的恶化，全球贸易下降，世界生产滑坡。首先是发达国家，然后波及发展中国家。虽然 2008 年世界贸易增长 15%，但生产和贸易的增长在 2008 年前三季度已经放慢，2009 年，全球经济危机使世界贸易大幅下降。

表 1-1　2000—2010 年世界货物和服务贸易出口增长

金额单位：10 亿美元

年份 / 类别	2000	2001	2002	2003	2004	2005	2006	2007	2008	2009	2010
商品	12.5	-4.0	4.9	16.8	21.6	13.8	16	16	15	-12	14
服务	6.0	-1.5	7.5	14.8	21.2	11.8	13	19	11	-12	8

资料来源：World Trade Report 2009, p. 8; International Trade Statistics 2011, p. 19, WTO Statistics Database.

① WTO Annual Report 2006, p. 4.

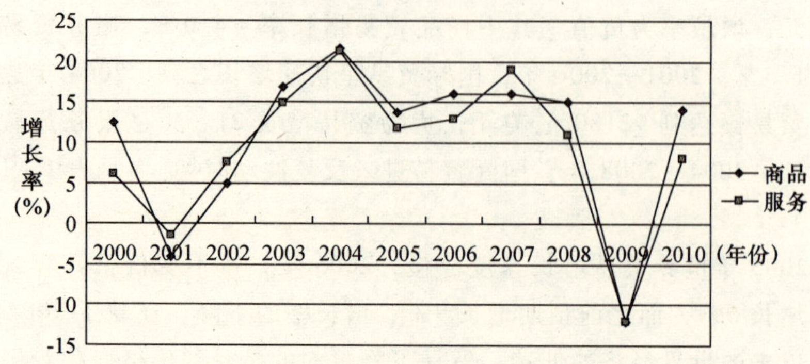

图1-1　2000—2010年世界货物和服务贸易出口增长趋势（增长率:%）

资料来源：World Trade Report 2009, p. 8; International Trade Statistics 2011, p. 19, WTO Statistics Database.

2010年以来，随着世界经济复苏，各国逐步走出经济危机的波谷，世界贸易也呈现出快速复苏发展的趋势。2010年，世界商品贸易额达到152740.0亿美元，同比增长22%。2011年，世界商品贸易额为182550.0亿美元，同比增长20%。

2. 国际贸易增长速度超过世界GDP增长速度

第二次世界大战后，世界贸易的增长速度一直高于世界生产的增长速度，20世纪90年代以来，这种趋势表现得更为明显。从图1-2可以看出，世界贸易和世界生产增长趋势大体是一致的。1998—2008年，GDP平均增长率3%，贸易平均增长率5.9%。除2001年受“9·11”事件影响，贸易增长率呈负值，低于世界生产增长率，其他年份世界贸易增长率均高于世界生产增长率。贸易对经济增长的推动作用依然明显。2008年下半年以来，虽然受世界经济危机的影响，贸易增长率下降，但贸易增长率依然高于世界生产增长率。

2009年，受世界经济危机的影响，世界贸易与世界GDP均出现负增长，而世界贸易的下降幅度要大于世界GDP的下降幅度，说明世界贸易是受经济危机影响最大的领域。2010年，随着世界经济复苏，世界贸易增长速度加快，其增长速度也大大超过世界GDP的增长速度。（见表1-2）

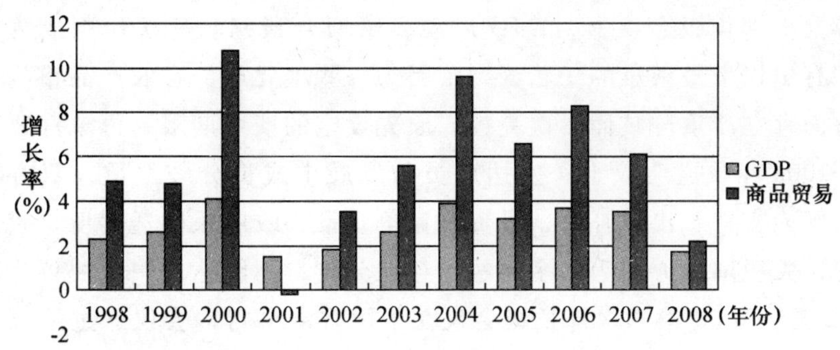

图 1-2 1998—2008 年世界商品贸易和世界 GDP 增长（按不变价格计算）

资料来源：World Trade Report 2009, p. 5.

表 1-2 2009—2010 年世界商品贸易与 GDP 年增长率 单位:%

	商品贸易	GDP
2009 年	-12	-2.5
2010 年	14	3.5

资料来源：International Trade Statistics 2011, p. 19.

（二）贸易自由化发展的特点

1. 多边贸易体系谈判进展缓慢

贸易自由化是当代世界贸易的主流，但是在历史上的任何时期，都存在自由贸易和保护贸易两种对立的贸易政策。20 世纪 90 年代以来，世界经济发展不平衡趋势加强，美国经济发展领先于日本、西欧，亚洲发展中国家经济快速发展，在世界经济和世界市场中的份额扩大，各国争夺市场的斗争加剧。21 世纪初，发达国家经济衰退，贸易冲突加剧。美国在贸易领域公开实施一系列贸易保护措施，称为新贸易保护主义。主要表现为：大量实施反倾销措施；任意实施出口补贴，尤其对农产品；单方面制定环保、科技、卫生检验检疫和社会责任等方面的标准。新贸易保护主义的泛滥，对贸易自由化和经济全球化的发展构成障碍。

WTO 建立后，着手组织新一轮多边贸易谈判，20 世纪后期世界经济形势的新变化和贸易冲突的加剧使贸易谈判面临诸多困难。2001 年，在第九次部长级会议上，WTO启动多哈回合谈判。此次谈判成为世贸组织有史以来最艰难的一轮谈判，因为一些主要成员在农产品市场准入等方面存在严重分歧而屡次受挫，原先设定的谈判期限一再被打破。

2003年坎昆会议上，发达成员与发展中成员分歧严重，双方在农产品国内支持、出口补贴，投资、竞争政策、政府采购透明度、贸易便利化，关税削减方式等诸多问题上存在分歧，不能达成一致协议。2005年12月，WTO第六次部长级会议在中国香港举行，会议通过了《部长宣言》，规定发达成员和部分发展中成员2008年前向最不发达国家所有产品提供免关税、免配额的市场准入；发达成员2006年取消棉花的出口补贴，发达成员对棉花提供“双免”待遇，棉花的国内支持削减的时间和力度要大于整体农业国内支持的削减时间和力度。2013年年底前取消所有形式的农产品出口补贴。在非农业谈判方面，《部长宣言》同意采用多个系数的瑞士公式。香港会议在农业、非农业和发展等议题上取得了新的进展，然而，香港会议的成功并没有推动多哈回合谈判在2006年年底走向成功的终点。WTO成员在取消农业出口补贴和瑞士公式的模式上依然存在较大分歧。2006年之后，WTO组织了多次包含主要成员的小型部长级磋商，但始终未能打破多哈回合谈判的僵局。

2009年11月30日，WTO在瑞士日内瓦组织第七次部长级会议。在全球经济危机和贸易保护主义抬头的背景下，会议避开了核心和敏感议题，对WTO当前的工作进行了审议。2010年WTO仍将对农业问题、农产品、非农产品、服务贸易、知识产权、技术转让、商品贸易、贸易便利化等问题进行进一步谈判。谈判的焦点将集中于以下几个领域：发达国家的高水平农业补贴问题，发展中国家的工业品市场准入问题，发展中国家的农民保护问题。

多边贸易体制的谈判虽然进展缓慢，但贸易自由化和贸易全球化并没有终结。目前WTO仍在各个方面积极协调各成员国的立场，就相关问题不断组织谈判，寻求各国一致同意的解决办法。

2. 双边、区域自由贸易活跃

双边、区域经济合作向来是贸易自由化的重要途径，从英法签订科博登条约开始，双边区域经济合作不断发展。第二次世界大战后，欧洲区域合作取得了显著成果，成为区域经济合作的典范。20世纪90年代以来，随着经济转型国家的经济转轨，区域经济合作出现了前所未有的发展态势。特别是近几年来，在多边贸易谈判进展缓慢的情况下，双边、区域经济合作成为各国加强对外贸易合作，加速贸易自由化的便捷途径。目前，世界绝大多数国家都加入了区域经济组织，有些国家同时参加两个或更多区域经济组织，未参加任何区域组织的国家寥寥无几。在欧洲、亚太和北美出现了规模巨大的区域经济组织。亚洲、非洲、南美都成立了一定形式的区域经济组织。在亚洲，有东盟、中国—东盟自由贸易区，南亚合作联盟等；在南美有安第斯共同市场等；在非洲有南部非洲共同体等。东欧剧变和苏联解体后，相关国家也寻求区域经济合作，一些东欧国家加入欧盟，俄罗斯等国成立独立国家联合体，并在独联体内部，成立了一些次区域经济组织。

近年来，不仅区域经济合作组织的数量不断增多，区域合作的一体化程度也不断提高。如欧盟向经济联盟发展，并有中东欧 10 国加入欧盟，欧盟共同市场规模空前扩大。东盟由优惠关税安排向自由贸易区发展，还和中国于 2001 年开始组建中国—东盟自由贸易区。中国与巴基斯坦、智利、新西兰、秘鲁等国签订了双边贸易合作协议，致力于建立自由贸易区。1969 年组建的安第斯条约组织 1995 年改名安第斯共同市场，向统一大市场方向发展。

关于双边和区域贸易协议的增多，对贸易自由化、贸易全球化的影响问题，研究者们的看法不尽一致。有人认为，双边协议的签订将不利于多边贸易谈判重新启动。美国著名学者、自由贸易的积极倡导者巴格瓦蒂强烈反对目前的自由贸易区，认为在通往自由化的道路选择上，所谓的自由贸易协定实际上是特惠贸易协定，它所带来的贸易转移和体系的复杂性会给全球贸易的自由化带来更多的障碍。他认为，传统的单边主义（单方面降低贸易壁垒）和多边贸易谈判有利于促进贸易自由化，而激进的单边主义（要求别国单方面降低贸易壁垒）和特惠贸易协定是“世界贸易体系上的毒瘤”。①

WTO 对区域贸易协定的增多和普遍化，也表示了某种担心。WTO

① ［美］贾格迪什·巴格沃蒂：《今日自由贸易》，中国人民大学出版社 2004 年版，第 3 页。

的一份报告中写道："WTO 的基石是非歧视，这一原则体现在最惠国待遇条款中，对所有多边贸易协定都是最基本的。但同时，WTO 允许签订关税同盟和自由贸易区协定，其缔约方互相给予某些贸易优惠，而排除世界其他国家和地区。事实上，WTO 所有成员都参加了区域贸易协定，有些参加了两个或更多协定。区域贸易协议已成为最惠国待遇的最重要的例外。结果，地区贸易协定的内部贸易很快将超过世界贸易的一半。此外，随着地区贸易协定的增多，它们很可能导致世界贸易日益增大部分的管理的复杂化规则的支离破碎。"①

更多的学者认为，双边和地区贸易协定与多边贸易体制不是对立的，多边贸易体制也没有被抛弃。区域贸易协定通过成员国的贸易合作，降低了成员国之间的关税和贸易壁垒，而且随着区域贸易的不断发展，成员国对区外成员的关税水平也不断降低，即区域经济的发展与 WTO 的贸易自由化趋势是一致的。双边、区域自由贸易协议是全球贸易自由化的一种过渡形式，双边、区域自由贸易的发展，将把自由贸易不断推向更高的阶段。双边、区域经济一体化是多边贸易体制的过渡形式和重要补充，区域、双边自由贸易将最终融入多边贸易体制。Costas Hadjiyiannis（2004）在贸易自由化背景下考察了共同市场的构建产生的影响，并与已有文献的结论进行了比较，说明了共同市场的影响如何随着时间的变化而发生变化。其主要结论是，共同市场成立时间越晚，越有可能导致关税下降。此外，关税下降率在共同市场形成后加速。共同市场有可能加速贸易自由化的进程，在贸易自由化背景下，研究区域经济的影响是有益的。只有这样，才能对区域经济的影响作出全面的理解。②

转轨国家的贸易自由化改革是在经济全球化的背景下进行的，是全球贸易自由化的重要组成部分。本章对经济全球化理论与贸易自由化理论进行了梳理，阐明了贸易自由化的含义、特征及衡量依据，分析了贸

① WTO Annual Reprot 2002, p. 40.

② Costas Hadjiyiannis, Common Markets and Trade Liberalization, The Canadian Journal of Economics/Revue canadienne d'Economique, Vol. 37, No. 2 (May, 2004), pp. 484 - 508.

易自由化的意义及成本，介绍了贸易自由化的历史实践及其发展。指出贸易自由化是各国发展对外贸易的方向和趋势，经济全球化是各国发展对外贸易的背景，转轨国家贸易自由化应充分利用经济全球化带来的各种机遇。一国采取开放性的对外贸易体制，逐步降低关税，取消数量限制，开放进出口市场，放开对外贸易经营权，降低对外贸活动的干预程度，逐步开放服务贸易市场等都是贸易自由化的改革措施。同时，贸易自由化具有开放性、过程性、渐进性、中性化、政府干预弱化的特征。转轨国家应充分认识贸易自由化的含义及特征，注意贸易自由化的过程性和渐进性。贸易自由化不仅可以为一国的剩余产品找到出路，提高本国福利水平，扩大市场，提高本国技术水平，促进产业结构升级，还会产生资源调整成本，加重贫富差距，抑制国内相关产业的发展，加深一国对国际经济的依赖程度，转轨国家应充分重视贸易自由化带来的成本。虽然多边贸易自由化进展缓慢，但贸易自由化始终是各国发展对外贸易的基本趋势。

第二章

经济全球化进程中转轨国家的贸易自由化

第一节　转轨国家贸易自由化的原因

一　转轨国家贸易自由化的外因

（一）经济全球化的推动

20世纪90年代以来，经济全球化不断发展，并以不可阻挡之势席卷全球，世界上不同类型的国家都不可避免地卷入全球化浪潮之中。经济全球化使经济资源和生产要素在全球范围内自由流动的速度加快，使世界各国经济空前紧密地联结在一起，加深了各国经济之间及其对世界经济的依赖程度。经济全球化的加速发展，促使转轨国家积极融入世界经济全球化进程，进行了向市场体制转轨的重要变革。参与经济全球化的基本途径是开放本国市场，实行贸易自由化。具体来说，经济全球化影响转轨国家实行贸易自由化变革的因素主要包括以下几方面：

第一，全球贸易自由化的趋势。经济全球化的基本表现之一就是全球贸易自由化的发展。经济全球化的基本形式是商品、服务、劳动、技术等生产要素在全球范围内自由流动，因此全球化的基本要求是各国实行贸易自由化，以促进资源的国际流动。在GATT及WTO的努力下，全球贸易自由化的多边框架基本形成，全球贸易环境不断改善，关税水平逐步降低，非关税壁垒逐渐减少，市场准入条件放宽，国际贸易大规模增长。贸易自由化的发展对转轨国家既提供了机遇，也带来了挑战。一方面，转轨国家为参与国际市场，取得更大收益，要积极进行经济体制改革，逐步实施贸易自由化的政策措施；另一方面，转轨国家要深入研究分析贸易自由化政策给本国产品、市场、产业带来的危机和挑战，不断调整经济结构，配合各种措施的灵活应用，在贸易自由化的过程中规避全球化的风险。

第二，投资全球化的发展。在经济全球化的推动下，跨国公司纷纷采取全球营销战略，充分利用世界资源，加快了向世界各国的投资。在国际直接投资高速发展的带动下，国际分工从部门间的分工向部门内部分工转变，使世界各国的产业变成了跨国公司全球生产链条上的一个环节，世界各国的生产在某种程度上成为世界生产的一部分。在投资全球化、生产全球化发展的趋势下，转轨国家在对外开放的过程中，也不断引进外国资本、技术，转轨国家拥有的丰富资源也使之得到发达国家跨国公司的青睐。资本、技术的引进也促使转轨国家加大了机器设备、原材料的进口，促使转轨国家采取更为宽松的贸易政策。

第三，金融全球化的发展。20 世纪 80 年代以来，在新自由主义经济思想的影响和信息技术的推动下，各国普遍取消或放松金融管制，不断打破各个金融领域间的限制壁垒，各专业金融领域不断开放，更多的金融机构进入国际市场，金融产品日益增多，金融交易量不断扩大，资本在全球范围内大规模流动，统一的世界金融市场正在形成。金融全球化的发展促使转轨国家融入金融全球化进程，不断开放本国金融市场，使本国金融市场与世界市场接轨。而金融市场的对外开放本身既是金融服务贸易的对外开放，也是贸易自由化的体现。另外，转轨国家在逐步开放本国金融市场的同时，也逐步使本国货币成为可自由兑换货币，如中国 1996 年首先在经常项目下实现人民币的可自由兑换，这些措施促进了贸易自由化的发展。

（二）区域经济一体化的发展

第二次世界大战后逐步发展起来的区域经济一体化，半个多世纪以来一直以其巨大的魅力吸引着众多的国家不断参与其中。进入 21 世纪以来，经济一体化的发展更是如火如荼，欧盟、北美自由贸易区的良好发展态势，为其成员国带来的巨大利益对其他国家产生了良好的示范作用。目前，世界上 90% 以上的国家都不同程度地参与了大大小小的一体化组织。经济一体化合作首先要求成员国在贸易上合作，即降低关税直至取消关税，消除贸易壁垒，在此基础上，一体化合作才能有更高形式的发展。在全球一体化合作的浪潮中，转轨国家也纷纷进行一体化经济合作，或加入某些一体化组织，如中国谋求与东盟、巴基斯坦、新西兰、智利、韩国、日本建立自由贸易区，独联体加强其内部的次区域一体化合作，东欧国家加入欧盟，都极大地促进了这些国家贸易自由化的发展。

（三）科学技术的快速发展

20世纪90年代以来，科技进步日新月异，信息技术、生物技术、新型材料技术、空间技术、新能源技术等高科技领域先后出现了一系列革命性的飞跃，特别是信息技术的飞速发展，使人类进入了新的时代。信息技术广泛渗透到生产、金融、保险、政府财政、贸易资金往来等领域。信息已经成为比物质和能源更重要的资源，信息产业在社会结构中越来越成为占主导地位的产业。这一进程对长期以基础工业、重工业、农业占主导地位，高新技术产业发展落后的转轨国家形成巨大的冲击，促使转轨国家加快经济转轨进程，不断调整产业结构。转轨国家为了提高本国产业的技术水平，不断开放市场，引进发达国家的先进产品和技术，促进了本国服务贸易、技术贸易领域的开放，同时也有利于本国商品贸易的发展。如中国电信设备产品的国际化基础相对较好，这与本国及早开放电信设备市场是密切相关的。

（四）国际组织的促进作用

作为世界经济支柱的三大国际组织，世界贸易组织、国际货币基金组织、世界银行在推动转轨国家贸易自由化、金融自由化的发展等方面发挥着重要作用。转轨国家要对外开放，向市场体制过渡，离不开世界市场，而要想在世界市场中不受差别或少受差别待遇，加入WTO非常必要。转轨国家有些已经加入WTO，有些正在争取加入WTO，而加入WTO之前，要和所有WTO成员国进行谈判，要符合WTO的所有贸易规则，遵守WTO的所有协议，因此转轨国家必须首先对自身贸易体制进行调整，降低关税，开放服务市场，保护知识产权，实施贸易自由化政策，调整本国的经济贸易法律法规，使之符合WTO的规定。国际货币基金组织和世界银行在转轨国家开放商品市场、服务市场、金融市场等方面也起了重要的推动作用。国际货币基金组织和世界银行对俄罗斯、乌克兰等国提供贷款和经济援助时，都提出了加速经济转轨、实行市场自由化的要求，转轨国家迫于资金需求的压力，只得接受相关条件。

二　转轨国家贸易自由化的内因

（一）传统贸易体制的弊端

与高度集中的计划经济体制相适应，转轨国家的传统贸易体制是国家垄断的贸易体制，进出口只能由国家指定的专业外贸公司进行，贸易公司由国家统负盈亏。除此之外，任何企业、个人都无权从事对外贸易。

随着科学技术的发展，世界经济的全球化发展，经济规模大幅增长，国家垄断经营的外贸体制出现了问题。高度集中的指令性计划，不能及时反映市场需求的变化，外贸主体缺乏竞争，缺乏经营的主动性，效率低下，使国家利益受到损失，对外贸易不能很好地完成调节本国经济发展的任务。因此，为了在新形势下发挥对外贸易促进本国经济发展的作用，传统外贸体制需要向自由贸易体制转换。

（二）转轨国家经济发展落后

转轨国家长期实行的高度集中的计划经济体制，在转轨国家经济发展初期，曾发挥过积极作用。如在 20 世纪 30 年代至 70 年代，苏联的经济发展速度在许多年份高于发达国家，以至于在 70 年代之前，在美苏争霸的过程中，呈现苏攻美守的状态。70 年代之后，计划经济体制的弊端逐渐暴露，不能很好地调配大量流动的资源，造成转轨国家经济发展迟缓，人民生活贫困，产业结构落后。

对外贸易承担着促进经济增长，带动本国产业结构调整，满足人民多样化需求的重要任务。开放市场，让更多外贸主体从事外贸活动，有利于本国引进需要的技术、设备，有利于本国产业结构的升级换代。鼓励出口，可以为本国具有比较优势的产品找到更大的市场，获得更多的贸易利益。实行贸易自由化的改革也有利于引进竞争机制，促进本国企业加快技术的研究和更新，生产更多的技术含量高的产品，以提高本国产品的国际竞争力。

（三）向市场经济体制转轨的内在要求

计划经济体制的弊端使转轨国家意识到向市场经济体制转轨的必要性，而向市场经济体制转轨只能在全球化的大背景下进行。全球化要求世界统一的市场，因此转轨国家向市场经济体制转轨的重要内容是向世界开放市场。而转轨国家融入经济全球化进程，开放市场的基本途径就是参与贸易全球化进程，因此要求转轨国家在进行经济转轨之初就逐步实施对外贸易自由化的改革，进一步扩大市场，放松对外贸易管制，降低关税，放松对外贸易主体的限制。如俄罗斯在1991年实行的“休克疗法”的一项重要措施，就是立即实行对外贸易的完全自由化。中国在改革开放之后，也逐步实施了外贸体制的改革，直至加入WTO，中国的外贸体制基本符合了WTO的要求。

第二节　转轨国家贸易自由化的进程

20世纪90年代初，苏东国家开始经济转轨，实施了向市场经济体制的改革措施。除匈牙利等少数东欧国家外，俄罗斯和大部分东欧国家都实施了“休克疗法”，实行一步到位的向市场体制的转轨措施，在外贸领域也立即实施了完全的贸易自由化措施。中国在改革开放之后，逐步实施了外贸自由化的改革，1993年，确定市场经济体制后，加快了外贸自由化的步伐。本节以中国和俄罗斯两个具有典型意义的转轨国家实施贸易自由化的改革为例，说明转轨国家实施贸易自由化的两种不同历程。

一　中国贸易自由化进程

（一）中国外贸体制改革

改革开放之前，与计划经济体制相适应，中国实行由经贸部统一领导、外贸各专业公司统一经营，实行指令性计划和统负盈亏的高度集中的对外贸易体制。这种外贸体制有利于将中国国内市场与国际市场中的不确定因素隔离开来，有利于达到保护民族幼稚工业，实现进口替代战略的目的。但是，该体制也存在着严重的弊端，难以调动地方的主动性和积极性，不利于外贸企业走上自主经营、自负盈亏、自我发展、自我约束的企业经营之路，影响其积极性的发挥。

自1978年以来，伴随经济体制改革的进程，中国外贸体制的改革也陆续展开，从放权、让利、分散，到推行外贸承包制和放开经营，中国外贸体制逐渐与世界接轨。

1. 放权过渡时期（1979—1987 年）

1979—1987 年，为中国外贸体制改革的放权过渡时期。1984 年，经贸部实施简政放权的一系列改革措施，主要包括以下三项内容：一是自 1984 年 1 月起，多数省份有权保留一定比例的外汇收入；自 1985 年 1 月起，允许企业自己决定使用 50% 的留成外汇。二是自 1984 年 1 月起，允许一批机构无须经过经贸部许可就可进口非限制类商品，这些机构包括经贸部所属外贸公司和分公司，其他部门所属的外贸公司，省政府经营的外贸公司。三是自 1984 年 9 月起，通过外贸体制改革报告，内容包括"政企分开"、"简政放权"、"实行外贸代理制"、"改革外贸计划体制"和"改革外贸财务体制"等。至此，高度集权的外贸总公司垄断全国外贸的局面基本被打破，省级下属外贸组织开始成为外贸活动的主力军。经过简政放权，扩大了省一级外贸自主权。外贸公司的数量显著增加。据统计，自 1979 年下半年至 1987 年，全国共批准设立各类外贸公司 2200 多家，比 1979 年增加了 11 倍多。但是对于大多数生产企业来说，外贸公司仍然是它们通向国际市场的唯一选择。

中国生产企业与国际市场之间的隔层导致出口效益低、不同出口商品的换汇成本差异极大；出口格局不合理，国际价格信息没有通过正常途径及时传递给生产者，盈利的出口商品得不到鼓励，而不盈利或亏损的出口产品又不能及时得到纠正；缺乏国际市场行情信息，企业不能面对国际市场寻找机会，或根据要求进行产品改良；缺乏来自进口的竞争，进口管理和高关税，使进口不能起到促使国内生产企业提高效率、降低成本从而提高竞争力的作用。

2. 外贸承包经营责任制（1988—1990 年）

吃"大锅饭"的体制多年来一直制约着我国对外贸易的发展。1988 年起我国全面推行对外贸易承包经营责任制，一是由各省、自治区、直辖市和计划单列市政府以及全国性外贸（工贸）总公司向国家承包出口收汇，承包基数三年不变。二是取消原有使用外汇控制指标，凡地方、部门和企业按规定所取得的留成外汇，允许自由使用，并开放外汇调剂市场。三是在轻工、工艺、服装三个进出口行业进行外贸企业自负盈亏的改革试点。承包经营责任制打破了长期以来外贸企业吃国家

“大锅饭”的局面，从而大大调动了各方面特别是地方政府的积极性，有力地促进了外贸的发展，有利于解决中国经营体制上长期存在的政企不分问题，让企业逐步走向自主经营的道路，促进了工贸结合，有利于增强外贸企业的国际竞争力。

与此同时，承包制也暴露出一些弊端：其一，尚未建立外贸的自负盈亏机制。承包制仍然保留了中央财政对出口的补贴，不符合国际贸易的通常做法。其二，助长了局部利益的膨胀和不平等竞争的加剧。对不同地区的承包企业规定不同的出口补贴标准和不同的外汇留成比例，造成了地区间的不平等竞争，诱发了对内的各种抢购大战和对外的竞相削价销售，导致外贸经营秩序混乱。其三，企业行为短期化。企业在追求利润的刺激下，只重承包期内任务的完成和超额完成，往往忽略了外贸长期发展的战略目标和战略措施，企业倾向于生产附加值低且易迅速出口、换汇成本低的产品，导致国家出口产品结构长期在较低水平运行。其四，承包期一定三年不变，不能适应国内外经营环境的变化。遇有重大的环境变化，承包企业往往难以完成承包任务。

3. 外贸企业经营机制转变时期（1991—1993 年）

20 世纪 90 年代以来的外贸体制改革侧重微观管理层的变革，1991—1993 年，外贸领域进行了新一轮体制改革。主要体现在两个方面：一是取消国家财政对出口的补贴，按国际通行的做法由外贸企业综合运筹，自负盈亏。二是改变按地区实行不同外汇比例留成的做法，实行按不同商品大类统一比例留成制度。此后，中国外贸经营基本打破了“大锅饭”体制，外贸企业的经营机制发生了根本性改变。

外贸财政补贴的取消使外贸企业能够在自主经营、自负盈亏的前提下，建立和完善自我发展、自我约束的经营机制，改善经营管理，提高国际竞争力，从而在更深更广的范围内参与国际分工。同时，企业对外汇支配使用权的扩大，有利于保持适度的进口增长，为进一步拓展对外贸易关系创造了良好条件。这一轮改革使外贸领域的计划经济色彩进一步减弱，市场调节作用加强，对外贸易迅速发展。截至 1993 年年底，中国有外贸经营权的各类企业（不包括已投产的 8 万多家外商投资企业）达 8000 多家。配合国有企业建立现代企业制度的要求，国家采取了一系列措施鼓励外贸企业进行股份制的试点工作，鼓励专业外贸公司试行进出口代理制，鼓励工贸结合，发展实业化、集团化、国际化经营，从整体上促进了全国外贸的发展。

4. 外贸体制改革的新进展（1994 年至今）

1994 年，中国政府开始实施以汇率并轨为核心的新一轮外贸体制改革。主要内容有：

第一，改革外汇管理体制，发挥汇率对外贸的重要调控作用。从 1994 年 1 月 1 日起，实现双重汇率并轨，实行以市场供求为基础的、单一的、有管理的人民币浮动汇率制度，建立银行间外汇市场，改进汇率形成机制，保持合理的、相对稳定的人民币汇率；实行外汇收入结汇制，取消现行的各类外汇留成，取消出口企业外汇上缴和额度管理制度，实行银行售汇制，实行人民币在经常项目下的有条件可兑换。外汇体制改革为各类出口企业创造了平等竞争的良好环境，加速了外贸企业经营机制的转换，有助于提高我国出口商品的竞争力；有助于汇率更有效地发挥作为经济杠杆调节对外贸易的功能；有助于中国外贸体制与国际规则接轨。1996 年 12 月 1 日，中国还宣布接受国际货币基金组织第八条款规定的义务，实现人民币经常项目下可兑换。

第二，运用经济、法律手段，完善对外贸易的宏观管理。1994 年中国颁布了第一部《对外贸易法》，开始了系统完善外贸领域法律法规的改革阶段。在《对外贸易法》实施的基础上，国家在货物贸易、外资、知识产权、反倾销等各个领域出台了一系列法律法规，将对外贸易管理纳入法制化轨道。宏观上主要运用经济手段，如汇率、关税、税收、利率等调节对外贸易。对进出口总额出口收汇和进口用汇实行指导性计划。加快赋予具备条件的国有生产企业、商业物资企业和科研单位外贸经营权，截至 1996 年年底，我国各类外经贸企业达 1 万多家（其中自营进出口生产企业 5000 多家），外商投资企业 14 万多家。1996 年 9 月，外经贸部颁布了《关于设立中外合资对外贸易公司试点暂行办法》，规定外国公司、企业可以与中国的公司、企业在上海浦东新区和深圳经济特区试办中外合资外贸公司。外商不仅可以在生产领域，而且可以在流通领域进行合资合作经营。此外，1996 年我国还在 5 个经济特区进行生产企业外贸经营登记制试点。外贸经营权将根据我国的对外承诺，最终由审批制转向依法登记制。

第三，加强外贸经营的协调服务机制。进一步发挥进出口商会等中介机构的协调服务功能，逐步建立和完善外贸行业的律师、会计和审计事务所及咨询服务机制；加大对违法经营者的惩处力度。1996 年 9 月经贸部成立了“中国国际电子商务中心”，为实现我国对外经贸管理，经营和服务的国际化、现代化提供了一条有效途径。

第四，加快外贸企业经营机制转换。积极推进外贸企业进行现代企业制度的建设，鼓励外贸企业跨行业、跨地区联合、兼并，向实业化、集团化、国际化和综合化方向发展，逐步形成一批以外贸公司为龙头，贸工技商结合的综合商社和以生产企业为核心，具有多种功能的产业跨国公司。同时，大力推行外贸代理制，强化外贸公司的服务职能。

外贸体制改革促使中国对外贸易以前所未有的速度增长，推动了国民经济快速、持续、健康成长，优化了资源配置，提高了资源使用效益，加快了中国经济与世界经济的融合进程，从而促进了中国劳务和商品参与国际分工与交换。发展开放型经济，已成为中国经济发展乃至保持经济正常运行必不可少的条件。

（二）为履行“入世”承诺所作的努力（中国市场的进一步开放）

中国加入 WTO 后，为履行“入世”承诺，作了不懈的努力。“入世”满 5 年，即 2006 年年底，中国全面履行了“入世”承诺，国内市场进一步开放，在贸易自由化的进程中迈出了新的步伐。

在货物贸易领域，2004 年 4 月 6 日，中国修订了《对外贸易法》，放开了对外贸易经营权，对对外贸易经营者开始实行登记备案制度。据此，商务部于 2004 年 6 月 25 日出台《对外贸易经营者备案登记办法》，并于 7 月 1 日开始施行，中国提前半年履行了放开外贸权的承诺。2005 年，中国平均关税水平从“入世”前的 15.3% 逐步降低到 9.9%，工业品平均关税由“入世”前的 14.8% 降低到 9.3%；农产品由 23.2% 降到 15.3%。2009 年，中国平均进口关税为 9.6%，其中农产品平均关税为 15.6%，非农产品平均关税为 8.7%。[①]“入世”时，中国仍对 424 个税号（按 8 位税号计）的产品实行进口配额和许可证管理。“入世”以来，这些非关税措施按照入世承诺的时间表，有些甚至早于规定的时

① WTO Statistics Database, October 2010.

间表，全部得以取消。“入世”以来，中国对粮、棉、油、糖、化肥等关系国计民生的大宗商品的进口逐步完善了关税配额管理体制，使之符合“入世”承诺和世贸组织的相关规则。本着公平、公正、透明的原则，每年按时发布公告，公布年度的关税配额量、申请资格和申请程序。

在服务贸易领域，“入世”后，中国在包括银行、保险、证券、电信、建筑、分销、法律、旅游、交通等在内的众多服务部门，修改和新制定了一系列加快对外开放的法规和规章，这些法规和规章既有因履行“入世”承诺而作出的，也包括一些自主开放的举措。中国银行业在2001年“入世”时就全面开放了外汇业务，人民币业务的开放地域也逐步扩大。到2005年年底，人民币业务的开放地域已经扩大到上海等25个城市，其中西安、沈阳、哈尔滨、长春、兰州、银川和南宁比“入世”承诺的时间表提前开放，人民币业务的对象也由外资企业、外国人和港澳台同胞扩大到国内企业。目前，外资银行在法规规定的12项基本业务范围内经营的业务品种已超过100个，市场准入的标准和程序也比“入世”时进一步简化。中国还鼓励合格的境外投资者参与国内金融机构的重组与改造，并将单个外资机构入股中资商业银行的比例由原来的15%提高到20%。截至2007年年底，中国已有在华外资法人银行26家，下设分行及附属机构125家、支行160家；外国银行分行117家。截至2007年年底，中国共有25家中资商业银行引入33家境外投资者，投资总额212.5亿美元。

在保险领域，到2005年年底，中国对外资保险公司的地域和业务范围已无任何限制。外资保险公司可以在中国任何一个城市开设分支机构；外资保险公司可以在华从事全面的寿险和非寿险业务，如外资寿险公司也可以向中国公民和外国公民提供健康险、团体险和养老金、年金险服务。“入世”后，在华设立的外资保险机构数量显著增长。截至2005年10月，共有15个国家和地区的44家保险公司在华设立了100个营业性机构。在机构数量增加的同时，外资保险公司的营业额也获得了可观的增长。

在证券方面，截至2005年年底，中国已批准上海和深圳证券交易所境外特别会员各3家；境外证券经营机构在上海和深圳证券交易所分别有 B 股席位 46 个和 21 个；已批准外资参股证券公司 3 家；还有外资参股基金管理公司 20 家。此外，《合格境外机构投资者境内证券投资管理暂行办法》于 2002 年 12 月开始正式实施。[①]

此外，在电信领域、分销领域、法律服务、会计服务、医疗服务、教育服务、旅游服务等方面，中国市场也逐步放开，这些领域中一些外资机构已进驻中国，并不断加大投资步伐。

在知识产权领域，按照 WTO《与贸易有关的知识产权协议》（TRIPS）的要求，中国在 21 世纪初对知识产权法律法规进行了全面的修改。修改后的《中华人民共和国专利法》《中华人民共和国商标法》《中华人民共和国著作权法》等法律法规扩大了受保护权利的范围，明晰了各方权利义务，增强了司法审查制度，同时加大了对侵权行为的查处力度，使我国的知识产权法律保护体系全面符合了 WTO 的要求。

（三）积极寻求区域、双边贸易合作

除进行开放性贸易体制改革，加入多边贸易组织，参与多边贸易自由化外，中国还积极谋求参与区域、双边贸易合作。

1991 年，中国加入在亚太地区规模最大、成员最多，有较大影响的亚太经合组织，APEC 本着灵活、开放、渐进、自愿的原则在成员国之间展开经济合作，我国作为重要成员，在推进 APEC 原则的建立及贸易投资自由化进程方面发挥了重要作用。2001 年 6 月，中国与俄罗斯、哈萨克斯坦、吉尔吉斯斯坦、塔吉克斯坦、乌兹别克斯坦五国签署了《上海合作组织成立宣言》，成立了上海合作组织，与欧亚五国在贸易投资、能源交通等领域展开了全面的合作。

2001 年，中国与东盟达成建立中国—东盟自由贸易区的协议，提出在 10 年内建成自由贸易区的目标。2007 年，中国与东盟签署《CAFTA 服务贸易协议》，双方在货物贸易、服务贸易领域展开了全面的合作。2001 年、2003 年，中国内地分别与香港、澳门签订了内地与港澳建立更紧密经贸关系安排的协议，促进了内地与港澳之间的经贸交流与合作。2001 年，中国加入《曼谷协定》，2005 年，该协定改为《亚太

① 《中国履行入世承诺成绩单》，《中国经济时报》2005 年 12 月 28 日。

贸易协定》，它是一个具有实质性优惠关税安排的协议。2003 年，中国与巴基斯坦签署优惠贸易安排协议。2006 年 10 月，中国与智利签署自由贸易协议。2008 年 10 月，中国与新西兰展开建立自由贸易区的合作。2010 年 3 月，中国与秘鲁签订自由贸易协议，展开货物与服务贸易合作。

中国积极参与区域经济合作，是经济全球化与区域经济集团化发展的要求，也是中国谋求扩大经贸发展空间的重要举措，区域贸易合作的全面展开进一步促进了中国贸易自由化的发展。

二 俄罗斯贸易自由化进程

俄罗斯经济转轨前，实行计划性的国家垄断外贸体制。国家对对外贸易实行绝对垄断，由国家指定进出口公司独家经营进出口业务。对外贸易盈亏统一由国家财政包干。实行双重汇率，贸易汇率低于非贸易汇率，以降低进口商品的国内价格。

（一）俄罗斯贸易自由化改革

从 20 世纪 80 年代后期开始，苏联政府着手对外贸体制进行改革，下放外贸经营权，逐步改变外贸垄断体制。苏联解体后，俄罗斯适应经济转轨的要求，实施了外贸自由化改革。1991 年 11 月 15 日，俄罗斯通过了《对外经济活动自由化法令》，废除了国家对外贸的垄断制度，允许俄罗斯境内登记的一切企业及其联合公司，不分所有制形式，均可不经专门登记开展对外经济活动。放开商品经营权，逐步减少许可证和配额数量，减免关税，调整进出口税，对进口商品不再实行行政分配，其价格由市场决定，逐步实行卢布的可自由兑换。1993 年以后，在强调自由化的同时，强化了政府干预，运用经济手段加强宏观调控，如关税、汇率、利率、税收等。1995 年 3 月 6 日，俄罗斯颁布了《关于俄联邦开展对外贸易活动的基本原则》的总统令，规定取消重要商品的出口许可证审批制度。

私有化是俄罗斯转轨方案的又一重要内容，私有化的对象不仅包括国有工业企业，也包括国有外贸企业。俄罗斯对国有外贸企业实行了股份制改革，组建和发展集团公司，建立股份化、商业化、市场化的外贸经营主体。除军火出口公司和经营战略性原料的进出口公司由国家掌握外，其他公司均实行自主经营、独立核算，并与外贸部脱钩。

1. 进口自由化

由于1992年年初俄罗斯消费市场上商品匮乏，在贸易自由化初期，俄罗斯一度对绝大多数进口商品免征进口税，并对一些重要商品尤其是食品实行进口补贴。1992年7月，为摆脱经济危机，俄开始对部分商品征收进口税。当时规定的平均进口税率为14%—15%，但对进口商品的课税实际是从1993年开始的，并且直到1995年5月前一直实行优惠税率。自1993年2月起，俄开始对大部分商品征收增值税，对某些特定商品征收消费税。为适应加入WTO的需要，俄进口关税税率逐步降低，2007年，俄进口关税平均税率为11%。其中农产品平均税率为14.6%，非农产品进口平均税率为10.5%。[①] 2011年，俄进口关税平均税率为9.4%，其中农产品进口平均税率为14.3%，非农产品进口平均税率为8.7%。[②]

在转轨初期，俄罗斯对绝大部分进口商品不作数量限制，只有极少数商品进口须经审批，对某些特殊商品的进口，如食品、药品、民用化工用品、电器产品等，实行进口产品质量证书制度。1995年以后，由于俄罗斯市场上进口商品比重过大，尤其是食品比重超过50%，俄罗斯开始实行一些进口管理措施。为避免进口商在进口时故意压低申报价格，自1993年1月1日起，俄罗斯开始对部分进口商品实行海关估价，以确定实际的纳税基础。为保护国内市场，调控消费价格，规范市场竞争，俄罗斯对部分商品实行许可证管理和配额制度，如1997年以后，陆续对食用香精、伏特加酒、彩电整机、烟草及其工业替代品实施进口许可证制度，2003年年初开始对重要食品如猪肉、牛肉等实行进口关税配额制。

总体而言，俄罗斯的进口关税已经低于WTO成员国的平均水平，绝大部分进口商品进口到俄罗斯不受配额限制，许可证管理也只针对有限的商品。

---

① Russian Federation, Trade Profiles, WTO Statistics Database, April 2009.

② Russian Federation, Trade Profiles, WTO Statistics Database, September 2012.

2. 出口自由化

俄罗斯独立后至1992年6月前，由于没有海关关境，俄罗斯经济主体可以自由地出口商品。1992年6月，俄罗斯才对部分战略性商品实行了限额制度。出口限额适用于70%以上的出口商品，包括石油、石油产品、天然气、煤炭、金属、化肥、木材、武器等。1994年，俄罗斯取消了对出口的数量限制。

俄罗斯在改革初期，对主要原材料出口征收出口税，但对绝大多数机械产品出口不征出口税。1993年10月30日，俄对出口关税税率作了统一的规定，此后，出口关税税率逐年降低，应税商品品种逐渐减少，到1996年7月1日完全取消出口关税。1998年金融危机后，为了弥补国家预算赤字，1999年以来，俄罗斯恢复对主要出口产品征收出口税。

3. 外汇自由化

为了建立外汇市场，俄罗斯规定从1992年6月起，出口商必须将50%的外汇收入卖给国家，20%可以通过商业银行出售，其余30%则必须由中央银行压低汇率购买。1993年7月，出口商可以按商业汇率出售50%的外汇收入。1998年金融危机爆发后，俄罗斯加强了对外汇领域的国家调节，规定自1999年起，出口商必须出售75%的外汇收入，并规定了统一的兑换汇率。

（二）积极融入经济全球化进程，为对外贸易发展开辟空间

俄罗斯独立后，在对外经济政策上积极实行经济国际化，加强与世界各国、各地区及各类国际组织的联系。1992年俄罗斯成为国际货币基金组织和世界银行的成员；1994年加入欧共体一般特惠体系；1994年和1995年分别同美国、欧盟签署经贸协定；1996年加入欧洲委员会；1997年加入巴黎俱乐部和伦敦俱乐部；1998年成为亚太经合组织成员国；2002年，成为八国集团成员国。

1992年，俄罗斯成为GATT观察员，1993年俄罗斯向GATT提出加入申请，1994年提出加入WTO的正式申请。1995年7月，俄罗斯开始“入世”谈判，2011年12月16日，俄罗斯正式成为WTO成员国。入世后，俄罗斯的关税将下调，平均进口税率将从10%降至7.8%，工业产品进口税率将从9.5%降至7.3%，农产品进口税率将

从13.2%降至10.8%。[①] 在WTO的框架内，俄罗斯将规范市场秩序，减少非关税贸易壁垒，降低和公开检验检疫和技术标准，加强对知识产权的保护，逐步解决灰色清关等问题，进一步完善经贸法律法规。可以预见，俄罗斯市场环境将更加规范。

第三节　转轨国家贸易自由化的成效分析

随着经济体制改革的不断深化，转轨国家贸易自由化取向的外贸改革取得了一定进展，总体表现为贸易自由化水平得到显著提高，外贸管理体制逐步与世界接轨，贸易经营主体多元化，国家对外贸活动的干预由行政手段逐步转化为经济手段，外汇市场逐步放开，对外贸易对经济增长的促进作用进一步发挥。但是不同转轨国家由于实施贸易自由化的途径和方式不同，其产生的体制效应和对经济增长的作用是不同的。本节以中国和俄罗斯为例，分析转轨国家的贸易自由化对经济发展产生的作用。

一　中国贸易自由化的成效分析

中国的贸易自由化改革是与改革开放同步进行的。经过三十多年的改革，外贸管理体制发生了显著的变化。外贸经营主体多元化格局初步形成，国有、私营、中外合资、股份制、股份合作制、内部职工持股等多种所有制形式相互竞争，自负盈亏的经营机制不断得到加强和完善；行政干预力度正在逐步减弱。外贸宏观管理逐步走上以经济、法律手段调控为主的轨道，外贸政策的统一性和透明度进一步增强，涉外法规日益健全；而且中国在实施自由化改革的同时注重宏观调控，有力地将外贸风险限制在一定的范围之内，抵御了突发性的危机对经济发展的破坏作用，保证了系统运行的稳定性。

中国的外贸自由化改革使外贸迅速发展，成为世界贸易大国，为国

---

① 李舒萌：《俄罗斯加入世贸组织的历程、减让承诺和中国的机会》，《世界贸易组织动态与研究》2012年第2期。

家发展提供了大量的外汇储备，增强了国家的整体实力，成为拉动经济增长的重要力量。此外，开放的对外贸易体制的建立，使中国企业在参与国内外市场的竞争中树立了竞争意识和忧患意识，促使其积极提升自身技术水平，从而从整体上带动了国内工业的发展，提高了产业结构水平，在增加就业方面也起了重要的作用。

（一）贸易自由化推动对外贸易持续稳定发展

改革开放以来，中国的对外贸易发展很快。进出口总值由1978年的210.9亿美元增长到2002年的6207.7亿美元，增长了30倍。2004年，中国进出口总额突破万亿美元大关，达到11545.6亿美元，成为世界第三大贸易国。2008年，中国对外贸易总额达到25632.6亿美元，同比增长17.8%。其中出口14306.9亿美元，同比增长17.2%，排名世界第二，进口11325.7亿美元，同比增长18.5%，排名世界第三。[①] 2009年，中国进出口总额为22072.2亿美元，同比下降13.9%。2010年，随着经济复苏，对外贸易总额大幅回升，达到29729.2亿美元，同比增长34.7%。2011年，中国对外贸易总额36418.7亿美元，同比增长22.5%，总额仅次于美国，居世界第二位。其中出口18983.8亿美元，居世界第一位。进口17434.84亿美元，居世界第二位。我国已成为名副其实的对外贸易大国。（见表2－1）

表2－1　　1978—2011年中国对外贸易额　　单位：百万美元

年份	总额	出口	进口	差额
1978	21086	9955	11131	-1176
1979	29235	13614	15621	-2007
1980	38040	18099	19941	-1842
1981	44021	22007	22014	-7
1982	41606	22321	19285	3036
1983	43616	22226	21390	836
1984	53549	26139	27410	-1271

① WTO World Trade Report 2009, p. 15.

续表

年份	总额	出口	进口	差额
1985	69602	27350	42252	-14902
1986	73846	30942	42904	-11962
1987	82653	39437	43216	-3779
1988	102784	47516	55268	-7752
1989	111680	52538	59142	-6604
1990	115436	62091	53345	8746
1991	135701	71910	63791	8119
1992	165525	84940	80585	4355
1993	195703	91744	103959	-12215
1994	236621	121006	115615	5391
1995	280864	148780	132084	16696
1996	289881	151048	138833	12215
1997	325162	182792	142370	40422
1998	323949	183712	140237	43475
1999	360630	194931	165699	29232
2000	474297	249203	225094	24109
2001	509651	266098	243553	22545
2002	620766	325596	295170	30426
2003	850988	438228	412760	25468
2004	1154555	593326	561229	32097
2005	1421906	761953	659953	102000
2006	1760439	968978	791461	177517
2007	2176572	1220456	956116	264340
2008	2563260	1430693	1132567	298126
2009	2207222	1201534	1005688	195846
2010	2972923	1577824	1395099	182725
2011	3641865	1898381	1743484	154897

资料来源：WTO Statistics Database.

（二）促进国民经济结构调整与优化

21 世纪初期是我国经济结构调整和优化的重要时期。面对经济全球化趋势，我国国民经济结构的调整与优化不仅要立足于国内市场的需求，而且要依托国际市场和国际经济，使调整与优化的方向符合国际分工发展的客观要求，以保持我国国民经济结构在国际上的先进性。通过贸易自由化的改革，国内企业获得了与世界市场广泛接触的机会，可以及时获取国际市场发展变化的信息，这对我国出口商品结构、消费结构和产业结构的调整产生了积极能动的导向作用，推动了国内经济结构升级，促进了国民经济市场化和结构合理化。

贸易自由化改革可以使越来越多的市场主体实际参与国际竞争和交换，树立竞争意识和忧患意识，通过"干中学"效应，逐步按照市场经济规律和竞争原则开展各种商务活动，建成完善的社会主义市场经济体制和更具活力、更加开放的经济体系。通过工业品的出口加快工业化进程和产业结构升级步伐，使产业结构由劳动密集型向资本密集型、技术密集型产业结构转移。先进技术和机器设备的引进，以及技术服务咨询、技术人才培训、组织管理技能和企业家精神培养等软技术的渗透和扩散，使国内企业在获得技术效应、学习效应的同时，注重技术开发和创新机制的动态培育，带动全要素生产率的不断提高，促进产业结构优化升级。

（三）为我国提供大量就业岗位

贸易自由化的改革有助于提高我国的就业水平。据国务院发展研究中心课题组测算，在不考虑其他因素变化的情况下，外贸每增长一个百分点，就业就增长 1.48 个百分点。

对外贸易的发展可以提供就业岗位。首先，随着国际直接投资的发展，我国加工贸易迅速发展，目前加工贸易已占据我国对外贸易的半壁江山。加工贸易企业多是劳动密集型企业，可以为我国提供更多的就业机会。其次，跨国公司在我国的投资建厂，也为我国国内的相关行业提供了为其供货的机会，因此也提高了就业水平。再次，我国出口规模的扩大，也为国内企业提供了更大的市场，为其扩大生产规模，实现规模经济效益提供了机会，企业规模的扩大提供了更多的就业岗位。最后，目前我国的出口产品仍以劳动密集型、资本密集型产品为主，这也适应了我国低素质劳动力较多的状况，为其提供了更多的就业机会。

贸易自由化在推动我国经济、贸易快速发展的同时，也给我国经济带来一定的负面影响。如中国加入 WTO 后，国外低价农产品大量涌入，作为加入 WTO 的代价，中国很多农民不得不远离家乡，外出打工。更值得注意的是，我国实施贸易自由化，加入 WTO，提高了我国知识产权的保护水平。知识产权保护水平的提高，一方面促进了我国技术贸易及服务贸易、货物贸易的发展；另一方面，由于我国的知识产权保护制度是在美国的推动下，逐步制定、发展并完善的，因此，我国知识产权保护水平的提升极大地促进了我国对发达国家知识产权的保护，促使发达国家企业从 20 世纪 90 年代后，从其全球化经营的需要出发，利用自身的技术优势，在我国实施了全方位的知识产权战略，对我国企业在科技创新、国际化经营等方面设置了重重障碍。

（四）跨国公司在我国实施的知识产权战略主要表现

1. 专利战略

（1）专利开发

跨国公司是经济科技全球化的载体。目前，全球共有跨国公司约 7.1 万家，它们共有 90 多万家海外分支机构，这些海外分支机构的全球销售额高达 45 万亿美元。研发投入占全球研发经费的一半以上，拥有全球 91% 的知识产权。跨国公司的研发主要集中在高新技术领域，它不仅建立了庞大的科研体系和高素质的研究队伍，而且不断增加技术研发投入，扩大高新技术研究成果的应用。美国是 IT 研发投入最大的国家，2006 年，微软公司的研发费用占其营业收入的 14.87%，英特尔和 AMD 的研发费用占营业收入的比例更是高达 16.60% 和 21.34%。2011 年，微软研发投入 90.4 亿美元，占销售收入的 12.9%。英特尔研发投入 65.8 亿美元，占销售收入的 15.1%。

跨国公司的全球经营战略使其对全球知识产权技术进行统一的研发调配和战略部署。近年来跨国公司在我国的研发机构不断增加，并在我国进行了大规模的专利申请。据商务部统计，2001 年跨国公司在华设立研发机构 124 个，到 2006 年年底增至 980 个，目前世界 500 强中有 400 多家在华建立了研发机构，其中美、欧、日占绝大部分。

（2）专利保护

第一，布置注册陷阱。跨国公司的专利保护战略是其维护自身技术优势，充分发挥技术效益的有效手段。跨国公司对我国的产品输出及直接投资通常是产品未到，技术先行，先在我国大规模申请专利，之后再进行投资。中国的哪个领域具有市场潜力，跨国公司就会在哪个领域寻求专利保护。在中国企业尚未具备与之抗衡能力的时候抢先占据有利地位，以建立或维持在相关领域的垄断地位。

20世纪90年代以后，跨国公司在华专利申请量以平均每年30%的速度高速增长。过去几年，跨国公司专利“攻势”集中于通信、计算机、家电等领域。现在，随着我国汽车工业的发展和居民生活水平提高带来的对医疗保健需求的增长，跨国公司把眼光投向我国的医药和汽车业。从历年我国的发明专利授权数量上看，外国的授权一直较高，其中主要来自跨国公司。2007年我国授权的发明专利中，国内31945件，占发明专利授权总量的47.0%，国外36003件，占发明专利授权总量的53.0%。2012年我国授权的发明专利中，国内143847件，占发明专利授权总量的66.3%，国外73258件，占发明专利授权总量的33.7%。

虽然近年来在发明专利授权中，国内授权比重逐步提升，但我国企业拥有自主知识产权技术的产品并不多。如机电产品是我国第一大出口商品，但大部分核心技术都掌握在跨国公司手中，很多机电产品的出口都要向国外交纳巨额专利费。

第二，专利侵权择时起诉。当跨国公司在中国完成专利布局，它们就会向中国企业发起专利攻势。跨国公司在对我国企业进行侵权指控时非常注意时机。在中国企业侵权之初，它们往往不起诉，因为中国市场还不成熟，中国企业尚且无法与国外企业竞争，如果此时起诉，跨国公司得不到丝毫利益，等到中国国内市场成长起来后，知识产权拥有者便毫不犹豫地利用知识产权保护条款逼迫中国企业要么退出市场，要么支付巨额专利使用费。我国遭遇的知识产权典型案件——温州打火机案、DVD专利使用费案、思科诉华为案等都是这种情况。在中国的手机制造行业强大起来之后，飞利浦等GSM手机专利拥有者也加紧了向中国手机制造企业征收专利费的步伐。

(3) 专利许可、转让

跨国公司为使其专利技术获得更大的收益，延长技术的市场生命，把一些处于成熟、落后期的技术通过直接投资或技术许可的方式转移到发展中国家。在向发展中国家转移技术的时候，它们非常注意核心技术保护，关键技术不外流。

在技术许可的过程中，转让方往往会对技术受方作一些不合理的限制，称为限制性商业条款。如要求技术受方购买其不需要的技术、设备和原材料等作为向其转让技术的条件，称为搭售条款。对技术的有效性不得提出异议，不允许技术受方对引进技术作出改进。不合理地限制收方购买原材料的渠道、产品的销售渠道、产品的生产规模、产品价格等。

(4) 专利技术标准化

"技术专利化，专利标准化，标准许可化"已成为国际潮流。跨国公司热衷于把自己的专利技术纳入各种法定标准和事实标准，这样其专利技术便披上了标准的外衣而成为合法的贸易壁垒。

高新技术的发明者跨国公司通常采用与标准化组织合作的方式使自己的专利技术成为法定标准，同时对自己的权利作出一定的限制，如向使用者提供不可撤销的权利许可等。此外，还有大量的高新技术发明者，有足够的垄断能力，不希望成为法定标准，而凭自己的技术优势形成事实标准。我国为发展高新技术产业，往往要向权利人支付高额使用费。

2. 商标战略

跨国企业进入我国市场后，为了在竞争中占据优势，除了运用专利策略外，还运用商标策略，抢注、侵蚀中国企业商标，为中国品牌国际化设置了障碍。

(1) 抢注中国商标

随着中国企业实力的不断增强，目前中国商标尤其是驰名商标、知名商标和原产地保护产品名称进入国外抢注的高峰期。据国家工商总局最新的不完全统计，国内有15%的知名商标在国外被抢注，其中超过80个商标在印度尼西亚被抢注，近100个商标在日本被抢注，近200个商标在澳大利亚被抢注；五粮液在韩国、康佳在美国、海信在德国、科龙在新加坡、新科在俄罗斯相继遭遇了商标被抢注的命运。每年商标国外抢注案件超过100起，涉及化妆品、饮料、家电、服装、文化等多个行业。被抢注商标的中国企业往往要付出巨大代价才能拿回原本属于自己的商标。

（2）通过合资、并购方式侵蚀中国商标

跨国公司为强占中国市场，往往采用与中国企业合资的方式，侵蚀中国企业商标，培育自身品牌。合资控股后对中方商标继续注册但不使用，如1994年天府可乐与百事可乐在重庆合资后，天府可乐从此在市场上销声匿迹。1994年上海牙膏厂与联合利华合资，“美加净”牙膏合资后被露美庄臣、洁诺取代，后中方以5亿元人民币的代价买回了美加净，但此时美加净的市场地位已急剧下降。在洗衣粉行业，上海的白猫合资后被碧浪、汰渍取代。广州肥皂厂的洁花牌香皂在与美方合资后，很快被海飞丝、潘婷取代。

跨国公司还采取强强联合策略，收购竞争对手品牌，迅速抢滩中国市场。2003年欧莱雅收购小护士，又于2004年年初成功收购羽西品牌化妆品，对其占据中国护肤、彩妆、护发市场奠定了基础。

（3）品牌“本土化”策略

跨国公司在进入中国市场后，深入研究国内消费者的消费习惯及消费文化，针对市场设计出“本土化”产品。如宝洁公司通过对中国消费市场需求的研究，在中国市场推出17个品牌满足具体市场的独特需求，因此宝洁公司的众多品牌一直领导着中国的日用消费品市场，其中国“本土化”品牌知名度极高。美国可口可乐公司自1979年进入中国后，自始至终从文化理念“本土化”出发，推出适合中国的产品，实行文化经营，使其品牌深入人心，产品市场不断扩大。

（4）利用商标延续专利技术垄断优势

跨国公司在许可他人使用专利技术的同时，往往把商标一同许可。有时，虽然某些专利技术已过了有效期，成为公知技术，但商品上的商标权可以不断延续。所以要继续使用这些商标，必须得到许可，否则也会侵犯知识产权。

此外，跨国公司为降低成本，还组织行业知识产权联盟和行业自律组织，加强知识产权监控专业化，建立集体保护机制。

（五）跨国公司的知识产权战略对我国的影响

1. 使我国企业难以获得核心技术

跨国公司在我国通过跨国并购和兼并中小科技型企业组建技术联盟来从事应用性研发，主要集中于高技术产业如通信、计算机软件、电子电气设备、生物技术、化学化工、汽车、生物医药等高新技术领域的研发工作。但是跨国公司的研发网络仍以母国为中心，在华主要是针对市场本土化的需要，进行适应性和专用性的应用研发。如 IT 公司在华主要研发计算机软件的汉化、中文环境下计算机的易用性和中国市场需要的软件产品。

跨国公司控制着专利申请权和专利权，由其母公司掌握，在华研发机构一般都尽量使用母公司名义申请专利权，有些虽然按照中国法律由在华的研发中心申请了专利，却将专利申请权或专利权通过合同等方式转移给外国公司，或利用各国法律的差异，通过信托等一系列复杂的法律设计，导致母公司实际拥有和控制知识产权。其在我国设立研发机构的目的是利用我国的优惠政策，廉价的人力资源构筑地区性的技术支撑，进行低成本经营。因此我国很难通过跨国公司在华设立的研发机构获得核心技术。

2. 削弱我国自主创新的能力基础

跨国公司在研发中实施人才战略，削弱了我国自主创新的能力基础。人才是创新之本，跨国公司通过在华设立研发机构吸引了大批中国科研人才，这些机构具有优越的科研环境，对国内企业的科研人才和高等院校学生具有相当大的吸引力，从而使我国的企业和科研机构处于非常不利的地位。另外，跨国公司的研发机构还从国有企业、科研院所挖掘人才和技术，加剧了中国企业的技术依赖性和产业空心化。在我国本来已经形成较强竞争力的一些产业领域，由于跨国公司在华投资对产品市场和人才市场的占有，使得国内的研究工作失去依托而被迫取消或减弱。

3. 限制我国自主创新的空间

跨国公司根据中国的发展计划及市场特点，在我国大规模申请专利，抢先占领新兴产业制高点，挤压了我国自主创新的空间，增大了我国进行自主创新的难度。在很多行业如医药、汽车、通信、家电和汽车业，中国企业已处于跨国公司专利的包围之中。为了避免产品被模仿，跨国公司对中国的出口和投资，往往都要先作好知识产权保护。其在具有战略意义的新兴高科技产业中尤其如此。以 3G 专利为例，国外公司近年来在中国申请了大量与 3G 两大技术标准 WCDMA 和 TD—SCDMA

相关的专利。大规模的专利申请，对中国的高科技产业的发展带来十分不利的影响。有些专利，跨国公司在中国申请之后，并不在中国投资生产产品，也不向中国出口产品，目的是阻止中国企业的自主创新，为其日后向中国出口产品或投资生产作好准备。

4. 造成企业无形资产流失

由于我国企业普遍缺乏品牌保护意识，对相关法律及国际条约理解不透彻，企业商标没有在国内及国际市场及时注册，导致知名商标被他人抢注或被国外企业申请优先权而遭到撤销，使企业丧失品牌或付出巨大代价赎回品牌。与跨国公司的合资造成的品牌流失也使一些企业付出了惨痛的代价。

此外，发达国家还利用知识产权在国际贸易中制造了一些新的障碍，可称为知识产权壁垒。近年来，我国出口商品频繁遭遇知识产权壁垒。据统计，我国有60%的出口企业遭遇过国外的专利技术壁垒，使我国出口额每年损失约500亿美元。知识产权壁垒已成为我国企业出口的严重障碍。我国在国际贸易中经常遇到的知识产权壁垒除前述的专利技术与技术标准相结合形成的贸易障碍外，还有以下几种表现形式：

第一，知识产权地域性原则的适用。知识产权国内穷竭原则在国际贸易中的适用，导致知识产权产品的平行进口违法，影响国际自由贸易的发展。如美国为了保护本国知识产权权利人的利益，实行知识产权国内穷竭原则。

第二，知识产权边境保护。TRIPS协议授权成员国对进口的侵权商品可以采取临时措施和边境措施。临时措施的滥用会使进口者付出高额成本，甚至遭受重大损失。近年来，中国很多企业的货物被进口国海关扣留，结果不仅额外支付了滞港费、装卸费等很多费用，还延迟了交货时间，对出口企业声誉造成影响。

第三，发达国家国内的贸易法案。如美国在国内法中将知识产权与贸易结合在一起。其中以超级301条款和337条款最具代表性。超级301条款规定美国将对其认为对美国出口商品知识产权保护不充分的国家进行报复。337条款主要对外国输入美国的侵犯美国知识产权的产品进行管制。目前，我国是遭遇美国337条款指控最多的国家。

鉴于知识产权已成为现代企业、国家竞争力的焦点所在，我国政府和企业都应提高知识产权意识，提高对知识产权的创造、保护和运用水平。

二　俄罗斯贸易自由化的成效分析

贸易自由化是俄罗斯经济转轨方案的一项主要内容。俄罗斯在较短的时间内摆脱了旧体制的束缚，迅速建立起了新的以私有制为主体的、多元化的、全面开放的市场型外贸体制。

（一）体制转换效应和制度创新效应

对外贸易自由化在一定程度上促进了俄罗斯社会的制度创新。进出口贸易可以促进转轨国家的制度创新，加快经济转轨的进程。俄罗斯转轨以来，出口企业在出口过程中加强了与国外的联系，尤其是与西方发达国家的联系，有利于俄罗斯企业摆脱传统计划经济的桎梏，开阔视野，改变观念，为制度创新奠定意识形态基础；与市场经济的接触，先进企业的示范作用，促使俄企业积极进行制度创新，以适应竞争的需要；出口规模的扩大，促使俄罗斯企业加强管理机制改革和技术改革，努力降低成本，实现规模经济效率；贸易自由化也使俄罗斯企业感受到世界市场的竞争压力，促使企业不断进行制度创新，以提高企业自身的组织效率和技术水平，增强自身竞争力。此外，进口贸易也有利于推动制度的变迁。俄罗斯转轨初期，进口贸易增长很快，有利于俄罗斯国内竞争环境的形成。进口商品的大量增加，使俄企业倍感竞争压力，促使俄企业积极转变经营管理观念，进行组织制度的创新，增强企业实力，增大企业规模，改进技术，降低产品成本。

（二）促进经济发展效应

在经济转轨时期，俄罗斯贸易自由化不仅取得了体制转换和制度创新效应，对经济增长也起了一定的促进作用。关于对外贸易与经济增长的关系，从古典经济学家到现代经济学家都作过论述。在经济全球化的背景下，对外贸易是经济增长发动机的观念已得到普遍认同。

第一，为国家财政提供了大量的外汇收入。转轨初期，俄罗斯GDP连年下降，对外贸易却连年保持顺差，对俄罗斯国家财政起了重要的支撑作用。1999年俄罗斯商品出口额仅为756.6亿美元，2007年就升到3544.0亿美元，8年间增长了5倍。俄罗斯在世界出口总额中的份额在此期间扩大了一倍，上升到2.6%。2008年俄出口额达4717.6亿美元，比上年增长33%。2009年受世界经济危机的影响，对外贸易额有所下降。2010年，出口额缓慢回升。2011年，对外贸易额8458.4亿美元，同比增长30.36%。（见表2－2）

表2－2　　转轨以来俄罗斯的对外贸易状况　　单位：百万美元

年份	总额	出口	进口	差额
1991	121900	66800	55100	11700
1992	96500	53600	42900	10700
1993	103900	59600	44300	15300
1994	118060	67540	50520	17020
1995	142040	81095	60945	20150
1996	157430	88600	68830	19770
1997	161945	88330	73615	14715
1998	132899	74884	58015	16869
1999	115202	75665	39537	36128
2000	150224	105565	44659	60906
2001	155648	101884	53764	48120
2002	168267	107301	60966	46335
2003	211999	135929	76070	59859
2004	280589	183207	97382	85825
2005	369232	243798	125434	118364
2006	467832	303551	164281	139270
2007	577889	354403	223486	130917
2008	763734	471763	291971	179792
2009	495846	303978	191868	112110
2010	648870	400132	248738	151394
2011	845844	522013	323831	198182

资料来源：WTO Statistics Database.

由于出口大幅增长，连年产生贸易顺差，为俄罗斯带来大量的外汇储备，这也成为偿还外债的主要来源。1999年俄罗斯的外汇储备仅为

125 亿美元，2004 年突破 1000 亿美元，2007 年升到 4764 亿美元。国家财政收入大幅度增长，其中关税收入 2007 年为 1272 亿美元，而 1999 年仅为 76 亿美元，当时俄联邦全部财政收入也只有 250 亿美元。俄罗斯联邦稳定基金于 2004 年年初成立，到 2008 年年初，其金额已经达到 1570 亿美元，2007 年一年里稳定基金几乎翻了一倍。由于外汇收入滚滚而来，国家支付能力迅速增强，俄罗斯的外债也从 2000 年的 1480 亿美元降到 2007 年 10 月 1 日的 527 亿美元，而苏联时期的外债实际上已经全部偿还。国家财政金融稳定，促进了俄罗斯国际资信度持续稳定提高，从而改善了其获取国际信贷资金的条件。

第二，为出口企业提供了需求，增加了收入。转轨以来，俄罗斯工业生产连年下降，国内需求不断减少，出口的持续增长为出口企业找到了需求增长点，保证了生产的连续性，提高了收入。俄罗斯有很多工业部门的产品主要用于出口。例如在石油加工工业和有机合成工业中，有 60% 的产品用于出口。在冶金工业中，用于出口的产品占 63% 左右。出口的持续增加，对这些产业的发展起了重要的推动作用。

第三，进口弥补了国内市场需求的不足。转轨开始后，在苏联时期就已存在的商品短缺问题更严重了。由于生产下降，与经互会国家的联系中断，俄罗斯一些城市消费品的供应严重不足。贸易自由化改革后，国外商品大量涌入，弥补了国内消费品的不足，缓和了社会矛盾，稳定了社会秩序。据统计，在俄罗斯零售业市场上，进口商品达 60% 以上，有些城市达 70% 以上。

俄罗斯的贸易自由化改革使其建立了开放自由的对外贸易体制，适应了经济转轨的需求。进出口贸易的迅速增长，在一定程度促进了经济增长，但由于其存在的诸多问题，也为经济发展和经济转轨带来了一定的负面影响，如进出口商品结构恶化、进口商品增长过快，阻碍了国内相关产业的发展等。俄罗斯加入 WTO，TRIPS 协议的实施也将使俄罗斯面临提高知识产权保护水平的问题，因此，俄罗斯应尽早实施国家知识产权战略，以应对知识产权问题给本国经济贸易发展带来的挑战。

第四节　转轨国家对外贸易与经济增长关系的实证分析

通过上述分析可知，转轨国家贸易自由化的实施在一定程度上促进了经济增长，并对转轨国家国民经济的各方面产生了深远的影响。但是，不同转轨国家贸易自由化的结果对本国经济增长的促进作用是不同的，中国贸易自由化改革使对外贸易迅速发展，成为拉动经济增长的重要力量，并且在产业结构调整方面起了重要作用。俄罗斯的对外贸易发展在一定程度上促进了经济增长，但也造成了国内产业结构不平衡发展等问题。

贸易自由化的改革结果可以用政策变化和贸易规模来衡量，而贸易政策的效果是难以量化的，因而本书主要用对外贸易规模来衡量转轨国家贸易自由化的改革结果，用外贸规模与经济增长的关系来衡量贸易自由化改革与经济增长的相互关系。

对于对外贸易与经济增长的关系，已有很多学者进行了实证分析，由于采用的分析方法和变量的选取及数据的来源不同，在进口与出口对经济增长的作用强弱问题上观点各异。本节以中国和俄罗斯为例，采用经济计量方法对转轨国家的对外贸易与经济增长的关系进行实证分析。

变量的平稳性是进行计量分析的基本要求之一，因此本节首先对时间序列进行单位根检验，然后建立模型并进行协整检验来分析转轨国家对外贸易对经济增长的作用。

一　中国对外贸易与经济增长关系的实证分析

（一）数据与模型

本节采用1978—2010年的年度数据进行分析[①]，为了客观验证对外贸易与经济增长的关系，在变量的选取上，除考虑进口和出口对GDP的影响外，还将消费（包含居民消费和政府消费）和投资作为控制变量包含在模型中。因此在模型设定上，选取如下变量：国内生产总值

---

① 如无特别说明，本节数据均来源于中国经济信息网（http：//www. cei. gov. cn）。

（GDP）、消费（C）、投资（I）、出口（EX）、进口（IM）。为了使模型的经济意义更明确，设定如下模型：lnGDP = f（lnC，lnI，lnEX，lnIM）。

（二）单位根检验

对于时间序列模型，为了保证模型的稳健性，首先检验各变量序列的平稳性，对各变量序列取对数后进行单位根检验，检验结果如表 2－3 所示。

表 2－3　中国数据 ADF 单位根检验结果

原假设：序列存在单位根	ADF 统计量	5%的临界值	P 值	原假设：序列存在单位根	ADF 统计量	5%的临界值	P 值
ln（GDP_C_t）	－0.534768	－2.971853	0.8697	Δln（GDP_C_t）	－2.923963	－2.971853	0.0552
ln（C_C_t）	－0.570983	－2.967767	0.8623	Δln（C_C_t）	－3.097646	－3.595026	0.1276
ln（I_C_t）	－0.270019	－2.967767	0.9179	Δln（I_C_t）	－2.886222	－2.967767	0.0593
ln（EX_C_t）	－1.048632	－2.963972	0.7224	Δln（EX_C_t）	－5.035680	－2.967767	0.0003
ln（IM_C_t）	－1.098997	－2.963972	0.7030	Δln（IM_C_t）	－3.909070	－2.967767	0.0057

表中结果表明除消费序列之外，其他序列都是 1 阶单整，消费差分序列的单位根检验 P 值接近 10%，表明 1 阶差分以后的序列渐进平稳，因此，我们用上述 I（1）序列进行建模。

（三）回归分析与协整检验

对上述数据进行处理后，先进行回归分析，再用 E—G 两步法对残差序列进行单位根检验以判定各 I（1）序列是否存在协整关系。对各变量的对数序列进行回归，结果表明模型存在序列相关，因此我们通过添加 AR 项进行修正。下面给出修正后方程的估计结果：

$$\ln(\hat{GDP\_C_t}) = 0.65 + 0.62 \times \ln(C\_C_t) + 0.36 \times \ln(I\_C_t)$$
$$t = (4.34)(15.57)(13.84) + 0.13 \times \ln(EX\_C_t) - 0.11 \times \ln(IM\_C_t)(12.84)(-9.47)$$
$$R^2 = 0.99998 \qquad DW = 1.89 \qquad (2.1)$$
$$\hat{u}_t = 1.47 \times \hat{u}_{t-1} - 0.61 \times \hat{u}_{t-2}$$
$$t = (6.52) \qquad (-2.13)$$

对方程（2.1）的残差序列进行单位根检验，结果表明残差是平稳的，因此模型中各变量之间存在协整关系，模型的估计结果是稳健的。

（四）检验结果说明

由上述模型分析结果可以看出，常数项和各变量系数的 t 统计量表明各变量系数是显著的，消费、投资、出口与 GDP 是正相关关系，进口与 GDP 是负相关关系。GDP 对消费的弹性为 0.62，表明消费每增加 1%，GDP 增加 0.62%；投资每增加 1%，GDP 增加 0.36%；出口每增加 1%，GDP 增加 0.13%；进口每增加 1%，GDP 减少 0.11%。

（五）评价与结论

通过以上对中国对外贸易与 GDP 关系的实证检验可知，在促进我国经济增长的各项因素中，消费是最重要的因素，因此，我国经济的发展还主要靠内需拉动。投资对 GDP 的增长也有明显的促进作用，因此在经济危机期间，国家在刺激投资方面的宏观政策对促进经济增长是有作用的。出口贸易对我国经济增长也有明显的拉动作用，是我国保持经济高速增长的重要支撑力量。但是，由于我国的出口贸易以劳动密集型产品为主，产品技术含量低，附加值低，因此，尽管我国从出口额上看是世界第一大贸易国，对外贸易依存度也达到 60%，但出口贸易对我国经济增长的促进作用并没有充分发挥出来，我国还需要不断调整出口商品结构，提高劳动密集型产品的技术含量，增加高技术产品的出口比重，提高整体贸易竞争力。进口贸易与经济增加呈负相关关系，表明进口对经济增长有抑制作用，这符合通常的经济理论。近年来，在我国进口贸易方式中，一般贸易所占比例上升。2005 年，一般贸易方式进口占总进口额的比重为 42.3%，超过加工贸易所占的 41.5%。2006 年，一般贸易进口占进口总额的比重为 42.1%，加工贸易进口额占进口总额的比重为 40.6%。可见，用于满足国内需求的一般贸易进口在我国进口中已占据主导地位。一般贸易商品进口数量增加过快，不仅会对国内相关产业造成威胁，而且一般贸易商品进口直接用于消费，不进入生产过程，不能起到促进生产及促进出口的作用，也就不会起到促进产业结构升级的作用。因此，从长期来看，我国应鼓励先进技术及先进机器设备的进口，以使进口起到促进国内企业提高技术水平，优化产业结构，进而促进经济增长的作用。

二　俄罗斯对外贸易与经济增长关系的实证分析

对俄罗斯对外贸易与经济增长关系的检验采用1995—2010年中国经济信息网的数据。由于俄罗斯转轨后，通货膨胀严重，因此我们以2003年价格作为不变价格，对样本数据进行了调整。模型设定与检验方法与中国相关数据检验方法相同。

（一）单位根检验

首先，对俄罗斯各变量序列进行ADF单位根检验，结果如表2－4所示。

表2－4　　俄罗斯数据ADF单位根检验结果

原假设：序列存在单位根	ADF统计量	5%的临界值	P值	原假设：序列存在单位根	ADF统计量	5%的临界值	P值
ln(GDP_R_t)	1.658971	－3.119910	0.9986	Δln(GDP_R_t)	－14.72940	－3.212696	0.0000
ln(C_R_t)	3.477843	－3.119910	1.0000	Δln(C_R_t)	－2.551144	－3.212696	0.1331
ln(I_R_t)	－0.404250	－3.119910	0.8815	Δln(I_R_t)	－6.294084	－3.212696	0.0007
ln(EX_R_t)	－3.082124	－3.144920	0.0554	Δln(EX_R_t)	—	—	—
ln(IM_R_t)	－2.691607	－3.144920	0.1035	Δln(IM_R_t)	－3.381305	－3.098896	0.0305

表2-4对俄罗斯数据的检验结果表明：GDP、投资、进口是1阶单整序列，出口是平稳序列，消费与中国数据类似，1阶差分序列检验的P值接近10%，可以认为是渐进1阶单整序列。另外由于出口是平稳序列并不影响模型的稳健性，只要在GDP、投资、进口、消费的对数序列之间存在协整关系，其模型就是稳健的。

（二）回归分析与协整检验

对俄罗斯各变量对数序列进行回归，结果如下：

$$\ln(GDP\_R_t)=3.42+0.54\times\ln(C\_R_t)+0.10\times\ln(I\_R_t)$$
$$t=(6.52)(7.47)(6.47)+0.08\times\ln(EX\_R_t)-0.03\times$$
$$\ln(IM\_R_t)(2.17)(-0.51) \quad (2.2)$$

$R^2=0.998$　　$DW=1.63$

对方程（2.2）的残差序列进行单位根检验，表明残差序列是平稳序列，因此模型中各变量之间存在协整关系。其中DW统计量为1.63，表明方程不存在自相关，并且通过White异方差检验表明不存在异方差，因此模型的估计结果是可靠的。

（三）检验结果说明

方程（2.2）的估计结果表明，俄罗斯的消费、投资和出口的系数是显著的，并且与GDP呈正相关关系。进口系数的t统计量没有通过检验，表明进口系数是不显著的，进口对经济增长的影响不显著。

在影响经济增长的各项因素中，消费的作用最大，消费每增加1%，GDP增加0.54%，表明俄罗斯要提高经济增长速度，应主要通过刺激国内消费来拉动。投资对经济增长有一定的促进作用，但作用明显小于消费，投资每增加1%，GDP增加0.10%，表明俄罗斯的投资环境还需要改善，以引导本国投资并积极吸引外资参与本国经济建设。出口贸易也在一定程度上促进了GDP增长，出口每增加1%，GDP增加0.08%，出口对GDP的促进作用较小，主要是由于俄罗斯的出口商品以能源和原材料产品为主，产品技术含量低，虽然出口换取了大量外汇，但对于经济增长的促进作用是有限的。因此，俄罗斯应积极调整出口商品结构，增加技术含量高的制成品尤其是高技术产品的出口，以发挥出口对经济增长的乘数作用。俄罗斯的进口对经济增长影响不显著，是因为俄罗斯的进口主要以食品和消费品为主，进口的资本品和先进机器设备较少，进口主要用于满足国内消费，没有起到促进国内产业调整的作用。因此，俄罗斯应采取进口替代政策，增加高新技术、先进机器设备、资本品和中间投入品的进口，以使进口发挥促进出口，带动产业水平提高，优化产业结构的作用。

在经济全球化思潮及趋势的影响下，在对计划经济体制下垄断外贸体制的弊端充分认识的基础上，转轨国家开始了贸易自由化的改革，取消对外贸易国家垄断制，放开进出口经营权，开放本国商品市场，逐步降低关税，取消数量限制，努力融入世界经济体系。本章分析了转轨国家实施贸易自由化的原因，以中国和俄罗斯为例，介绍了转轨国家贸易自由化的进程，采用理论分析和实证分析相结合的方法，对转轨国家贸易自由化的成效进行了分析。指出不同转轨国家贸易自由化的效果是不同的。中国贸易自由化的改革促进了进出口贸易的极大增长，促使企业改进技术，提升了技术水平，促进了产业结构的调整优化，促进了就业水平的提高，从而对经济增长起到了积极作用。但中国的进口贸易并没有发挥提升国内产业水平的作用，因此中国应加大先进技术和设备的进口。贸易自由化使中国知识产权保护水平大幅提升，导致国外跨国公司在我国实施了全方位的知识产权战略，限制了我国企业自主创新的空间，给中国企业的国际化经营造成一定障碍。俄罗斯贸易自由化改革促进了进出口贸易的高速增长，但出口对经济增长的促进作用较小，进口对经济增长没有显著的作用。因此，俄罗斯应改变主要出口能源燃料产品的出口结构，扩大高技术产品、先进技术的出口，进口应改变主要进口食品、消费品的结构，扩大先进设备的进口。俄罗斯贸易自由化改革的体制转换和制度创新效应明显。世界市场的竞争压力促使俄罗斯企业转变观念，不断进行制度创新，提升技术水平，增强自身竞争力。

第三章

贸易自由化与转轨国家经济安全

第一节 经济全球化背景下的国家经济安全

一 国家经济安全的含义

经济安全是包括政治安全、军事安全、文化安全、环境安全、科技安全等在内的国家安全的重要组成部分。冷战期间，国际上更多关注军事安全，随着国际政治经济形势的转变，经济安全成为各国普遍重视的问题。国际上对国家经济安全的研究始于20世纪后半期，冷战结束后，国家间竞争的经济因素上升，经济成为影响国家安全的关键性因素，在某种程度上，经济安全成为国家安全的核心内容，各国对国家经济安全的研究日益广泛和深入。

安全是一个广义的概念，包括积极安全和消极安全①。就经济安全而言，消极安全是指维持经济要素的稳定以及经济制度的稳定和持续；积极安全则与发展同步。经济安全本质上可以视为经济利益，国家经济利益是多方面的，如国际贸易、引进技术和资金、国际旅游、承包工程、海外投资、国际股市和技术专利出口等。转轨国家还有一个体制上的国际经济利益，即与国际经济体系接轨。

由于各国经济情况不同，对国家经济安全的界定和侧重也有所不同。清华大学经管学院课题组对国家经济安全的定义是：一国根本经济利益不受伤害。其具体内容有四：第一，一国经济在整体上主权独立、

---

① 龙文懋：《全球化与经济安全》，湖南人民出版社2003年版，第5页。

基础稳固、健康运行、稳健增长、持续发展。第二，在国际经济生活中具有一定的自主性、自卫力和竞争力。第三，不至于因为某些问题的演化而使整个经济受到过大打击和损失过多利益。第四，能够避免或化解可能发生的局部性或全局性的经济危机。①

国家经济安全的影响因素可以分为外部因素和内部因素。外部因素主要包括国际贸易、国际投资、国际金融等活动。重点领域包括：国际经济秩序变动对经济产生的重大持续影响；国际资本冲击对经济造成的全面重大影响；国家重要信息的保护、保密；对国家有全局性影响的重大专利产品的保护；事关国家生存发展的某些重大战略物资如石油、粮食的持续供给；与国家战略利益攸关的国际运输路线的特殊时期保护；参加某些国际组织对国家会产生的重大影响，等等。国内因素主要包括物质、制度和文化等方面。物质层面包括一国的能源、交通、原材料、基础设施、国内产业竞争力、一国内部市场容量等方面。制度因素包括一国的经济制度、法律制度是否与国际规则、惯例一致。文化因素指一国的文化特征、文化传统是否与制度相一致。

二　经济全球化与国家经济安全

经济全球化使生产要素在全球范围内大规模自由流动，促进了世界资源的优化配置，使世界各国经济紧密联系在一起。经济全球化不仅给各国提供了在世界范围配置资源的机会，也给各国经济安全带来了严重威胁，尤其是对于一些市场经济体制尚欠成熟的发展中国家和转轨国家。在经济全球化背景下，一国的经济波动会通过国际贸易、国际投资、国际金融等活动很容易地传导到其他国家和地区。如 1997 年发生的亚洲金融危机，以泰国货币大幅度贬值为导火索，迅速传导到东南亚的其他国家，周边国家的货币也不同程度地贬值，给亚洲各国经济造成严重影响。亚洲金融危机发生的原因就在于泰国经济结构失衡，房地产泡沫现象严重，金融市场过度开放，缺乏有效的金融监管。1998 年发生的俄罗斯金融危机也是超前开放金融市场引起的。2007 年源于美国

① 华晓红、庄芮、杨立强：《“十一五”期间中国对外经济贸易热点问题》，对外经济贸易大学出版社 2007 年版，第 4 页。

的经济危机也对世界各国经济产生了严重的影响。经济全球化对各国主权的消融正在给各国的国家经济安全带来挑战。

虽然经济全球化带来的风险已经引起各国的普遍关注，但如何预防经济全球化带来的风险，仍未有行之有效的方法。虽然加强国家之间的合作，加强国际组织的协调作用被认为是应对经济危机的有效途径，但由于各国经济发展水平的差异、国家实力的大小、国家利益的不平衡，各国很难达成一致的意见、采取统一的行动来避免和治理经济危机。因此，各国在参与经济全球化的过程中，还需要提高自身经济实力，提高本国经济的抗风险能力，各自采取适当的对策，防范经济风险，应对经济危机。

经济转轨时期，经济安全是国家应高度重视的问题。在我国“入世”谈判中，开放度和经济安全成为决策的焦点。“入世”后，全方位对外开放的格局基本形成，在融入经济全球化的进程中，如何保障国家经济主权和根本利益不受损害，成为国家制定政策的基本出发点。俄罗斯在转轨初期忽视安全问题，采取一步到位的开放市场措施，导致国家安全遭到重大损害，之后，俄政府也加强了安全意识，加强了对转轨过程的宏观调控。

第二节　对外贸易安全与国家经济安全

贸易是一国参与经济全球化的基本途径和对外联系的基本方式，也是国际经济传导的直接途径。贸易自由化是经济全球化的基本表现形式，任何国家要参与经济全球化都是以贸易自由化为起点的。各国的经济发展都离不开国际市场，各国的商品、服务、资金和技术交易都是在竞争激烈的国际市场上完成的。国际贸易对经济增长的促进作用已在各国的贸易实践中得到普遍证明，一旦贸易领域发生问题，将会直接影响整个国民经济的发展，贸易安全是国家经济安全的重要内容。

一　贸易安全的含义

贸易安全是贸易自由化对主权国家经济安全产生影响的直接方面。

国家贸易安全是指一国的对外贸易在受到来自国内外不利因素的冲击时，依然能够保持较强的竞争力或具有足够的抗衡和抵抗能力。国家贸易安全主要包括以下几方面内容：第一，提升国家的国际地位，为本国贸易商创造良好的对外贸易环境，保护本国贸易商利益。国际贸易活动不仅涉及贸易商的利益，而且涉及国家利益，涉及国内相关产业的发展。因此，一国应积极实施开放的对外贸易体制，及早加入 WTO，以使本国贸易符合 WTO 的规则，得到各国的公平贸易待遇，获得 WTO 规则的保护；完善本国的经贸法律法规，有效应对国外的贸易摩擦，保护本国的贸易利益。第二，提高本国出口的国际市场竞争力，获得更多的贸易利益，提升出口产业结构，提升产业竞争力，使对外贸易在促进经济增长方面发挥更大作用。一国出口产品竞争力取决于产业竞争力，因此应努力提升本国产业的技术水平，促进产业结构优化，从而增强本国产品的国际市场竞争力，改善贸易条件。第三，一国的进口贸易应能起到调节国内市场，促进本国产业技术水平提高的作用。因此一国应增加进口本国稀缺的技术、机器设备，以提升本国产业技术水平，增强产业竞争力。平衡进口商品金额，调节进口数量，防止某种商品进口量过多而对国内产业造成损害。

二　贸易自由化影响国家经济安全的途径

在经济全球化趋势下，贸易自由化带来的贸易安全与经济安全的其他方面如金融安全、产业安全等一起，日益成为各国所关注的问题。贸易自由化对一国国民经济的影响不仅包括直接贸易利益，还包括国家宏观经济运行的各个层面。如贸易自由化对一国的战略资源安全、产业安全、财政金融安全、经济稳定等方面都会产生直接影响，从而对国家经济安全产生深层次影响。

贸易自由化的过程使一国关税水平降低，数量限制消减，价格与国际市场接轨，其结果是进出口规模空前扩大，政府对贸易规模、外贸商品结构、贸易对象、贸易价格、贸易方式、贸易主体等因素的干预程度降低，而这些都是影响国家经济安全的重要因素。

贸易国别的分布、贸易量的增减、贸易价格的变化等直接影响一国的战略资源安全；贸易国别、贸易方式与贸易量、贸易价格、贸易结构等还会影响一国的产业安全；贸易方式、贸易量、贸易价格、贸易结构以及贸易主体变化会影响国际收支；贸易量、贸易价格、贸易结构的变化会影响就业。其作用机制如下：第一，出口数量过多，会遭致进口国的反倾销等贸易摩擦，出口易受世界市场波动的影响，进而影响国内相关企业发展。进口量过多会冲击国内相关产业，影响进口国幼稚产业的发展，导致一国经济过度依赖进口。第二，贸易对象国分布过于集中，容易与贸易对象国发生贸易摩擦，影响出口利益，增加一国战略资源供应的风险，导致特定产业过于依赖于某一国家，威胁产业安全。第三，贸易价格会影响一国的贸易条件，从而直接影响一国的贸易利益，也会影响国内产业的发展。第四，贸易结构会影响一国贸易利益及国内产业结构的调整，影响就业及国际收支。

第三节　转轨国家出口贸易与国家经济安全

一　出口贸易对国家经济安全的影响

出口贸易是一国参与国际市场的重要方式，是一国推进经济增长，消化剩余生产能力，提高国家利益的重要手段，是对外贸易影响一国经济安全的主要方面。出口贸易安全首先表现为维护本国出口的经济利益，保持本国出口在国际市场的较强竞争力。发展出口贸易还需考虑通过贸易促进国内产业结构的调整，促使产业结构升级优化，维护国家战略资源安全，促进就业，维护国内经济稳定，有效防止或降低国际经济形势波动对本国经济的影响及增加本国经济的抗风险能力等方面。

与出口贸易有关的影响国家经济安全的因素主要包括：出口依存度、出口商品结构、出口价格、出口商品地区分布、出口方式、出口主体等。

第一，出口依存度与国家经济安全。出口依存度是一国的出口贸易占其 GDP 的比重，是衡量贸易安全的一个重要指标。出口依存度高，表明该国经济增长对世界市场依赖严重，本国经济发展容易受世界市场波动的影响；出口依存度低，表明国际市场对该国经济的贡献程度较小。应将出口依存度控制在合适的范围内，既发挥对外贸易对本国经济的促进作用，又最大限度地减少世界市场波动对本国经济的影响。

第二，出口商品结构与国家经济安全。出口商品结构是指各种产品在总出口中所占的比重，一国出口产品结构是其产业结构在国际贸易领域的反映。若一国主要出口劳动密集型产品，说明该国产业结构以劳动密集型产业为主。劳动密集型产品的国际市场价格较低，可替代产品多，贸易条件差。若一国主要出口工业制成品或技术密集型产品，反映该国处于工业化的较高阶段或已完成工业化，国内相关产业发展水平高，拥有世界领先技术，出口商品价格高，国际竞争力强，容易在国际市场保持垄断地位，可替代产品少，在国际分工中处于有利地位，贸易条件好，出口贸易对经济增长促进作用明显。

第三，出口价格与国家经济安全。出口价格是出口影响国家经济安全的直接方面。一般情况下，出口价格高表明该国商品技术含量高，可以改善本国的贸易条件，使本国获得更多的贸易利益。而在商品质量无明显优势的情况下，出口价格高会降低一国出口商品的国际竞争力。因此，为提高国际市场占有量，应致力于改进技术，降低成本，降低价格，从而增强商品的国际市场竞争力。

第四，出口商品的地区分布与国家经济安全。出口商品的国别或地区分布反映了各国或地区在一国出口商品额中所占的比重，反映了一国出口市场的地理结构。如果一国出口市场过于集中，则表明该国对特定市场的依赖程度较重，该国出口贸易的情况及国内相关产业的发展容易受进口国国内市场变动及国内经济形势波动的影响，出口风险较大，也容易与进口国发生贸易摩擦。如一国出口的市场较为分散，则可以分散出口风险，减少某一出口市场波动对出口国贸易及国内产业的影响。出口商品的地区分布应与进口的地区分布大致对称，以维持与相应市场的国际收支大体平衡，减少贸易摩擦。

第五，出口方式与国家经济安全。出口方式主要分为一般贸易出口和加工贸易出口。一般贸易出口占本国出口的较大比重，表明本国参与国际市场的程度较深，加工贸易方式出口占本国出口的较大比重，表明出口商品的国产化程度较低或本国只赚取加工费，本国参与国际市场的程度较低。

第六，出口主体与国家经济安全。出口主体可以分为本国企业和外资企业。本国企业出口份额高，表明本国参与国际市场程度较深，本国技术水平足以参与国际市场竞争。外资企业出口份额高，表明一国参与国际市场程度较低，本国商品及技术的国际竞争能力较弱。

本节以中国和俄罗斯为例，从上述几个方面来分析转轨国家出口贸易对国家经济安全的影响。

二 转轨国家出口贸易与国家经济安全

（一）中国出口贸易与国家经济安全

1. 出口依存度

出口依存度是指一国一定时期的出口总额与国内生产总值的比例，反映一国出口贸易对国内生产总值的影响程度。贸易自由化的改革，使我国出口大幅增长，出口依存度呈逐年上升之势。（见表 3－1）

表 3－1 1991—2011 年中国出口依存度 金额单位：百万美元

年份	GDP	出口	出口依存度
1991	376617	71910	19.1%
1992	418181	84940	20.3%
1993	431780	91744	21.2%
1994	542534	121006	22.3%
1995	700219	148780	21.2%
1996	816493	151048	18.5%
1997	898244	182792	20.3%
1998	959030	183712	19.2%
1999	991400	194931	19.7%
2000	1080700	249203	23.1%
2001	1175700	266098	22.6%
2002	1266100	325596	25.7%
2003	1641000	438228	26.7%
2004	1931700	593326	30.7%
2005	2243900	761953	34.0%
2006	2668100	968969	36.3%
2007	3280053	1218635	37.2%

续表

年份	GDP	出口	出口依存度
2008	3860039	1428488	37.0%
2009	4920000	1201612	24.4%
2010	5878629	1577824	26.8%
2011	7298097	1898381	26.0%

资料来源：WTO Statistics Database.《国际统计年鉴1999》（第82页）、《国际统计年鉴2000》（第74页）、《国际统计年鉴2004》（第46页）、《国际统计年鉴2008》（第44—47页）。

20世纪90年代，伴随我国对外贸易管理体制的改革，我国出口依存度呈上升趋势，基本在20%左右，1998年、1999年，受东南亚金融危机的影响，出口依存度略为下降，如1998年下降至19.2%。2001年年后，随着我国加入WTO，出口依存度快速上升，2004年达到30.7%，2007年达到37.2%。

出口依存度较高说明我国的经济增长在较高程度上依赖出口贸易，这使我国经济容易受国际市场波动的冲击，并影响我国内需市场的扩大。2007年以来的国际金融危机对我国出口贸易的影响自2008年下半年以来充分显现出来。（见图3－1）自2008年8月以来，出口额呈下降趋势，2009年2月，下降到谷底，出口值由2008年7月的1366.7亿美元下降到648.9亿美元。国内相关出口产业受到严重影响，大批企业生产缩减，开工不足，国内失业增加。2009年3月以后，由于我国政府制定实施的促进经济平稳发展的一揽子政策措施效应的逐步显现，我国经济运行中的积极因素不断增多，出口贸易额才开始缓慢回升。2009年，全国进出口总值22072.7亿美元，同比下降13.9%，其中，出口12016.6亿美元，下降16%；进口10056亿美元，下降11.2%。

2. 中国的出口商品结构

改革开放之后，中国加快了外贸体制改革步伐，出口商品总额不断增多，而且随着产业结构的调整，出口商品中制成品的比重呈逐步上升趋势。（见表3－2）1980年，工业制成品在出口总额中所占的比重为

48.1%，1990年这一比重为71.4%，2008年提升为93.1%，2010年为93.6%。

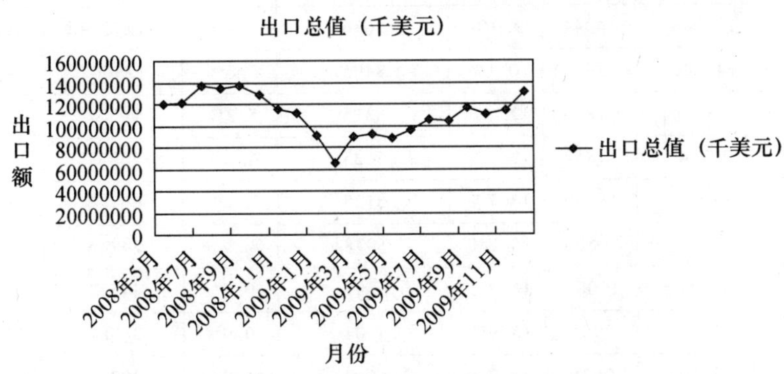

图3-1 2008年5月—2009年12月中国月度出口趋势

资料来源：中国经济信息网。

表3-2 1980—2011年中国出口商品构成 金额单位：百万美元

年份	总出口额	农产品	比重	燃料、矿产品	比重	工业制成品	比重
2011	1898381	64613	3.4%	59459	3.1%	1771858	93.3%
2010	1577824	51623	3.3%	48100	3.0%	1476906	93.6%
2009	1201612	40883	3.4%	34329	2.9%	1124743	93.6%
2008	1428332	42291	3.0%	54901	3.8%	1329640	93.1%
2007	1218623	38858	3.2%	41883	3.4%	1134733	93.1%
2006	968978	32542	3.4%	38605	4.0%	895390	92.4%
2005	761953	28711	3.8%	31266	4.1%	700342	91.9%
2004	593326	24121	4.0%	25704	4.3%	542366	91.4%
2003	438228	22158	5.0%	18099	4.1%	396993	90.6%
2002	325596	18796	5.8%	13573	4.2%	292561	89.9%
2001	266098	16626	6.2%	13049	4.9%	235822	88.6%
2000	249203	16384	6.6%	12435	5.0%	219859	88.2%
1999	194931	14209	7.3%	8471	4.3%	172060	88.3%
1998	183712	14314	7.8%	8858	4.8%	160342	87.3%

续表

年份	总出口额	农产品	比重	燃料、矿产品	比重	工业制成品	比重
1997	182792	15732	8.6%	10774	5.9%	155907	85.3%
1996	151048	14944	9.9%	8636	5.7%	127259	84.3%
1995	148780	14997	10.1%	8405	5.6%	125007	84.0%
1994	121006	14806	12.2%	6315	5.2%	99524	82.2%
1993	91744	11852	12.9%	5623	6.1%	73831	80.5%
1992	84940	11599	13.7%	6128	7.2%	66756	78.6%
1991	71910	10895	15.2%	5978	8.3%	54246	75.4%
1990	62091	10060	16.2%	6559	10.6%	44312	71.4%
1989	52538	9954	18.9%	5704	10.9%	36384	69.3%
1988	47516	9634	20.3%	5642	11.9%	30047	63.2%
1987	39437	8091	20.5%	5778	14.7%	22930	58.1%
1986	30942	7076	22.9%	4436	14.3%	13506	43.6%
1985	27350	6244	22.8%	7780	28.4%	9938	36.3%
1984	26139	5218	20.0%	6274	24.0%	11852	45.3%
1983	22226	4561	20.5%	5172	23.3%	10460	47.1%
1982	22321	4301	19.3%	5738	25.7%	10102	45.3%
1981	22007	4457	20.3%	6039	27.4%	10612	48.2%
1980	18099	4384	24.2%	4956	27.4%	8712	48.1%

资料来源：WTO Statistics Database.

我国出口商品结构的变化趋势与世界贸易商品结构的变化趋势是一致的，出口商品中制成品比重的上升反映了我国出口商品结构的优化及我国产业结构的改善。但是，在我国的制成品出口中，劳动密集型产品所占比例很高，这与我国的产业结构及我国的劳动力资源优势密切相关，劳动密集型产业是我国具有比较优势的产业，因此我国出口劳动密集型产品符合传统国际贸易理论。但以劳动密集型产品的出口发展对外贸易也说明我国整体产业结构比较落后，产业技术水平较低，缺乏贸易竞争力。国际贸易中劳动密集型产品价格低、替代品多，竞争激烈，因此这种出口产品结构容易受国际市场价格波动影响，容易受制于竞争对手，不利于贸易条件的改善。我国的劳动密集型出口产品是建立在低劳动力成本基础上的，成本低、市场容易进入，容易引起投资过剩进而导致生产能力过剩及供给过剩，从而出现恶性竞争。

在世界产业结构调整的大背景下，我国产业结构也不断升级，出口商品结构中制成品比重不断增加，而且在制成品出口中，高技术产品所占比重不断上升，2005 年这一比重达到 30.6%，高于世界上大多数国家。（见表 3－3）

表 3－3　　高技术产品出口额占制成品出口额的比重　　单位：%

国家或地区	1990 年	2000 年	2002 年	2003 年	2004 年	2005 年
世界	17.45	22.88	22.15	21.41	21.31	21.55
中国	—	18.58	23.31	27.10	29.81	30.60
日本	23.85	28.35	24.48	24.06	23.68	22.47
韩国	17.84	34.82	31.30	32.15	32.76	32.33
马来西亚	38.18	59.53	58.17	58.89	55.36	54.17
新加坡	39.66	62.56	60.32	56.27	56.59	56.58
加拿大	13.67	18.60	14.31	14.04	13.59	14.43
墨西哥	8.29	22.40	21.38	21.31	21.20	19.55
美国	33.68	35.29	33.46	32.62	32.29	31.80
俄罗斯	—	13.53	13.34	18.86	9.09	8.09
英国	23.57	30.02	29.63	24.34	24.16	28.02
法国	16.10	23.75	20.76	19.07	19.15	20.02

资料来源：《国际统计年鉴 2008》，第 374 页。

虽然高技术产品出口在制成品出口中所占比重较高，但是我国出口的高技术产品大部分是对从国外进口的零部件、半成品进行加工、组装或是进口核心技术，加工成制成品出口，因此在国际高技术产业转移的产业链中我国依然处于加工中心的地位。我国的高技术产业依然缺乏核心技术，大部分技术都依赖进口，在国际高技术产品的分工中处于不利地位。而且在制成品的出口主体中，外资企业的出口额一直遥遥领先。2007 年我国高技术产品的出口以外资企业为主体，出口额达 3012.4 亿美元，占出口总额的86.6%。2008年，外商投资企业仍然是我国高技术产品出口的主体，出口额达3540亿美元，占出口总额的85.2%。2010年我国高技术产品出口额为4924亿美元，其中外商独资企业所占比重为66.5%。

外资企业是高技术产品的出口主体说明我国的高技术企业大部分是外商投资企业，外资企业控制着我国高技术产业的命脉，掌握着大量的高新技术，国内企业的技术水平相对较弱，高技术产品的出口利益大部分为外资企业获得。外资高科技企业与我国的就业水平、经济发展有密切关系，外资企业的相对独立性，使我国对其经营行为不易控制，而外资企业的大部分产品依赖出口，也极易受世界市场波动的影响，因此我国的经济稳定、社会稳定也与外资企业的经营状况密切相关。

3. 出口价格

长期以来，我国的外贸增长基本上是以数量取胜，初级产品在我国出口中占相当的比例，国际市场上初级产品贸易条件指数一直呈下降趋势，我国进口的初级产品价格却一直在上涨，如能源产品。我国制成品出口中，大部分产品质量差，档次低，出口价格低于发达国家同类产品。由于大部分产品是劳动密集型产品，产品附加值较低，出口商之间存在恶性竞争现象。同时我国对国外高技术产品的需求量大，这类产品价格水平高，使得我国进出口商品价格差距较大，在国际贸易中处于劣势地位。

出口价格低，不仅影响我国出口贸易利益，而且容易遭遇进口国贸易摩擦。近些年来，随着主要贸易国贸易保护主义的抬头，我国出口产品不断遭遇国外反倾销、反补贴诉讼、各种技术性贸易壁垒、知识产权壁垒等，而这些都与出口商品价格低密切相关。因此，目前我国的出口产品无论是农产品还是工业制成品都需要提高产品的技术含量，以提高产品的附加值，从而提高我国的国际贸易利益。

我国出口企业出口价格的低廉往往是以牺牲劳动者福利取得的。如一些出口企业为了降低成本，经常让工人无偿加班加点，减少必要的劳动保护和环保设施，致使劳动者的生命安全缺乏保证。靠工人低收入来维持低价出口已经在中国形成了这样一个“怪圈”：企业出口价格低、收益低、职工收入低、国家税收少、个人消费支出低、国家应承担的社会公共开支低、公民公共福利如卫生、文化、教育、交通等条件差，工人受教育程度低，产品质量与技术含量低，遭到发达国家以劳工标准甚至以侵犯人权为由来抵制中国产品的进口。近年来发达国家推出的SA8000标准更是对中国劳动密集型产品的出口造成了强大的挑战。

4. 出口商品的地区分布

长期以来，我国出口市场主要集中在美、日、欧发达国家及中国香港、东南亚市场。其中发达国家市场是我国出口主要地区。出口市场格局的形成体现了我国与发达国家的经济互补性。2007年，我国对美国的出口占总出口的13.9%，对日本出口占10.9%，对欧盟出口占16.4%，对中国香港出口占9.1%，对东盟出口占9.3%，对几大市场的出口占总出口的70%以上。2008年，我国对主要贸易伙伴美、日、欧盟、中国香港的出口占总出口的60%以上，对美国出口占出口总额的比重为17.7%，对欧盟出口占总额的20.5%，对日本出口占8.1%，对中国香港出口占13.4%，对东盟出口占8%。[①] 2011年，我国对美出口占总出口的17.1%，对中国香港出口占14.1%，对日本出口占7.8%。

出口市场的高度集中加剧了我国的对外贸易风险，使我国经济极易受到主要贸易对象国经济波动的影响。如果主要对象国出现国内需求减少、金融危机等经济问题都会使我国出口产业萎缩，从而影响国内相关产业的发展，对整个经济造成影响。出口市场的集中，也使我国对主要贸易对象国产生贸易顺差，造成进口国国际收支不平衡，冲击进口国国内市场，影响进口国国内的就业水平，因此容易遭到进口国的贸易报复，容易与进口国产生贸易摩擦。近年来，我国遭遇的贸易摩擦主要是与发达国家的贸易摩擦。

5. 出口方式

出口方式主要有一般贸易出口和加工贸易出口两种。我国的资源比较优势决定了在我国出口方式中，加工贸易占主要地位。2006年，我国出口总额9690.7亿美元，其中一般贸易额4163.2亿美元，占总额的

① China, Trade Profiles, WTO Statistics Database, March 2010.

43%，加工贸易额5103.7亿美元，占总额的52.7%。[①] 2007年，我国出口总值12180.1亿美元，一般贸易额5385.8亿美元，占44.2%，加工贸易额6176.5亿美元，占50.7%。2008年，我国出口总值14306.93亿美元，其中一般贸易出口额6628.62亿美元，占总出口的46.3%，加工贸易出口额6751.14亿美元，占总出口的47.2%。2009年，我国出口总值12016.6亿美元，其中一般贸易出口5298.3亿美元，占总出口的44.1%，加工贸易出口5869.8亿美元，占总出口的48.9%。[②] 2011年，一般贸易出口占总出口的48.3%，加工贸易占总出口的44.0%。

在我国的出口总额中，加工贸易方式占较大比重，如2006年、2007年加工贸易出口均占出口总额的一半以上，与世界贸易强国一般贸易出口比重大于加工贸易出口的情况大相径庭，表明我国本土企业的出口能力不足。而且，目前在我国加工贸易中，存在一系列问题，如核心技术与自主知识产权缺失、自主品牌和国际知名品牌缺乏；产品档次偏低，高附加值、高新技术、高创汇的加工贸易项目较少；市场过于集中在美国、日本、中国香港地区等市场，自身营销能力较弱；对特定市场依存度过高，国内配套能力不足，加工贸易的辐射能力和聚集效应未得到充分释放等。以大进大出为主要特征，以外资企业为出口主体的加工贸易方式抬高了我国对外贸易数字，夸大了我国对外贸易规模，中国的本国名牌却逐渐被淹没，在某种程度上加大了中国外贸的不稳定性，削弱了中国贸易的国际竞争力。

6. 出口主体

从我国出口企业的构成来看，外资企业出口占出口总额的一半以上，是我国出口企业的主力军，国内企业出口比重较小，其中国有企业出口不到总额的20%。2006年，我国出口总额9690.7亿美元，其中外资企业出口额5638.3亿美元，占总出口的58.2%，国有企业出口1913.4亿美元，占总出口的19.7%，集体企业出口410.9亿美元，占

① 《中国商务年鉴2007》，第273页。

② 中华人民共和国海关统计数据，http://www.customs.gov.cn/publish/portal0/tab4370/module3760/info209221.htm。

总出口的4.2%，私营企业出口1707.4亿美元，占总出口的17.6%。2007年，我国出口总额12180.1亿美元，其中外资企业出口6955.2亿美元，占总出口的57.1%，国有企业出口2248.1亿美元，占总出口的18.5%，集体企业出口468.9亿美元，占总出口的3.8%，私营企业出口2474.9亿美元，占总出口的20.3%。2008年，我国出口总值14285.5亿美元，其中外资企业出口7906.2亿美元，占总出口的55.34%，国有企业出口2572.3亿美元，占总出口的18.0%。2011年，外资企业出口仍然占总出口的一半以上。（见表3－4）

表3－4　　2011年中国出口企业相关数据　　金额单位：亿美元

企业性质	出口金额	占总进口的比重（%）	同比增长（%）
总值	18985.9	100	20.3
国有企业	2672.2	14.1	14.1
外资企业	9953.3	52.4	－15.4
其他企业	6360.5	33.5	－32.2

资料来源：中华人民共和国海关统计数据。

外资企业出口占据我国出口半壁江山，而国内企业出口比重较小，说明我国对外贸易的增长绝大多数是靠外资出口拉动的，表明我国国内企业国际市场竞争力较低，这不利于我国外贸从本质上提高竞争力。由于外资企业大部分是受其母公司控制的，一旦其经营战略发生变化，就会使我国的对外贸易及经济增长受到损害，也会影响国内相关商业产业及配套产业的发展。

综上分析可知，贸易自由化的改革虽然使我国的出口贸易快速增长，但从国家经济安全的角度考虑，存在以下问题：一是我国对外部市场的依赖程度较高。表现为我国出口依存度较高，国内经济容易受世界经济形势波动的影响。二是产业竞争力低。我国出口的工业制成品中劳动密集型产品比重较大，附加值低。高科技产品出口主要依赖进口原材料，出口主体是外商投资企业。出口商品的技术含量低，不仅使我国的对外贸易效益低下，造成量多值少的局面，也使我国的对外贸易频繁遭遇国外贸易壁垒和贸易摩擦的影响。三是出口市场过于集中，我国的出口贸易容易受特定出口市场需求的影响，从而使我国经济极易受到主要贸易对象国经济波动的影响。出口市场的集中，使我国容易遭到进口国的贸易报复，容易与进口国发生贸易摩擦。上述问题使我国国内产业总体抗风险能力较低，使我国重要行业面临严重的产业安全威胁，影响我国总体经济的发展。

在国际金融危机的背景下，贸易保护主义进一步抬头，各国政府都加强了对本国市场的保护。我国企业主要依靠低价格竞争，面临的贸易摩擦形势愈加严峻。目前全球35%的反倾销调查和71%的反补贴调查针对中国出口产品。2009年前三季度，有19个国家（地区）对中国产品发起88起贸易救济调查（其中反倾销57起，反补贴9起，保障措施15起，特保7起），涉案总额102亿美元，同比分别增长29%和125%。统计显示，2009年1—9月，美国对中国发起贸易救济调查14起，虽然数量同比下降6%，但涉案总额达58.4亿美元，同比大幅上涨639%。

商务部数据显示，加入世贸组织后，截至2011年12月9日，中国累计遭受反倾销、反补贴、保障措施等国外贸易救济调查690余起，涉案金额约400亿美元。其中，来自美国的约100起，欧盟发起的有70余起。中国已连续16年（1995—2010年）成为全球遭遇反倾销调查最多的国家，连续5年（2006—2010年）成为全球遭遇反补贴调查最多的国家。

贸易摩擦的增多加大了贸易安全风险。近年来，发达国家针对我国的反倾销诉讼不断增加，多项出口产品被裁定征收高额反倾销税，极大损害了我国的贸易安全。中国自1996年以来已成为世界上出口产品受反倾销调查最多的国家，特别是近几年来，中国产品遭遇反倾销几乎涉及所有出口产品类别。北美市场、欧盟市场是我国遭遇贸易壁垒最多的市场，其中以美国对中国商品提出的贸易摩擦最为频繁。此外，发展中国家如印度、阿根廷、巴西、墨西哥等国也不断对我国提出反倾销、反补贴等指控。

国外的各种贸易壁垒及引起的贸易摩擦给我国出口企业及我国产业安全造成严重损害。如始于2009年的中美轮胎特保案，对我国轮胎行业造成了严重的影响。2009年4月29日，美国国际贸易委员会（ITC）

对原产于中国的乘用车和轻型货车轮胎（passenger vehicle and light truck tires）启动特别保障措施调查程序。2009 年 6 月 18 日，ITC 作出特别保障措施肯定性裁决，认定部分产自中国的乘用车和轻型货车轮胎的进口数量急剧增加，给美国国内同类产品或直接竞争产品的生产商造成市场扰乱或市场扰乱威胁。2009 年 9 月 11 日，美国贸易代表办公室（USTR）发布信息称，美国政府宣布对中国输美轮胎产品采取特保措施，即在未来 3 年内分别对中国输美轮胎征收 35%、30% 和 25% 的从价特别关税，美方将在措施实施 6 个月后就其对中美双方经济和就业的影响进行评估。

2009 年 12 月，在中美双方就轮胎特保案磋商未果的情况下，中国向世贸组织争端解决机构提出设立专家组的要求。2010 年 1 月 19 日，在世贸组织争端解决机构会议上，中美轮胎特保案调查专家组成立，正式启动号称“贸易保护第一案”的中国输美轮胎特保案调查程序。世贸组织调查的重点为“中国轮胎进口增长情况，美国的轮胎生产商是否因此受害，以及征收额外关税是否是必需的”。如果世贸组织发现美国的征税行为不合规定，它将授权中国对美国商品征收惩罚性关税（最高至中国轮胎出口商因此所受的损失总额）。当然，美国可以上诉，这就意味着该争端可能持续很多年。

美国对中国产轮胎实施“特保”后，其示范效应已使得轮胎业成为遭受贸易救济调查的重灾区。继美国之后，印度、巴西、阿根廷等国纷纷对中国产轮胎进行调查。目前，对我国轮胎进行特保调查的国家数量突破了 10 个。

2009 年 9 月以后，输美轮胎特保案对我国轮胎出口的影响日渐明显，在贸易整体回暖的形势下，轮胎出口不增反降。海关统计显示，2009 年 1—11 月我国累计出口轮胎 2.7 亿条，价值 69 亿美元，比去年同期分别下降 7.4% 和 8.5%。特别是 10 月、11 月两个月出口量明显缩小，同比降幅分别为 37.5% 和 35.5%。2009 年 1—11 月，我国对美国和欧盟分别出口轮胎 6163 万条和 4995 万条，分别下降 15.7% 和 4.9%，两者合计占我国轮胎出口总量的 41.3%。特保案不仅影响到我国轮胎产业 12% 的产能，而且涉及上游合成橡胶、炭黑等原材料工业行业，造成相关企业开工率下降及工人失业等问题。据海关总署称，轮胎出口美国受阻，国内将有30家左右的轮胎企业减产或停产，近10万工人就业受到影响。①

除轮胎特保案外，2010年1月以来，美国还相继裁定对中国产金属丝网托盘产品和电热毯征收高额反倾销税，对原产于中国的钢丝层板作出反倾销初裁。对中国输美油井管征收10.49%—15.78%的反补贴关税。并对中国产钻管产品、淡水小龙虾尾肉、木质家具、蜂蜜、铸铁件、无缝碳钢和合金钢标准管、钢格板、石油管材、定尺碳素钢板、钢钉、钢丝层板等产品实施反倾销、反补贴措施。

由于我国出口产品技术含量较低，我国出口商品还经常受制于美国国内贸易法案——超级301条款和337条款。301条款和307条款由于其对贸易构成某种限制，因此被认为是知识产权壁垒的一种表现形式。超级301条款规定美国将对其认为对美国出口商品知识产权保护不充分的国家进行报复。337条款主要对外国输入美国的侵犯美国知识产权的产品进行管制。337调查的案由，88%涉及专利，其余为商标。

根据美国《1930年关税法》，美国国际贸易委员会可以对进口贸易中的不公平行为发起调查并采取制裁措施。由于其所依据的是《1930年关税法》第337节的规定，故此类调查一般称为“337调查”。在实践中，337调查主要针对进口产品侵犯美国知识产权的行为。337条款禁止一切不公平竞争行为或向美国出口产品中的任何不公平贸易行为。这些不公平行为包括：产品以不正当竞争的方式或不公平的行为进入美国，或产品的所有权人、进口商、代理人以不公平的方式在美国市场上销售该产品，并对美国相关产业造成实质损害或损害威胁，阻碍美国相关产业的建立，压制、操纵美国的商业和贸易，侵犯合法有效的美国商标和专利权，侵犯集成电路芯片布图设计专有权，或者侵犯美国法律保护的其他设计权，并且美国存在相关产业或相关产业正在建立中。

美国企业面对知识产权纠纷，可以向联邦法院提起知识产权诉讼，也可以向州法院提起关于商业秘密方面的诉讼，但最常见的是向美国国际贸易委员会提起337调查。因为337调查立案快，一般在12至15个

① 张辉：《轮胎特保案致上半年中国对美国轮胎出口下降20.1%》，http：//www.cacs.〉v.cn/cacs/maoyijiuji/show.aspx？str1＝2&articleId＝76586，2010年10月1日。

月内就必须有结果，同时国际贸易委员会不需要拥有对被告的管辖权，就能对事、物进行调查，避免了一般法院诉讼中管辖权的问题。

随着中国制造业的发展和对美国贸易数量和品种的不断增长，337调查已经成为美国市场阻止中国企业的一道知识产权壁垒。知识产权问题一直是中美贸易摩擦的一个焦点。由于337调查具有申请门槛低、制裁措施严厉、调查程序简单、应诉费用高昂等特点，越来越多的美国企业选择337调查这一武器来限制、封杀中国产品进入美国市场。

近年来，美国对中国企业进行337调查的案件数量直线上升，中国已成为美国337调查的主要对象和最大受害国。由于诉讼时间短、成本高、过程复杂，多数中国企业因缺席而被判自动败诉，被迫退出美国市场，也有一些企业因为不了解或不重视337调查，错过了应对的有利时机，导致最终被判定侵犯知识产权而失去美国市场。据悉，我国企业应诉缺席率高达35%。

截至2009年5月，美国对我国发起337调查已达91起，其中76起集中于2002年以后。2006年以来，中国企业遭遇美国337调查的案例数量大幅增加。2006—2010年，共有56起中国企业遭遇美国337调查的案例，这5年间的案例数量超过前20年的总和。中国机电产品则成为“重灾区”。2010年，美国共发起56起337调查，比2009年增长近一倍。其中涉及中国的案例共18起，占32.1%，居首位。美国国际贸易委员会对中国企业发起337调查主要针对的是中国有出口成长潜力、技术密集型和高附加值的产品。337调查案针对的行业包括机电、轻工、医保、五矿、生化、鞋、皮革、食品、林产等，其中60%以上涉及占据我国出口半壁江山的机电产品。（见表3－5）

表3－5　　截至2008年年底中国曾受337调查的行业分布　　单位：起

行业	件数	行业	件数
机电	56	生化	2
轻工	12	鞋	1
化工	7	皮革	1
医保	5	食品	1
五矿	3	林产	1

资料来源：中国保护知识产权网，2009年9月23日。

337调查遏制了中国产业升级和产品出口，美国公司一旦胜诉，中国公司的产品就完全不能进入美国市场。337调查直接影响到对美国市场的出口，已给国内企业造成重大损失，成为制约出口增长的重要因素。

加拿大也对我国出口产品频繁进行反倾销、反补贴调查。近年来，加拿大相继对我国石油管材、热轧碳钢薄板、碳钢和不锈钢紧固件、钢格板等产品实施反倾销和反补贴措施。

除美国、加拿大之外，欧盟也频繁对中国出口商品进行贸易救济调查。截至2010年3月31日，欧盟共发起对华贸易救济措施案件152起，其中反倾销案149起，保障措施2起，特保1起。中国为欧盟贸易救济调查的最大目标国。近年来，欧盟主要对我国的无缝钢管、皮面鞋靴、冷冻草莓、熨衣板等产品实施反倾销措施。

发展中国家也纷纷效仿发达国家，对中国发起贸易救济调查。如2010年1月，印度对中国产无缝钢管、热轧钢板进行反倾销立案调查，并对中国产不锈钢冷轧平板征收反倾销税。2010年1月8日，墨西哥对原产于中国的钢制焊接链征收0.50美元/千克的反倾销税，有效期至2013年7月16日，并对中国出口钢钉、无缝钢管进行反倾销立案调查。巴西于2010年12月21日对中国产无缝碳钢管进行反倾销调查。俄罗斯2009年5月14日决定对进口自中国的大口径钢管加征8%的特别关税，并于2010年11月23日决定对原产于中国的含镍不锈钢板征收为期3年的反倾销关税。土耳其对原产于中国钢铁管的接头进行反倾销立案调查。阿根廷自2011年6月22日起对中国产轮胎实施为期2年的反倾销措施，并对中国产钢管进行反倾销调查。

从发生贸易摩擦的产品上看，钢铁产品是遭遇贸易壁垒较多的产品。此外，我国出口较多的服装、鞋类产品也频繁遭遇国外的贸易壁垒。如秘鲁对中国凉鞋进行反倾销调查，巴西对中国鞋类产品启动反倾销调查，阿根廷对中国鞋类产品从2010年3月22日起实施为期5年的反倾销措施。土耳其自2011年1月13日起，对华服装及其配饰产品征收27%—40%的临时保障措施关税，并对华出口鞋类产品进行保障措施立案调查。农产品也是遭遇国外贸易壁垒较多的产品，我国出口的农产品如草莓、蜂蜜、蘑菇等都曾遭遇国外贸易壁垒。如2005年4月，澳大利亚对原产于中国的蘑菇罐头进行反倾销立案调查；2006年1月，澳大利亚对此案作出肯定性终裁；2011年1月7日，澳大利亚决定继续对中国产蘑菇罐头征收反倾销税，为期5年。

近两年虽然中国遭受的贸易救济调查案件数量和金额均有所下降，但是非传统的贸易摩擦强度大增。随着我国制造业及工业制成品参与国际分工的广度和深度进一步加大，客观上会形成贸易摩擦和产业冲突增多的局面。同时，贸易摩擦不仅体现为对中国出口产品的限制措施，也将愈发突出地表现为经济发展的战略、政策、体制等宏观层面的碰撞与冲突。人民币汇率自主创新、新能源政策、知识产权保护、投资环境、市场准入等会成为贸易摩擦的新热点。

我国出口企业频繁遭遇贸易摩擦，受制于各种贸易壁垒，除受世界经济大环境影响，受各种贸易保护主义抬头影响外，中国产品自身的结构性问题也应引起充分重视。长期以来，中国产品已留给世界市场低质低价的印象。技术含量低，价格低，缺乏自主知识产权产品，贸易对象过于集中，不仅使中国产品容易遭致反倾销、反补贴、特保措施等贸易救济调查，也容易使中国产品遭遇知识产权侵权起诉。而且，由于我国出口产品与进口国国内的产品及产业相似度较高，容易与进口国国内产业形成竞争，因而引进进口国的高度警惕。贸易摩擦的高发，贸易壁垒的抵制，不仅使大量出口产品退出国际市场，影响出口利益，也使我国产业安全面临严峻挑战。因此，调整出口产品结构，提高产品技术含量，加强知识产权战略意识，已成为中国制造企业、出口企业共同的责任。

此外，以大进大出为主要特征，以外资企业为出口主体的加工贸易方式不仅膨胀了对外贸易数字，夸大了对外贸易规模，而且使国内知名品牌逐渐被淹没，这在某种程度上加大了对外贸易的不稳定性，削弱了对外贸易的国际竞争力。加工贸易方式是容易侵犯知识产权的主要贸易方式。如在贴牌生产中，国内企业如果对国外指定的商标缺乏考察，就容易侵犯他人商标权。在加工装配贸易中，国外提供的生产技术也可能处于他人专利权的保护范围。因此，使用加工贸易方式出口，应特别注意知识产权问题。

（二）俄罗斯出口贸易与国家经济安全

转轨以来，俄罗斯的出口贸易高速增长，为国家换取了大量外汇，对国家财政作出了重要贡献。2006年俄罗斯出口商品总额为3039亿美元，2007年出口总额为3540亿美元，2008年出口总额达到4690亿美元，同比增长32.3%。[①] 2009年出口总额为3040亿美元。2010年出口总额为4001.3亿美元，[②] 2011年出口总额为5220.1亿美元。但俄罗斯出口在商品结构、地区结构及出口依存度等方面存在的问题也给国家经济安全带来一定威胁。

1. 出口商品结构

俄罗斯虽然是产业门类十分齐全的大国，但在出口方面却是一个品种很单一的出口大国：矿产品（非金属矿产品，包括能源燃料）和金属及其制品是其主要出口产品。1995年，矿产品出口占其总出口的比重为42.5%，2010年，这一比率达到68.4%。其中燃料能源产品在出口中的地位尤其重要，2000年以来，燃料产品出口占其总出口的比重一直在60%以上，2008年这一比例达到65.4%，而1994年还仅占42.5%。金属及其制品也是在出口中占较大比重的产品，1995年，占总出口的比重为26.7%，2000年之后，在总出口中的比重逐步下降，2010年，占总出口的比重为12.8%。（见表3-6、表3-7、表3-8）

2007年，俄罗斯出口商品仍以能源和原材料为主。由于俄国内能源产品消费扩大和国际市场原油价格下降，能源产品出口增速放缓。燃料及能源产品在其出口中所占比重比上年同期下降了1.1个百分点，出口规模为218.2亿美元。2007年以来，俄罗斯钢铁制品出口形势有所改观，成为第二大类出口商品。2007年，钢铁制品出口总计234.74亿美元，占俄出口总额的6.6%。

2008年，俄罗斯出口结构没有明显变化，矿产品的出口仍然占有重要地位，在总出口中的比重为69.6%，出口额达到3260亿美元。其中能源燃料占总出口的65.4%，出口额达到3086亿美元。金属及其制品在总出口中的比重继续回落，2008年，占总出口的13.3%。2010年，俄罗斯的出口仍以矿产品为主，矿产品占出口总额的68.4%，金

① WTO Statistics Database.

② Foreign Trade of the Russian Federation, http://www.gks.ru/bgd/regl/b10_12/IssWWW.exe/stg/d02/26-02.htm. 2010-10-12.

属及其制品占出口总额的12.8%。2011年，俄罗斯燃料和矿产品合计占出口总额的71.8%。

表3-6　　**俄罗斯出口商品结构（按实际价格）**　　单位：十亿美元

年份	1995	2000	2003	2005	2006	2007	2008	2009	2010	2011
出口总额	78.2	103	134	241	301	352	468	302	397	517
食品及农业原料	1.4	1.6	3.4	4.5	5.5	9.1	9.4	10.0	8.8	12.0
矿产品	33.3	55.5	76.6	156	199	228	326	203	271	363
化工产品、橡胶	7.8	7.4	9.2	14.4	16.7	20.8	30.3	18.7	24.5	31.0
皮革原料及产品	0.3	0.3	0.3	0.3	0.4	0.3	0.4	0.2	0.3	0.4
木材及纸制品	4.4	4.5	5.6	8.3	9.5	12.3	11.6	8.4	9.6	10.7
纺织品、鞋	1.1	0.8	0.9	1.0	1.0	1.0	0.9	0.7	0.8	0.8
金属及其制品	20.9	22.4	23.7	40.6	48.9	56.0	62.2	38.7	50.5	57.4
机器设备、运输工具	8.0	9.1	12.0	13.5	17.4	19.7	23.0	17.9	21.5	23.2
其他	1.0	1.6	1.9	2.5	3.1	4.4	4.5	3.8	9.6	18.5

资料来源：俄罗斯国家统计局网站，www.gks.ru。

表3-7　　**出口商品在总出口值中的比重**　　单位:%

年份	1995	2000	2003	2005	2006	2007	2008	2009	2010	2011
出口总额	100	100	100	100	100	100	100	100	100	100
食品及农业原料	1.8	1.6	2.5	1.9	1.8	2.6	2.0	3.3	2.2	2.3
矿产品	42.5	53.8	57.3	64.8	65.9	64.9	69.6	67.4	68.4	70.3
化工产品、橡胶	10.0	7.2	6.9	6.0	5.6	5.9	6.5	6.2	6.2	6.0
皮革原料及产品	0.4	0.3	0.2	0.1	0.1	0.1	0.1	0.1	0.1	0.1
木材及纸制品	5.6	4.3	4.2	3.4	3.2	3.5	3.5	2.8	2.4	2.1
纺织品、鞋	1.5	0.8	0.7	0.4	0.3	0.3	0.2	0.2	0.2	0.2
金属及其制品	26.7	21.7	17.8	16.8	16.3	15.9	13.3	12.9	12.8	11.2
机器设备、运输工具	10.2	8.8	9.0	5.6	5.8	5.6	4.9	5.9	5.4	4.5
其他	1.3	1.5	1.4	1.0	1.0	1.2	0.9	1.2	2.3	3.3

资料来源：俄罗斯国家统计局网站，www.gks.ru。

表3－8　　2005—2011年俄罗斯出口商品结构　金额单位：百万美元

年份	出口总额	燃料	比重（%）	制成品	比重（%）
2005	243798	147963	60.7	52660	21.6
2006	303551	190261	62.7	59564	19.6
2007	354403	218261	61.6	71186	20.1
2008	471603	308602	65.4	94202	20.0
2009	303388	190042	62.6	63500	20.9
2010	400132	253302	63.3	80679	20.2
2011	522013	341220	65.4	100768	19.3

资料来源：WTO Statistics Database.

俄罗斯已经是世界最大的能源、原材料供应国。目前，俄罗斯输往远邻国家的产品90%是由三种主要燃料资源和原材料（矿产品、金属、木材以及纸浆纸产品、宝石及其产品）组成。在燃料和其他一系列原材料及半成品市场上，俄罗斯占据领先优势，有相当牢固的地位。俄罗斯天然气出口约占世界的23%，石炭占11%，生铁占30%以上，钢半制成品占20%以上，直接还原铁制品占15%以上，铝占18%，镍占30%以上，钯接近40%，圆木占35%以上，合成橡胶占9%，矿肥约占14%。作为工业原料和基础性半制成品供应国，俄罗斯在国际上首屈一指，满足了全球进口很大一部分需求。但是在俄罗斯的出口结构中，制成品所占比重较低，并有不断下降的趋势，1994年为33%，2008年为20%，2011年为19.3%。（见表3－8）在制成品出口中，大部分商品是初级制成品，如在制成品出口总额中，钢铁产品及化学品所占比重较高。钢铁产品占总出口的比重，1995年为24.1%，2008年为35.1%。化学产品占总出口的比重也有逐年上升的趋势，由1995年的19.3%上升为2008年的29.6%，2010年这一比重上升为30.1%。机械、运输设备产品在制成品出口中所占比重较低，1995年为17%，2008年为18.4%，2010年为18.3%。机器设备产品在总出口中的比重更低，1995年为6.1%，2008年为3.7%。至于技术含量较高的办公通信产品在出口中的份额更少。1996年，办公通信产品在制成品出口额中的比重为2.6%，在总出口的比重为0.7%；2008年，办公通信产品在制成

品出口额中的比重为1.1%，在总出口中的比重为0.2%。（见表3－9）

表3－9　　2005—2010年俄罗斯制成品出口结构

金额单位：百万美元

年份	制成品出口总额	钢铁产品	比重（%）	化学产品	比重（%）	机械、运输设备产品	比重（%）	办公通信产品	比重（%）
2005	52660	18957	36.0	13607	25.8	9712	18.4	458	0.9
2006	59564	20051	33.7	15094	25.3	12126	20.4	705	1.2
2007	71186	23474	33.0	18964	26.6	14025	19.7	731	1.0
2008	94202	33095	35.1	27879	29.6	17363	18.4	1041	1.1
2009	63500	19875	31.3	18294	28.8	12479	19.7	1076	1.7
2010	80679	23236	28.8	24314	30.1	14734	18.3	1429	1.8

注：机械、运输设备产品包括办公通信设备。

资料来源：WTO Statistics Database.

在俄罗斯的制成品出口中，高技术产品所占比重较低，并有不断下降的趋势。据WTO统计，2000年，俄罗斯高技术产品占制成品的比重为17%，落后于世界平均水平，不仅与发达国家存在较大差距，也落后于部分发展中国家。同期，这一比重的世界平均水平为23%，美国为33%，日本为28%，中国为19%。2007年，俄罗斯高技术产品出口占制成品的比重大幅下降至7%，而同期世界平均水平为21%，美国为28%，日本为14%，中国为30%。（见表3－10）

表3－10　　部分国家高技术产品出口占制成品的比重　　单位：%

年份	俄罗斯	世界	美国	日本	德国	中国
2000	17	23	33	28	18	19
2005	8	21	30	22	17	31
2006	9	21	30	22	17	30
2007	7	21	28	19	14	30

资料来源：World Development Indicators Database，April 2009.

俄罗斯的出口商品结构特点是与特定历史现实联系在一起的。俄罗斯的价格自由化和对外贸易自由化政策大大地提高了输出燃料原材料的吸引力，而机器及设备出口的下降是由多种因素造成的。转轨后，俄罗斯的对外贸易地区结构向西方发达市场转变，俄罗斯在东欧传统市场的地位被削弱，而在20世纪80年代末其机器制造产品在东欧市场所占的比重为1/5。目前俄向工业发达国家出口的机器设备无法补偿在东欧市场的巨大损失。而且工业发达国家多数情况下感兴趣的是进口俄罗斯的燃料和原材料，而不是其机器和设备。苏联曾是世界上最大的武器和军事技术出口国之一。在20世纪80年代，其武器贸易占世界武器贸易的近42%。俄罗斯独立后，由于国际、国内形势发生了深刻的变化，武器出口额大幅度减少。

综上所述，在俄罗斯的出口商品结构中处于主要地位的仍旧是燃料和原材料，制成品及高技术产品在出口中份额过小，这一状况从转轨初期持续至今，并没有明显改变，并有逐步深化的趋势。这样的出口结构与世界贸易发展趋势相背离。20世纪最后20年，科学技术迅猛发展，科研成果转化为新技术、新工艺的周期大大缩短，世界经济结构出现了许多深刻的变化，制造业，特别是尖端技术密集型产业在世界经济中发挥着非常大的作用。再生产的集约化，保证了在减少消耗原料的同时增加生产，合成原料也越来越多地替代了天然原料。当今世界贸易的商品结构早已发生了重要变化，总的趋势是制成品、半制成品，特别是机器、电子、运输设备以及零部件的贸易在国际贸易中所占比重不断上升，原料所占份额则不断下降。俄罗斯的出口结构使俄罗斯在对外经贸活动中的灵活性受到很大的限制，其抵御国际市场行情变化的消极影响的能力大幅度下降，给俄罗斯出口的发展带来了极大的不稳定因素。主要表现在：

首先，出口不稳定。俄罗斯的主要出口商品为燃料、矿产品、初级制成品、原材料等产品，这些商品对世界市场行情反应敏感，其国际市场价格处于剧烈波动之中。一旦市场出现变化，俄出口就会受到影响，进而整个经济都会受到极大的消极影响。例如1993—1996年间，俄罗斯燃料和原材料的出口因国际原料市场良好的行情而快速增长，在此期间俄罗斯燃料产品在世界原料市场中所占的比重为46.9%。2007年，原油价格下降，俄出口燃料产品减少。

其次，贸易条件差，出口效益不高。俄罗斯的出口产品主要是能源产品及初级产品。这些产品相对于工业制成品而言可替代性强，附加价值低，贸易条件差。而且这些产品出口与国内相关产业的联系较少，不能起到促进国内相关产业发展的作用。

最后，加重了产业结构的畸形发展。安全的出口贸易结构，会使国内产业由于市场的扩大而扩大生产规模，在追求提高国际市场竞争力的同时，努力提高本国产业的技术水平，从而促进本国产业结构的升级换代。俄罗斯的出口结构不能起到促进国内产业发展的作用，为了扩大对外贸易收益，俄反而加大了对能源等相关产业的投入，结果使俄罗斯长期存在的三大产业严重失衡的局面不仅没有得到改善，反而更加严重。

俄罗斯经济学家指出，就当前生产和出口的部门结构而言，俄罗斯更像阿尔及利亚、赞比亚、莱索托等国家。这一状况显然与当前整个世界经济和国际贸易发展的水平及趋势不相适应，也与俄罗斯的大国地位不符。这不仅反映了俄除燃料和原材料之外的其他产品在国际市场上没有竞争力，对西方国家出口能力不高，创汇有限；而且反映了更深层次的问题，即俄罗斯国内经济结构调整与进出口商品结构之间相互制约而产生的“自发性和退化性的反工业化趋势”。产业结构的低度化引起了商品进出口结构的低度化，表现为依靠出口初级产品换取工业制成品，这种低度化的进出口结构又促使产业结构向反方向调整，使俄罗斯参与国际分工滞留在浅层次和低水平上。① 生产结构的倾斜将导致经济结构的倾斜和地区发展水平的差距加大，工业结构的失衡和居民收入的差距将促使资金和劳动力离开深加工产业转入出口优势产业。目前俄罗斯近2/3的工业投资集中在燃料能源以及金属综合生产企业上，这些正在运行的燃料能源企业和金属冶炼厂又是最主要的污染源，排入大气中的污染物近90%来自这些企业。

---

① 薛君度、陆南泉：《新俄罗斯——政治、经济、外交》，中国社会科学出版社1997年版，第217页。

2. 出口的地理结构

在俄罗斯的出口对象中，欧盟27国是其主要出口市场，约占俄出口总额的50%。其次是独联体国家，约占出口总额的17%，而在独联体国家中，白俄罗斯和乌克兰是其主要出口市场。再次是亚太经济合作组织，约占出口总额的16%。2007年，欧盟依然是俄罗斯出口的主要对象，俄罗斯出口总额354.4亿美元，其中对欧盟27国出口占总出口的比重为47.6%，对白俄罗斯出口占4.9%，对乌克兰出口占4.5%，对中国出口占4.3%，对瑞士出口占3.9%。2008年，俄罗斯对欧盟出口占总出口的比重为56.8%，对土耳其出口占5.9%，对白俄罗斯出口占5.1%，对乌克兰出口占5.0%，对中国出口占4.5%。2010年，俄罗斯对欧盟出口占出口总额的52.2%，对乌克兰出口占5.8%，对土耳其和中国出口均占5.1%，对白俄罗斯出口占4.5%。[①] 2011年，俄罗斯对欧盟出口占出口总额的48.4%，对中国出口占7.3%，对乌克兰出口占3.8%，对美国出口占3.4%，对土耳其出口占3.2%。

俄罗斯原油主要出口到欧洲地区，荷兰、意大利、德国和波兰是俄罗斯主要出口国，俄出口到这些国家的原油占其原油总出口额的50.5%。近年来俄罗斯对中国原油出口逐年增加，中国已成为俄原油第五大出口市场。俄罗斯的成品油主要出口到欧洲地区，荷兰、英国、瑞士、法国和意大利是俄成品油出口的五大市场，合计占其该类商品出口总额的47.1%。

俄罗斯以欧洲市场及独联体市场为主要出口对象是由其转轨的目标及战略决定的。欧盟是俄罗斯的近邻，在对外贸易及投资方面有近水楼台的优势，发展同欧盟的经贸合作是俄罗斯发展对外贸易的主要内容。但是，出口市场的过度集中容易带来高风险。俄罗斯出口的地理分布的不尽合理表现为出口地理分布与经济发展潜力、合作伙伴的市场动态、俄罗斯自身地缘经济利益关联程度不够。俄罗斯出口目前仍然以欧洲为中心，对欧洲地区（不包括欧洲地区独联体国家）国家的出口占俄罗斯总出口的一半左右，而欧洲在世界GDP中所占份额不到24%，且有减少的趋势。欧洲经济发展势头疲软，其在全球能源消耗中的比重从

① WTO Statistics Database.

1996 年的 20% 降到 2006 年的 17%。将能源供应方向确立在发展缓慢的欧洲市场上，一些专家认为是不妥的。而且出于贸易安全的考虑，欧盟也会逐步降低其对俄罗斯能源市场的依赖性，转而发展其他贸易伙伴。

另外，亚洲发展中国家在世界经济中的地位日益重要，其 GDP 已经达到世界总量的 24%，而且还在不断增长。不仅如此，亚洲发展中国家的内部市场容量也在迅速扩大，其对进口的需求也随之增大。据“Morgan Stanley”的分析家预测，在今后 10 年里，亚洲发展中国家对基础设施的投资约有 14.5 万亿美元（占发展中国家对基础设施全部投资的 67%），而这是对商品、技术和实业劳务的巨大需求，该地区对能源载体的需求正在迅速扩大。亚洲在俄罗斯的对外贸易中的地位虽然逐步上升，但与双方的经济实力仍然很不相称：与亚洲发展中国家的贸易额仅占俄总贸易额的 13% 左右，其中进口（2007 年）超过 20%，出口则仅占 9%。在非洲，中美洲和南美洲，俄罗斯的对外经贸合作发展很缓慢。而亚洲及广大发展中国家的经济建设需要引进大量的资源，在这些地区，俄罗斯的能源、机器设备、知识产权技术等产品应有较多的市场。因此，为分散贸易风险，实现出口市场的多元化，俄罗斯应积极发展同亚洲发展中国家的合作，增进向其出口，同时也应逐步扩展同拉美国家的贸易合作。

3. 出口依存度

俄罗斯自转轨以来，出口贸易为国家经济发展带来了大量的外汇，是俄罗斯经济增长的重要拉动力量。从出口依存度来看，俄罗斯 2000 年、2005 年、2006 年、2007 年度出口依存度分别为 44%、35%、34%、30%（见表 3－11），出口依存度较高，表明俄罗斯经济容易受到国际市场价格波动的影响。尤其是俄罗斯的出口商品以能源为主，而世界能源市场的价格又极易波动，因而俄罗斯的出口收益及出口额经常受到国际市场变化的影响。

2008 年下半年，蔓延世界的经济危机对俄罗斯的出口贸易产生了严重的影响。由于世界市场低迷，俄的主要出口对象国对能源、原材料的需求锐减，因此俄罗斯的出口量和出口额大幅减少，影响了俄罗斯的出口收益，进而影响了俄罗斯国内相关产业的发展。

表 3－11 俄罗斯经济发展指标 单位：亿美元

年份	2000	2005	2006	2007
GDP 总额（亿美元）	259.71	764.53	990.58	1290.08
GDP 增长速度	10.0%	6.4%	7.4%	8.1%
出口占 GDP 比重	44%	35%	34%	30%
进口占 GDP 比重	24%	21%	21%	22%

资料来源：World Development Indicators Database，April 2009.

俄罗斯的出口依存度高于美、日等发达国家的水平及世界平均水平，但低于德国和中国。（见表 3－12、表 3－13、表 3－14、表 3－15）应该说，一国的出口依存度只能粗略地反映一国的出口贸易对 GDP 的贡献程度及对世界市场的依赖程度，一国的出口依存度是与该国的经济发展阶段及经济发展的实际需要结合在一起的，在一国工业化的初级阶段及经济发展的高速阶段，出口依存度相对较高，是由本国市场需求不足及发展国内经济所需资本技术引起的，因此，在一国经济发展的特定阶段，出口依存度较高是可以容忍的。

表 3－12 2000 年世界发展指标 单位：亿美元

国家指标	世界	美国	日本	德国	中国	俄罗斯
GDP 总额	31969.00	9764.8	4667.45	1900.22	1198.48	259.71
GDP 增长速度	4.1%	3.7%	2.9%	3.2%	8.4%	10.0%
出口占 GDP 比重	25%	11%	11%	33%	23%	44%
进口占 GDP 比重	25%	15%	10%	33%	21%	24%

资料来源：World Development Indicators Database，April 2009.

表 3－13 2005 年世界发展指标 单位：亿美元

国家指标	世界	美国	日本	德国	中国	俄罗斯
GDP 总额	45179.29	12376.10	4552.11	2791.44	2235.91	764.53
GDP 增长速度	3.5%	3.1%	1.9%	0.8%	10.4%	6.4%
出口占 GDP 比重	27%	11%	14%	41%	37%	35%
进口占 GDP 比重	27%	16%	13%	36%	32%	21%

资料来源：World Development Indicators Database，April 2009.

表 3 - 14　　2006 年世界发展指标　　单位：亿美元

国家指标	世界	美国	日本	德国	中国	俄罗斯
GDP 总额	48863.33	13132.90	4375.97	2913.31	2657.88	990.58
GDP 增长速度	4.0%	2.9%	2.4%	2.9%	11.6%	7.4%
出口占 GDP 比重	28%	11%	16%	45%	40%	34%
进口占 GDP 比重	29%	17%	15%	40%	32%	21%

资料来源：World Development Indicators Database，April 2009.

表 3 - 15　　2007 年世界发展指标　　单位：亿美元

<table>
<tr><th>国家指标</th><th>世界</th><th>美国</th><th>日本</th><th>德国</th><th>中国</th><th>俄罗斯</th></tr>
<tr><td>GDP 总额</td><td>54583.33</td><td>13751.4</td><td>4384.25</td><td>3317.37</td><td>3205.51</td><td>1290.08</td></tr>
<tr><td>GDP 增长速度</td><td>3.8%</td><td>2.0%</td><td>2.1%</td><td>2.5%</td><td>13.0%</td><td>8.1%</td></tr>
<tr><td>出口占 GDP 比重</td><td rowspan="2">56.9%</td><td>—</td><td>—</td><td>47%</td><td>42%</td><td>30%</td></tr>
<tr><td>进口占 GDP 比重</td><td>—</td><td>—</td><td>40%</td><td>32%</td><td>22%</td></tr>
</table>

资料来源：World Development Indicators Database，April 2009.

俄罗斯的出口依存度较高是其转轨之后，经济全面实施自由化，对外贸易全面开放及国内通货膨胀严重，国内资金短缺造成的。而且如上所述，俄罗斯的出口收益不高。许多初级产品在国内出售可能比在国际市场出售更有利可图，但为了换回硬通货，只能减利或亏本经营，从某种意义上说，俄罗斯的出口是为出口而出口，为增长而增长。随着俄罗斯经济的逐步稳定增长，国内产业结构调整的加快，内部市场的扩大，国际贸易战略的调整，俄罗斯的出口依存度应该会逐步降低。

第四节　转轨国家进口贸易与国家经济安全

一　进口与国家经济安全

进口影响经济稳定的因素包括进口量、进口增长速度、进口商品结构、进口主体结构、进口方式、进口来源结构、进口依存度等。

（1）进口量及进口增长速度与国家经济安全。进口量过大，价格低，会导致进口产品冲击国内市场，抑制国内相关产业的发展。进口商品价格提高，会使国内消费者及国家利益受到损害。进口增长速度过快，则可能会使国家消耗大量的外汇储备，导致国际收支逆差，影响本国货币的稳定。

（2）进口商品结构与国家经济安全。一国的进口商品结构应与本国经济发展状况相适应，适当进口本国稀缺的资源、机器设备、技术、农产品及各种工业制成品，各种商品应在进口总额占有适当的比重。如某种商品进口过多，在进口总额中的比重过大，意味着本国在此种商品的获取上严重依赖进口，不仅会加大进口风险，还会使国内相关产业的发展受到损害。

（3）进口主体结构与国家经济安全。进口主体结构指各进口主体的进口额在总进口额中所占的比重。一国进口额中如果外资企业进口占有较大比重，会使本国调控进口的能力降低，不利于发挥进口产品提升国内产业技术水平的作用。

（4）进口方式与国家经济安全。在进口方式中，如果一般贸易进口过多，加工贸易进口较少，会影响国内就业水平。一般贸易方式中如果消费品进口过多，还会影响本国相关产业的发展，不利于发挥进口促进本国产业结构提升的作用。

（5）进口来源结构与国家经济安全。如果进口市场过度集中，会使一国进口过度依赖于某些特定对象国或地区，加大进口安全风险，还会导致贸易不平衡，增加贸易摩擦风险。

（6）进口依存度与国家经济安全。进口依存度过高，会使国内经济发展过度依赖于进口产品，抑制国内相关产业的发展。

二　中国进口与国家经济安全

改革开放以来，贸易自由化的改革使中国进口贸易持续发展，进口在满足人民需要，调节国内需求，增加人民福利方面发挥了重要作用。在 2000 年之前，中国进口贸易额相对较小，增长相对平稳。加入 WTO 后，中国进口量突破 2000 亿美元，并且迅速增长。（见图 3－2）2008 年进口总额达到 11330.4 亿美元。2009 年，受国际经济危机的影响，进口总额为 10055.6 亿美元，同比下降 11.2%，但经济危机过后，进口恢复了高增长的态势。[①] 2010 年，我国进口总额达到 13950.99 亿美元，同比增长 38.7%。2011 年，进口总额 17434.8 亿美元，增长 25.0%。进口已成为影响我国经济安全的一个重要因素。

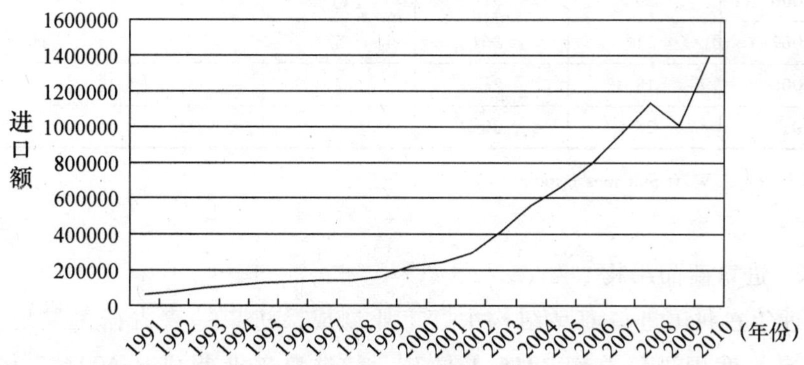

图 3-2　1991—2010 年我国进口额增长趋势（单位：百万美元）

资料来源：WTO Statistics Database.

（一）进口影响国家经济安全的各因素分析

1. 进口增长速度

1980—2000 年，我国进口年均增长速度为 13%。2000—2008 年，进口年均增长速度为 22%。2011 年，进口增长速度为 25%。进口增长速度较快，高于发达国家和大部分发展中国家。（见表 3-16）进口的增长速度是与一国的特定历史状态联系在一起的。我国的进口高速增长是改革开放之后，我国逐步实施贸易自由化措施，以及加入 WTO，贸易自由化步伐加快，关税水平大幅度降低，各种限制进口措施逐步取消等各因素综合作用的结果。我国建设社会主义市场经济体制也需要从国外引进大量的先进技术和设备，以满足国内产业升级换代，提高技术水平的需要。处于对外贸易高速增长期的地区也曾出现进口高速增长的现象，如台湾地区在 1963—1974 年，进口年均增长速度为 31.0%。因此，目前我国进口的增长速度仍属安全范围。

① 中华人民共和国海关统计数据，http：//www.customs.gov.cn/publish/portal0/tab1/info245083.htm。

表 3－16　　部分国家进口增长速度　　单位：%

年份	中国	俄罗斯	美国	日本	德国
2000—2008	22	26	7	9	12
2006	20	31	11	12	17
2007	21	36	5	7	16
2008	18	31	7	23	14
2011	25	30	15	23	19

资料来源：WTO Statistics Database.

2. 进口商品结构

近年在我国进口商品结构中，工业制成品进口一直占据主导地位。2006 年，我国进口总额 7916.1 亿美元，进口工业制成品 6044.7 亿美元，占进口总额的 76.4%，进口机械及运输设备 3571.1 亿美元，占进口总额的 45.1%。进口机电产品 4277 亿美元，占进口总额的 54%，其中高技术产品进口额 2473 亿美元，占进口总额的 31.2%。[①] 2008 年，我国进口总额为 11330.4 亿美元，进口制成品 7334.4 美元，占进口总额的 64.7%，进口机械及运输设备 4419.8 亿美元，占进口总额的 39.0%，进口办公和通信设备 2314.9 亿美元，占进口总额的 20.4%。2011 年，我国进口总额为 17434.8 亿美元，进口制成品 10329.2 亿美元，占进口总额的 59.2%，进口机械及运输设备 6309.2 亿美元，占进口总额的 36.1%，进口办公和通信设备 3051.5 亿美元，占进口总额的 17.5%。[②]

制成品进口及高技术产品、机械设备、通信设备产品占进口总额的比重较高，说明我国工业还需要提高生产能力，产业结构也有待进一步调整。在制成品进口中，资本品和高技术产品占据主导地位，表明我国产业对国际资本品和高技术产品的高度依赖，暴露出我国制造业的深层次问题：在关键制造业领域缺乏核心竞争力。从现状看，我国包括机械、电子、石化、汽车、信息等产业在内的关键制造业，本身不具备强

① 《2006 年中国进出口商品构成》，《中国商务年鉴 2007》，第 70 页。

② WTO Statistics Database.

大的抵御经济风险的能力，或者说，我国关键制造业目前尚处于安全弱势。在此前提下，机电产品和高技术产品进口的连年递增，加大了我国关键产品的进口依赖，从而使我国制造业安全，特别是关键制造业安全面临较大风险。

在初级产品进口中，比较突出的商品主要是资源类商品。我国在重工业化过程中，对国际市场资源性产品有着巨大的需求。近年来，石油等燃料性资源产品进口增速也很快。2006 年，我国进口燃料和矿产品总额为 1582.73 亿美元，占进口总额的比重为 20.0%；2007 年，我国进口燃料和矿产品金额为 2106.2 亿美元，占进口总额的 22.0%；2008 年，我国进口燃料和矿产品金额为 3068.71 亿美元，占进口总额的比重为 27.1%。2011 年，我国进口燃料和矿产品金额为 5162.17 亿美元，占进口总额的比重为 29.6%。这种进口商品结构显示出我国在国际分工中制造业加工大国地位的提升，也表明我国产业对国际市场的依赖程度日益加深，进口对国家经济安全的威胁上升。

3. 进口主体构成

在我国进口主体的构成中，外资企业一直是最重要的进口主体，其进口额占我国进口总额的比重在一半以上。2003 年外资企业进口占总进口的比重为 56%，2006 年，我国进口总额 7916.1 亿美元，其中国有企业进口 2252.2 亿美元，占总进口额的比重为 28.5%，外资企业进口额 4726.2 亿美元，占总进口的比重为 59.7%。2008 年，我国进口总值 11330.9 亿美元，外商投资企业进口值为 6199.6 亿美元，占总进口的比重为 54.7%。2011 年，在我国总进口中，外资企业进口占总进口的比重为 49.6%。（见表 3－17）

表 3－17　　2011 年中国进口企业性质　　单位：亿美元

企业性质	进口金额	占总进口的比重	同比增长
总值	17434.7	100%	24.8%
国有企业	4934.0	28.3%	27.1%
外资企业	8648.3	49.6%	17.1%
其他企业	3852.3	22.1%	42.8%

资料来源：中华人民共和国海关统计数据。

从表 3－17 可以看出，外资企业是我国进口的主力军，其次为国有企业，集体企业和私营企业所占比重较小。外资企业的大量进口，不利于我国对进口的宏观调控，不利于对国内幼稚产业的保护，不利于发挥进口对于提高国内产业技术的作用，在某种程度上妨碍了国内相关产业的发展。

4. 进口方式

在我国，进口方式主要分为一般贸易方式和加工贸易方式，其中加工贸易方式分为来料加工和进料加工。一般贸易方式的进口主要用于国内消费及国内销售商品的投入品。加工贸易方式进口主要用于制造再出口商品。20 世纪 90 年代，在我国进口方式中，加工贸易比重接近 50%，2000 年之后一般贸易比重逐步上升。2005 年，一般贸易进口额达 2797.2 亿美元，占总进口额的 42.3%，超过加工贸易所占的比重。2008 年，我国进口总额 11330.9 亿美元，其中一般贸易方式进口额为 5726.8 亿美元，占总进口额的 50.5%，加工贸易方式进口额 3784.0 亿美元，占总进口额的 33.4%。2011 年，我国进口中，一般贸易进口占总进口额的 57.8%，加工贸易进口占总进口额的 26.9%。（见表3－18）

表 3－18　　2011 年中国进口贸易方式　　单位：亿美元

贸易方式	进口金额	占总进口的比重	同比增长
总值	17434.7	100%	24.9%
一般贸易	10074.6	57.8%	31.0%
加工贸易	4698.0	26.9%	12.5%
其他贸易	2662.2	15.3%	26.6%

资料来源：中华人民共和国海关统计数据。

用于满足国内需求的一般贸易进口在我国进口中已占据主导地位，这是我国国内需求提升的结果。如果一般贸易进口商品直接进入流通领域，而不参与生产过程，则不利于发挥进口商品提升国内产业技术水平，提升国产产品质量的作用，不利于国内相关产业的发展。

5. 进口的地区分布

在我国进口贸易的地区分布上，进口商品主要来自亚洲的日本、韩国、东盟等国家和地区，而从欧美等国的进口所占比重较小，这与我国出口商品主要出口到欧美国家形成了一种高度不对称。

2006 年，我国进口总额为 7961.1 亿美元，其中从日本进口 1157.2 亿美元，占总进口额的比重为 14.6%，从欧盟进口 903.2 亿美元，占总进口额的 11.4%，从韩国进口 897.8 亿美元，占总进口额的 11.3%，从东盟进口 895.3%，占总进口额的 11.3%，从台湾地区进口 871.1 亿美元，占总进口额的 11.0%。2006 年，我国对亚洲地区的进口集中度为 66.89%，对欧盟和美国进口集中度仅为 18%。2008 年，我国从日本、韩国、中国香港、中国台湾地区的进口占总进口额的 40.5%，其中从日本进口占总进口额的 13.3%，从韩国进口占总进口额的 9.9%，从欧盟进口仅占总进口额的 11.7%，同期，我国对美欧出口占总出口额的 48.2%，对日本出口占总出口额的 8.1%，对韩国出口占总出口额的 5.2%。[①] 2011 年，我国进口来源地仍主要集中于东南亚地区。（见表 3－19）

表 3－19　　2011 年中国前 10 位进口来源地　　单位：亿美元

排序	国别（地区）	金额	同比增长	占比
	总值	17434.7	24.8%	100%
1	日本	1945.9	10.1%	11.16%
2	韩国	1627.1	17.6%	9.33%
3	中国台湾	1249.2	7.9%	7.16%
4	中国香港	1226.1	14.7%	7.03%
5	美国	1221.5	19.6%	7.01%
6	德国	927.2	24.8%	5.32%
7	澳大利亚	827.2	35.3%	4.74%
8	马来西亚	621.4	23.2%	3.56%
9	巴西	523.6	37.3%	14.04%
10	沙特阿拉伯	494.7	50.7%	2.84%

资料来源：中华人民共和国海关统计数据。

① WTO Statistics Database, October 2009.

进口市场的高度集中，强化了我国对特定市场的进口依赖，加大了进口风险。同时也使我国与欧美等国产生严重的贸易不平衡，加剧了与主要贸易大国的贸易摩擦。

6. 进口依存度

进口依存度指一定时期内，一国或地区的进口贸易额在国民生产总值或国内生产总值中的比重，用以反映一国或地区的国民经济对进口贸易的依赖程度。

中国名义进口依存度在改革开放初期很低，随着我国开放程度的不断提高，进口大量增长，进口依存度不断提高。20世纪90年代，我国名义进口依存度平均在20%以下。2000年以后，由于我国加入WTO，进口增长加快，因此名义进口依存度也加快增长。2000年达到20.8%，2004年达到29.1%，此后一直居高不下。2008年，在世界经济危机的形势下，进口依存度仍然达到29.4%。2010年，进口依存度为23.7%。2011年，进口依存度为23.9%。（见表3－20）

表3－20 **1991—2011年中国进口依存度** 单位：百元美元

年份	GDP	进口额	进口依存度
1991	376617	63791	16.9%
1992	418181	80585	19.3%
1993	431780	103959	24.1%
1994	542534	115615	21.3%
1995	700219	132084	18.9%
1996	816493	138833	17.0%
1997	898244	142370	15.8%
1998	959030	140237	14.6%
1999	991400	165699	16.7%
2000	1080700	225094	20.8%
2001	1175700	243553	20.7%
2002	1266100	295170	23.3%
2003	1641000	412760	25.2%
2004	1931700	561229	29.1%

续表

年份	GDP	进口额	进口依存度
2005	2243900	659953	29.4%
2006	2668100	791461	29.7%
2007	3280053	955950	29.1%
2008	3860039	1133040	29.4%
2009	4920000	1005923	20.4%
2010	5878629	1395099	23.7%
2011	7298097	1743484	23.9%

资料来源：WTO Statistics Database.

尽管我国的名义进口依存度提升较快，数值高于主要发达国家。但考虑到我国经济发展处于工业化的初级阶段，经济建设需要大量进口资本品、技术及机器设备类产品，进口的较大增长是可以理解的。同时，由于汇率、加工贸易等因素的影响，我国的名义进口依存度的计算方法实际上夸大了经济增长对进口的依赖程度。如果采用现行汇率，2003年我国的进口依存度为29.3%。世界银行对中国2000年购买力平价汇率的估计高达1:1.18，如果采用这一汇率，那么2003年度我国的进口依存度仅为6.3%。[①] 此外，由于我国服务业发展水平较低，相关的服务业没有得到发展，一些服务产值尚未计算在国内生产总值中，因而在某种程度上会低估国内生产总值，这也会造成进口依存度计算上的偏差。另外，由于我国加工贸易进口在进口总额中占有相当大的比重，加工贸易进口也会夸大我国对进口的依赖程度。因此，除非进口商品高度集中于少数重要商品，我国的进口依存度不会对经济造成较大影响。

（二）重要商品进口对国家经济安全的影响

重要商品的对外依存度过高或对某一地区或国家的依存度过高，会加大进口安全风险。因此对一些进口依存度高的资源应加强储备，防止其价格上涨和供给变动对我国进口造成的不利影响。对进口收入弹性低的商品如粮食，应保持一定的国内市场供给率并适当限制进口，防止其

① 华晓红、庄芮、杨立强：《"十一五"期间中国对外经济贸易热点问题》，对外经济贸易大学出版社2007年版，第16页。

进口的激增冲击我国市场，影响国家的战略资源安全。

1. 重要能源商品进口与国家经济安全

在我国，能源安全主要指石油安全。20世纪90年代之前，我国石油生产基本能够满足国内经济建设的需要。90年代之后，随着我国经济高速发展，石油需求大量增加，进口石油不断增加，1993年，我国成为石油净进口国。从进口对象上看，我国石油进口主要来自中东、非洲和亚太。2008年，我国进口原油的50%来自中东地区，进口量8970万吨，同比增长23.3%；其次为非洲地区，进口量5395万吨（占30%），同比增长1.7%；欧洲和西半球进口量3025万吨（占16.9%），同比下降4.4%；亚太地区进口量498万吨（占2.8%），同比下降13%。进口国家中，进口量排名前五位的分别为沙特阿拉伯（3637万吨）、安哥拉（2989万吨）、伊朗（2132万吨）、阿曼（1458万吨）、俄罗斯（1164万吨）。2011年我国进口原油2.5亿吨，同比增长6.1%。排名前五位的来源国分别是：沙特阿拉伯，5027.8万吨，同比增长12.6%；安哥拉，3115.0万吨，同比下降20.9%；伊朗，2775.7万吨，同比增长30.2%；俄罗斯，1972.5万吨，同比增长29.4%；阿曼，1815.3万吨，同比增长14.4%。

据专家预测，按照目前的国内经济发展方式，我国对石油的需求将日趋旺盛。2020、2030年国内所需的石油量分别为5.3亿吨和6.5亿吨。而国内石油产量预计在2015年达到高峰后开始减小，峰值产量也不超过2亿吨，这意味着石油进口量将越来越大，2020、2030年国内供需缺口分别为3.36亿吨和4.88亿吨。①

如果不能实现重大技术突破或发现新的资源，我国石油供需缺口将日益加大，未来石油特别是原油的进口将不可避免地继续增加。2008年，我国原油产量1.89亿吨，同比增长1.07%。同时，国内石油需求仍保持较快增长，导致石油进口继续较快增长。海关总署统计数据显示，2008年我国累计进口石油（含燃料油）21853万吨，比2007年增

① 《我国石油对外依存度超50%　严重影响能源安全》，http://news.qq.com/a/20100126/001304.htm。

加2156万吨，增长10.9%，对外依存度突破50%。[①]

我国石油进口依存度的不断提高，可能会对国家经济安全造成重大影响。石油进口依存度上升，将降低我国能源安全等级，影响国内相关产业发展。虽然对于能源安全的衡量，尚无统一标准。但有学者指出，按照能源进口依存度的大小，可将经济安全分为四个等级：石油进口依存度小于20%，经济属于安全；20%—40%属于基本安全；40%—50%属于不安全；大于50%，属于危机。[②] 而2008年，我国石油的进口依存度已经突破50%，进入危机区。2010年，我国石油进口依存度达到53.7%。2011年我国石油对外依存度达到56.5%。我国石油消费的一半以上必须依赖进口，一旦石油价格上升或供应中断，将对我国经济造成重大影响。如发生某些突发事件，造成进口石油供应中断，将导致国内相关企业减产或停产。石油价格上涨，会使国内相关产业成本上升，导致成本推动型通货膨胀。反之，如国际石油价格下降，进口石油将会冲击国内石油企业，使其被迫减产。此外，我国石油进口主要来自中东地区，进口市场的过度集中，也加剧了能源进口的风险。

有专家认为，目前世界石油出口能力的显著下降，尤其是中东国家目前正在减少石油产量，必将导致我国可进口石油量难以满足国内所需，因此，中国应尽快建立石油商业储备制度，增加石油战略储备的数量，确保国内能源安全。

2. 主要粮食品种进口与国家经济安全

大豆是关系国计民生的重要商品，也是目前我国唯一存在巨大供应缺口的农产品。加入WTO以来，随着大豆进口市场的放开，我国大豆进口增势明显。2000年大豆进口量为1042万吨，2001年，进口量达1394万吨，增加33.78%。2003年突破2000万吨，进口量升至2074万吨，是2000年的2倍。2008年我国大豆进口量达到3743.6万吨，较2007年3082.1万吨的进口量增加661.5万吨，增幅达到21.5%。2010

① 魏曙光：《我国石油对外依存度升至51.3%》，《证券时报》2009年2月11日。

② 华晓红、庄芮、杨立强：《“十一五”期间中国对外经济贸易热点问题》，对外经济贸易大学出版社2007年版，第27页。

年，我国进口大豆5480万吨，同比增长28.8%。[①] 2011年，进口大豆5264万吨。

大豆进口增加虽然能在一定程度上缓和我国与贸易伙伴国尤其是与美国的贸易摩擦，但一旦大豆进口过量，我国经济安全将遭受一些不利影响。

首先，大豆进口过量会冲击国内市场，打击我国农民种豆的积极性，损害农民利益。加入WTO后，我国农产品进口市场全面放开，大豆进口激增。目前，进口大豆已经充斥了国内市场，各种大豆加工企业所用原料基本上都是进口大豆。高质低价的进口大豆，冲击了国产大豆市场，打击了农民种豆的积极性，农民的利益受到极大损害。作为加入WTO的代价，很多农民被迫外出打工，农民的收入问题随之产生。

其次，大豆进口过量还会加大我国消费者的消费风险，损害消费者利益。目前，我国进口的大豆基本上都是转基因大豆，市场上的大豆产品基本都是以转基因大豆为原料。目前转基因农产品的安全性还有待考证，因而，转基因大豆的过量进口将给我国消费者的生命安全带来隐患。

综上所述，大豆的过量进口不仅将影响国内相关产业的发展，影响农民的切身利益，还将影响我国消费者的生命安全。因此，对进口大豆的数量和种类应严加控制。

三　俄罗斯进口与国家经济安全

（一）进口增长速度

转轨初期，随着俄罗斯全面实施贸易自由化措施，进口大幅增长。1992年，俄罗斯采取了调节进口的措施，限制了一些商品的进口，进口总额减少。1993年以后，进口开始回升，1995年，增幅达20.6%。1998、1999年受金融危机的影响，进口减少。2000年以后，俄罗斯全面调整了对外贸易政策，加大了机器设备及制成品的进口，进口大幅增长。进口总额从2000年的446.59亿美元增长到2008年的2919.71亿

① 唐施华：《中国2010年进口大豆增28.8%》，http：//www.yicai.com/news/2011/01/649306.html。

美元，增长了5.5倍。进口增长速度从2000年的13.0%上升到2007年的36.0%，2008年受世界金融危机的影响，进口增速放缓，但仍达到30.6%，2009年进口出现负增长。2010年，进口恢复增长至29.6%。2011年，进口增长30.1%。（见表3－21）

表3－21　　转轨以来俄罗斯进口增长及贸易差额状况　单位：百万美元

年份	出口	进口	差额	增长率
1991	66800	55100	11700	
1992	53600	42900	10700	－22.1%
1993	59600	44300	15300	3.3%
1994	67540	50520	17020	14.0%
1995	81095	60945	20150	20.6%
1996	88600	68830	19770	12.9%
1997	88330	73615	14715	7.0%
1998	74884	58015	16869	－21.2%
1999	75665	39537	36128	－31.9%
2000	105565	44659	60906	13.0%
2001	101884	53764	48120	20.4%
2002	107301	60966	46335	13.4%
2003	135929	76070	59859	24.8%
2004	183207	97382	85825	28.0%
2005	243798	125434	118364	28.8%
2006	303551	164281	139270	31.0%
2007	354403	223486	130917	36.0%
2008	471763	291971	179792	30.6%
2009	303978	191868	112110	－34.3%
2010	400132	248738	151394	29.6%
2011	522013	323831	198182	30.1%

资料来源：1991—1993年数据来自冯绍雷、相蓝欣《俄罗斯经济转型》，上海人民出版社2005年版。1994—2010年数据来自WTO Statistics Database。

引起俄罗斯进口快速增长的主要因素有两个：一是经济进入稳定增长时期，磨损、陈旧、应淘汰的设备需要用新的现代化先进设备来代替，而要达到此目的必须进口西方的现代化技术和工艺设备。汽车、仪器和交通运输工具贸易大幅增长。二是居民收入的提高，促进了对进口消费品的需求。在生活消费品方面，俄罗斯国产商品不能满足国内消费者的需求。俄罗斯一些专家认为，这样的形势不仅将保持下去，而且外国进口商品对俄罗斯产品的竞争优势还将进一步加强。因此至少在短期内，俄罗斯的进口仍将保持增长的状态。

进口增长过快已经成为俄罗斯经济的严重问题。在经济发展阶段进口增长是正常现象，但其异常的增长速度以及国内生产增长速度缓慢却是非正常现象。在2000—2007年间俄罗斯的GDP增长了70%，而进口增长了5倍。中国和印度同样是经济迅速发展国家，但均未出现进口和GDP增长之间如此剧烈的差距。据俄统计局资料，目前俄罗斯零售贸易中近一半的商品资源是由进口商品组成的。进口高速增长吞噬了越来越多的经济收入，抑制了生产发展。

随着出口增大，收入增多，俄罗斯的支出也急剧增长，而且这一支出很大一部分流向国外。俄罗斯专家分析认为，俄罗斯经济发展所带来的一部分效益并未留在俄罗斯，而是被转移到外国去了。2007年俄首次出现现行收支账目顺差下降现象，下降金额达143亿美元（从943亿美元降到800亿美元）。根据俄科学院国民经济预报研究所的估计，2011年俄进出口账目将出现450亿美元的逆差，占到GDP的2%。根据俄罗斯世界行情研究所的评估，逆差将加速增长，到2012—2013年有可能达到危机临界点水平——GDP的5%，再发展下去，就会进入国家支付体系的风险区，使金融市场和卢布汇率失去稳定。

（二）进口商品结构

转轨以来，俄罗斯进口大幅增长，在进口的商品中，机器设备、食品、轻工业品是主要商品。在改革进程中，俄罗斯的进口商品结构没有发生根本变化，机器设备和食品仍旧是进口中的两种主要商品。

在俄进口商品中占首位的是机器设备，其在进口总额中的比例基本呈逐年提高的趋势，1995年，机器设备占总进口的比重为33.6%，2000年之后逐年提高，2008年大幅上升至52.7%。进口的机器设备大部分是利用德、英、意、法、日等国的贷款购买的，说明俄罗斯工业设备严重老化，而且其更新换代严重依赖于发达国家市场。食品和农业原料是占第二位的进口商品，1994 年在进口总额中的比重为 21%。1995 年，食品和农业原料占进口总额的比重为 28.1%。2000 年之后，由于俄罗斯致力于调整产业结构，重视发展基础产业，减少了谷物、面粉、植物油等的进口，食品和农业原料占进口的比重逐年下降，2010 年，这一比重下降至 15.9%，但在总进口中仍占较大比重。此外，有着广大消费需求的耐用消费品、轻工业品也是俄进口的主要商品。如近年家具、家用电器进口大量增加。纺织品、服装的进口在总进口额中所占比重也较高，1995 年为 5.7%，2010 年为 6.2%。（见表 3－22、表 3－23）

表 3－22　　俄罗斯进口商品结构（实际价格）　　单位：十亿美元

年份	1995	2000	2005	2007	2008	2009	2010	2011
进口总额	46.7	33.9	98.7	200	267	167	229	306
食品、农业原料	13.2	7.4	17.4	27.6	35.2	30.0	36.4	42.5
矿产品	3.0	2.1	3.0	4.7	8.3	4.1	5.2	6.3
化工产品	5.1	6.1	16.3	27.5	35.2	27.9	37.0	45.4
皮革产品	0.2	0.1	0.3	0.7	1.0	0.8	1.2	1.5
木材、纸制品	1.1	1.3	3.3	5.3	6.5	5.1	5.9	6.7
纺织品	2.6	2.0	3.6	8.6	11.7	9.5	14.1	16.6
金属产品	3.9	2.8	7.7	16.4	19.3	11.3	16.9	21.8
机器设备、运输工具	15.7	10.7	43.4	102	141	72.7	102	147
其他	1.9	1.4	3.7	7.2	9.1	6.0	10.3	18.6

资料来源：俄罗斯国家统计局网站 www.gks.ru。

表 3－23　　进口商品在总进口值中的比重　　单位：%

年份	1995	2000	2005	2007	2008	2009	2010	2011
进口总额	100	100	100	100	100	100	100	100
食品、农业原料	28.1	21.8	17.7	13.8	13.2	17.9	15.9	13.9
矿产品	6.4	6.3	3.1	2.3	3.1	2.4	2.3	2.1
化工产品	10.9	18.0	16.5	13.8	13.1	16.7	16.1	14.9
皮革产品	0.3	0.4	0.3	0.4	0.4	0.5	0.5	0.5

续表

年份	1995	2000	2005	2007	2008	2009	2010	2011
木材、纸制品	2.4	3.8	3.3	2.7	2.4	3.1	2.6	2.2
纺织品	5.7	5.9	3.7	4.3	4.4	5.7	6.2	5.5
金属产品	8.5	8.3	7.7	8.2	7.3	6.8	7.4	7.1
机器设备、运输工具	33.6	31.4	44.0	50.9	52.7	43.4	44.4	48.0
其他	4.1	4.1	3.7	3.6	3.4	3.5	4.6	5.8

资料来源：俄罗斯国家统计局网站 www. gks. ru。

在俄罗斯进口商品中，食品及消费品占重要地位。2006 年占约 41%，2007 年占 38%。中间产品和投资性产品则显然处于劣势。俄罗斯进口产品中，中间产品和投资性产品与消费品的比值，2006 年为 1.4，而波兰为 3.8，墨西哥为 5.2，巴西为 7，韩国为 7.1，印度为 16，中国为 19。俄罗斯的进口将很大一部分外汇收入“吃掉，消费掉”，在促进国内生产，发展新技术，促进产业结构升级方面的作用受到限制。

转轨初期，由于实行了价格自由化和对外贸易自由化，俄罗斯国内通货膨胀严重，国内商品价格上升，进口商品大量涌入。1995 年，食品和农业原料占进口的比重为 28.1%。该阶段国家经济陷入危机状态，农业生产的下降、与此有关的居民国产食品供应的恶化和许多工业部门原料的无法保障，导致食品和农业产品进口的急剧扩大。如果说在 1989 年用来满足国内市场需求的进口商品不超过 20% 的话，那么在 1995 年已超过了 50%。近年来在俄罗斯消费品市场上，进口商品一直占有较大比重。虽然 1995 年之后，进口商品比重逐年下降，但 2008 年仍高达 45%。（见表 3－24）

表 3－24　　1992—2008 年俄罗斯零售市场商品来源结构

（以实际价格计算）

单位：%

年份	1992	1995	2000	2002	2003	2004	2005	2006	2007	2008
国内商品	77	46	60	59	57	57	55	54	53	55
进口产品	33	54	40	41	43	43	45	46	47	45

资料来源：俄罗斯国家统计局网站 www. gks. ru。

促使进口在俄罗斯经济中发挥巨大作用的主要因素是俄罗斯国内产品价格相对较高，相关产业发展滞后，而实施价格自由化、外贸自由化措施后，国外低价产品大量涌入，在很大程度上抑制了国内生产的发展。外贸自由化在活跃市场、解决商品短缺的同时，也使大量廉价外国商品充斥本国市场，俄许多生产同类产品的生产企业大量减产或被迫停产，国内产业无从得到保护。

（三）进口地区结构

在俄罗斯的进口商品地理结构中，欧盟占有重要地位。2005年，在俄罗斯进口总额中，发达国家占58.8%，其中欧盟占44.6%，日本占6.0%，美国占4.7%；转型国家占18.9%；发展中国家占22.5%。2006年，在俄罗斯的进口结构中，欧盟各国的份额为45%。2007年，在俄罗斯进口总额中，欧盟占43.6%，中国占12.2%，日本占6.4%，美国占4.7%。2008年，在俄罗斯进口总额中，欧盟27国占43.5%，日本占7.0%，美国占5.2%，中国占13.0%，乌克兰占6.1%。2010年，在俄罗斯进口总额中，欧盟占38.3%，中国占15.7%，乌克兰占5.6%，美国占4.5%，日本占4.1%。2011年，在俄罗斯进口总额中，欧盟占43.4%，中国占16.9%，乌克兰占7.0%，日本占5.5%，美国占4.5%。①

目前，欧盟是俄罗斯进口机器设备和日用消费品的主要地区。欧盟的经济发展趋缓，国内商品价格水平较高，而亚洲各国经济增长势头较强，资源及劳动力价格较便宜，显然从亚洲国家进口商品对俄罗斯的贸易发展更为有利。除欧洲外，北美、日本也是世界先进技术的发源地，就基本工业产品而言，亚洲及其他国家的产品可能更便宜，因此俄罗斯完全可以实现进口市场多元化，避免对欧洲市场的过分依赖。

总体而言，俄罗斯进口没能达到以国内生产成本较为有利的产品换取高效能的生产资料，从而促进经济增长的目的。俄罗斯的进口在稳定社会方面的意义要大于对经济发展的促进意义，这从长远看，不利于经济的发展。与大多数国家进口的商品不同，俄罗斯很大一部分进口商品不是先进的生产设备，而是食品、农业原料及日用消费品，这些进口商

① WTO Statistics Database, September 2012.

品不进入国内生产过程，而是直接进入流通或消费领域。进口没能起到提高本国生产力水平的作用，没能成为促进经济发展的积极因素。作为一种连带效应，不良的进口结构同时也降低了出口扩大的意义，因为出口归根结底是为了进口能对经济起促进作用的生产设备和先进技术及稀缺原料。

经济全球化在给各国提供充分利用世界资源机会的同时，也给各国经济带来安全威胁。转轨国家的贸易自由化在给转轨国家带来贸易利益的同时，也使转轨国家面临严重的贸易安全甚至经济安全问题。本章分析了经济全球化背景下的贸易自由化与国家经济安全的关系，以及贸易自由化实施过程及作为其结果的贸易格局的各相关因素影响国家经济安全的途径。以中国和俄罗斯为例，分析了相关因素对国家经济安全的影响，以及转轨国家贸易自由化过程中存在的各种现实和潜在的安全问题。

中国在出口方面的安全问题主要表现在：对外部市场依赖程度较大，出口依存度较高，易受世界经济危机的影响，也易对国内相关产业产生不利影响；出口市场过于集中，出口贸易及国内产业易受出口市场波动的影响，容易与主要贸易对象国发生贸易摩擦；出口商品结构中，劳动密集型产品占较大比重，高科技产品出口主要依赖进口原材料，出口主体以外商投资企业为主，国内产业整体竞争力较低，贸易效益低下，抗波动能力差。进口贸易安全主要表现为：进口商品结构中，高技术产品和资本品占较大比重，关键制造业缺乏核心竞争力，处于安全弱势；进口主体中外商企业占较大比重，不利于我国对进口的宏观调控，不利于对国内幼稚产业的保护；进口方式中，一般贸易方式占较大比重，不利于发挥进口提升国内产业技术水平的作用；进口市场高度集中于东南亚国家，加大了进口风险，进出口依存明显不对称，加剧了与主要贸易大国的贸易摩擦；重要能源商品石油的进口依存度过高，超过50%，能源安全面临危机，主要粮食品种大豆进口过多，损害了农民利益，并使消费者面临安全风险。

俄罗斯的出口贸易安全问题主要表现为：出口商品以能源矿产品为主，高技术产品出口所占比重较低；出口依存度较高，出口易受世界市场波动影响；贸易条件差，加剧了国内产业结构畸形发展；出口市场集中于欧盟地区，而欧洲经济发展缓慢，加大了俄的出口风险。进口安全风险主要表现在：进口增长速度过快，耗用了大量外汇储备，进口商品结构中，食品、轻工业品等消费品占较大比重，抑制了国内生产的发展；进口市场高度集中于欧盟地区，使进口过度依赖于欧盟市场，不利于俄的贸易发展。

第四章

贸易自由化与转轨国家宏观调控

第一节 转轨国家经济干预的理论与实践

一 转轨国家经济干预理论

在经济转轨过程中，政府与市场的关系问题成为关系转轨过程能否取得成功的关键问题。经济转轨的大规模实践发生于20世纪80年代后期，已有的关于政府与市场关系的理论，关于政府干预的理论不能完全适用于转轨经济。因此，一些经济学家根据市场经济的一般理论，并结合发展经济学的一些理论，提出了一系列适用于经济转轨国家的理论。这些经济转轨理论反映了西方经济学不同学派的理论和政策主张。

（一）新自由主义学派的“华盛顿共识”

新自由主义经济学派主张经济自由，充分发挥市场机制的自动调节作用，但并不完全拒绝靠国家干预来稳定经济，只是国家干预的范围要严格限制，并且其形式要符合市场经济的一般要求。在新自由主义转轨经济理论中，比较有影响的是货币学派和新制度学派的观点。货币学派的观点是政府的作用仅限于稳定货币或金融，其他领域靠自由的市场机制来调节经济活动。新制度学派则认为，只要产权清晰界定及容许当事人的自愿谈判，并且只要这种交易或谈判能够成功（交易成本低），不管权利初始界定如何，影响资源配置的外部性问题都会得到解决。

“华盛顿共识”是新自由主义学派向发展中国家推行其理论主张的集中体现。新自由主义经济学家认为，在一个计划体制国家进行局部改革是远远不够的，只有全面地以自由市场机制取代政府的经济计划才能使改革成功。政府的作用是实现宏观经济稳定，并以此为前提实行彻底的、完全的自由化和市场化改革。

“华盛顿共识”是在1990年由美国国际经济研究所出面，在华盛顿召开的一个讨论20世纪80年代中后期以来拉美经济调整和改革的研讨会上达成的。在会议的最后阶段，与会者就拉美国家已经采用和将要采用的10个政策工具在一定程度上达成了共识。这一共识称作“华盛顿共识”。

“华盛顿共识”包括以下10个方面：（1）加强财政纪律，压缩财政赤字，降低通货膨胀率，稳定宏观经济形势；（2）把政府开支的重点转向经济效益高的领域和有利于改善收入分配的领域（如文教卫生和基础设施）；（3）开展税制改革，降低边际税率，扩大税基；（4）实施利率市场化；（5）采用一种具有竞争力的汇率制度；（6）实施贸易自由化，开放市场；（7）放松对外资的限制；（8）对国有企业实施私有化；（9）放松政府的管制；（10）保护私人财产权。

“华盛顿共识”的这10个政策主张是以新自由主义为理论基础的，成为西方国家、国际组织挽救拉美经济危机的药方。此后，美国等西方国家及国际组织经常利用经济援助向发展中国家推行“华盛顿共识”。

萨克斯等经济学家以及世界银行、国际货币基金组织等国际机构根据“华盛顿共识”及新自由主义货币学派、新制度学派的主张，对俄罗斯等国开出了“休克疗法”的药方，在俄罗斯及东欧国家实施“大爆炸”式的改革。

“休克疗法”就是以稳定宏观经济（主要是治理通货膨胀）为目标，实现经济自由化和私有化。其中稳定宏观经济是必要条件，私有化是基础，经济自由化是核心。政府的作用只是稳定货币和金融以及明晰产权。这些政策在拉丁美洲一些国家治理通货膨胀时产生过一定效果，但在俄罗斯等国却适得其反，实行“休克疗法”的俄罗斯、东欧国家都陷入了经济严重衰退的困境当中，生产急剧下降，失业率大幅上升，通货膨胀加剧，由此引发了人们对新自由主义经济转轨理论的反思和批判。

（二）新凯恩斯主义学派的国家干预经济理论

新凯恩斯主义是20世纪80年代在西方兴起的主张政府干预的新学

派，是西方宏观经济学的学科前沿。美国著名经济学家、2001 年度诺贝尔经济学奖获得者约瑟夫·斯蒂格利茨是该学派代表人物之一。斯蒂格利茨的政府干预经济的理论是建立在不完全信息以及不完备的市场导致市场失效问题的普遍性基础上的。市场失效论是早在传统经济理论中就有的理论，传统市场失效论认为，单靠市场机制不能解决诸如公共物品、外部性、收入分配等问题，因此需要政府干预。但斯蒂格利茨的新市场失效论不仅包括这些，而且有更深层的含义，即现实中所有的市场都是不完备的，信息总是不完全的，在此情况下，个人行为对于其他人来说有外部效应，该效应是其他人所无法预料的。基于此，政府干预市场并把干预范围集中在较大、较严重的市场失效是合理的。

斯蒂格利茨根据其总结出的一套关于政府与市场关系的理论，试图对经济转轨问题进行一些探讨。这种探讨在其名著《经济学》中有所涉及，但更系统的研究则是在其另一代表作《社会主义向何处去——经济体制转型的理论与证据》中。斯蒂格利茨关于经济转轨理论的核心思想是“向市场经济过渡并不是要弱化而是要重新界定政府的作用”。他提醒处于改革中的国家不要把“市场”与“政府”对峙起来，而是应该在二者之间保持恰到好处的平衡。

不完全的信息、不完备的市场和不完全的竞争，既是发达资本主义国家市场经济的现实，更是处于经济体制转轨国家的现实，因此经济转轨理论对待政府干预与自由市场化必须慎重，斯蒂格利茨提出的具体思路是：

(1) 政府政策的第一个目标是确保竞争。政府必须尽量采取措施，减少进入壁垒，制定有效的反托拉斯措施，同时对幼稚工业加以保护。

(2) 政府必须履行的重要职能是确立“游戏规则”，这些规则既决定私营部门之间的相应关系，同时也规范私营部门与政府之间的关系。例如，完善法律体系，强调契约在市场体系中的重要性及以合适的方式管理金融体系。

(3) 价格改革是第一步改革的目标之一。价格要反映资产等生产要素的真实价值，国家如果没有实施价格自由化措施，就不可能形成市场激励机制。

(4) 宏观稳定与微观转型有机结合。政府保持宏观经济稳定、控制通货膨胀是合理的、必需的，但这种政策必须同微观转型结合起来，即注意经济结构调整的时滞。同时由于转型经济中市场发育不足，宏观经济政策不应只注意以紧缩政策来控制有效需求，更应强调供给的重要性。

（5）政府要注重增量改革，即创立新制度和新企业。

（6）私有化不是改善资源配置效率的唯一途径，确立竞争机制比私有化更重要。在公有企业和私有企业中，同样面临激励问题，政府在公有企业部门改善经理的激励机制完全具有可行性，实行私有化和政府直接控制企业同样能有效地完成效率目标。这表明私有化可以进行，但应放到次要的位置。

（7）政府要控制改革时序和转型速度，改革要以渐进方式进行，这样不仅可以避免信息损失，而且能积存信息。

（8）公平和效率要同时兼顾，转轨国家政府不能放弃维持公平财富分配的优势，同时政府应是非集权化即民主化的政府。

通过斯蒂格利茨的这些建议，可以归纳出其转轨理论的核心内容：价格自由化、要素市场自由化是改革的必要条件，宏观稳定是价格机制发挥作用的前提，但宏观稳定要同微观转型结合起来，因此政府要控制改革的速度和节奏。政府应创造公平的竞争环境，对垄断行为加以控制，对某些缺乏竞争力的幼稚产业加以保护。私有化和国家对企业的控制可以并存且同时进行，私有化不是改革的唯一目标。改革应以渐进的方式进行，贸易自由化、金融自由化、投资自由化等政策也应循序渐进。这些观点同新自由主义主张迅速自由化、私有化、市场化，主张政府应最大限度地减少经济干预的转轨理论是对立的，是反映新凯恩斯主义思想的经济转轨理论。

（三）发展经济学的新古典主义学派最优次序理论

在发展经济学领域，对经济转轨问题的研究和关注也在增强，其中最有代表性的理论是罗纳德·麦金农的经济转轨理论。转轨是为了使经济更快地发展，而经济转轨国家也大多是发展中国家，因此，对经济转轨问题的研究成为发展经济学的重要组成部分。

20世纪60年代以来，发展经济学中的新古典主义学派理论一直占据主流地位。在这一学派的经济学家中，麦金农和他的同事肖以其独特的金融中介理论，在发展经济学领域及西方经济学界独树一帜，颇有影响。金融中介理论的核心是“金融压制”和“金融深化”论。其主要观点是发展中国家制约经济发展的重要因素是金融压制，金融压制的重要表现是金融体系发展不平衡，金融市场落后，货币化程度低，政府对金融机构和金融市场干预过多。因此，为了促进经济发展，发展中国家要进行金融深化改革，改革的主要内容是：政府放弃对金融体系和金融市场的过分干预，允许市场机制特别是利率机制自由运行，健全金融体系和活跃金融市场。一个国家金融深化程度如何，主要看以下几项标准：一是通货膨胀得到控制；二是经济货币化程度稳定上升；三是对外债和外援依赖性下降；四是汇率自由波动；五是多层次金融机构并存和竞争。从这些内容中可以看出，所谓的金融深化论，实际上就是政府放松对金融市场的控制，并为金融市场发展创造条件的金融自由化理论。这正是典型的发展经济学新古典主义学派的观点。

基于金融中介理论，麦金农在研究了经济转轨国家的特点后提出了自己的经济转轨理论。麦金农的理论脉络是：以金融为主线研究经济领域的全面市场化问题。经济市场化、经济自由化是转轨国家改革的目标，但是向经济市场化过渡有一个经济领域中的最优次序问题。政府应以保持宏观经济稳定为己任，同时逐步放松对经济活动的控制。与新保守主义理论主张不同的是麦金农强调了“经济自由化的次序”，而次序问题本来就是由政府控制的。因此，从这一点来讲，麦金农的经济转轨理论同新自由主义经济理论有重大区别。其理论建立在经济转轨国家“市场经济制度落后”的现实基础之上，这也正体现了发展经济学的特色。

麦金农的经济自由化次序论也就是经济转轨过程中政府的控制论，在详细对比俄罗斯和中国的改革经验后他提出：在经济过渡的初期，政府应对传统部门和自由时代的部门实行有差异的二元金融、财政和价格控制。麦金农还特别说明在转轨初期，政府保持对国有企业、财政、金融、价格、外贸等方面的控制是必要的，一旦受现金约束的非国有部门发展到足以与旧的国有部门在产品市场上进行有力竞争的时候，政府就能放松对国有部门的价格控制了。这就是政府控制市场化次序的真正含义。目前，麦金农的理论和政策主张已受到经济转轨国家的重视。

二　转轨国家经济干预的实践

转轨国家在转轨前实行计划经济体制，国家是一切经济活动的主体，所有经济活动都按照国家的指令性计划行事。高度集中的计划经济体制对经济发展产生了严重的阻碍，企业的积极性、人才的积极性不能充分发挥，生产效率低下，经济发展缓慢。政府完全替代市场的交易制度，在实践中虽然取得了一定的成就，但也付出了高昂的交易成本的代价。这种社会发展结果促使人们反思市场机制的作用，而反思的结果就是原来的计划经济体制应当向市场经济体制过渡，即实行经济转轨。转轨国家的转轨方式大体可分为两类：一类是以俄罗斯、东欧国家为代表的“休克疗法”；另一类是以中国、越南为代表的渐进式改革。

第一类国家在短期内由计划经济体制转向完全的市场经济。以经济自由化为核心，政府只起“稳定”经济的作用，或者说实行市场完全替代政府的交易制度。政府对经济活动完全不加控制，实行贸易自由化、价格自由化、国有企业私有化。极端的自由化措施导致了严重的通货膨胀，经济衰退，人民生活水平下降，资本外流，国内企业因不能适应突然的竞争而纷纷倒闭，国家经济安全受到严重影响。

显然，市场完全替代政府的交易制度同样存在由市场机制缺陷而导致的高昂交易成本，市场配置资源的功能缺陷给政府的干预留下了空间。市场充分发挥自由配置资源的作用需要以合理的经济结构为前提。在由计划经济向市场经济过渡的过程中，传统计划经济体制遗留的问题难以在短期内得到解决。传统的计划经济体制中缺乏市场交易的制度基础，缺乏市场机制起基础作用的均衡经济结构，企业和经济主体缺乏适应市场经济的知识信息。市场机制在缺乏发挥作用基础的领域内不可能取得预期的资源配置效率。而市场机制不能发挥功能的范围正是政府活动的范围，这意味着在经济转轨进程中要合理安排政府和市场的关系。

俄罗斯等实施“休克疗法”的转轨国家在经历了或长或短的经济失控后，认识到在转轨过程中政府应发挥积极作用，因此又开始重塑宏观体系，加强政府对经济的干预能力，提高政府的控制力。1993 年俄罗斯放弃“休克疗法”，对经济改革进行了调整，放慢私有化的速度。政府加强了宏观调控，如整顿经济和金融秩序，加强对物价、税收、外汇以及战略原料和能源出口的监督，制定一系列经济法规。积极调整对外经贸体制，调整对外经贸政策，鼓励外国直接投资，申请加入世界贸易组织和亚太经合组织，开拓与独联体的经济合作。2000 年普京执政后，把经济增长作为各项工作的核心。主张完善私有化微观基础，通过进行企业合并和加强公司治理来提高私有化企业和国有企业的生产效率。提升国家在市场经济中的调控作用，主张建立国家干预的市场经济或有秩序的市场经济。保持国家对天然垄断部门企业的控制和管理；把政府的主要作用放在保护所有权、保证平等竞争、保护经营自由、大力缩减市场准入限制和审批力度，建立国家统一的经济空间；实行积极的财政政策，大规模增加国家投资；简化税种、降低税率；在金融领域，建立两极银行体制，中央银行独立并转变职能，改革商业银行体制，降低金融风险；实行稳健的货币政策，降低通胀率，实行浮动汇率制，实行强卢布政策。主张循序渐进地实现同世界经济的一体化。通过积极申请加入世贸组织加快经济体制的改革过程；实行自力更生为主、外援为辅的方针；积极支持企业和公司的对外经济活动，坚决抵制国际商品、服务及资本市场歧视俄罗斯的行为，争取尽快加入国际经济活动调节体系。

第二类转轨国家实施渐进式改革模式。中国由计划经济到有计划的商品经济再到 1993 年实施市场经济体制，在资源配置的过程中逐步引入市场因素。在对外贸易自由化过程中，逐步实施外贸体制改革，对外贸易经营权由垄断制到审批制，再到 2004 年新对外贸易法实施后，实施登记制。国家对从事对外贸易的主体仍然进行全面的监督管理。在申请加入 WTO 的过程中及加入 WTO 后，中国的关税水平逐步降低，服务贸易市场逐步有序放开。在加强与国际货币基金组织联系的同时，逐步实施人民币的可自由兑换。在市场主体方面，倡导督促国有企业实施现代企业制度改革，由大到小，由点到面，先改进企业的经营管理，之后逐步实现产权制度改革，对大多数国有企业实行股份制改造，加强企业内部治理并实施企业联合重组，实现国有企业股权多元化。目前，中国的国有企业通过渐进式改革，已经取得一定成效，大部分国有企业重新焕发了生机，为中国对外贸易和经济增长作出了重要贡献。

综上所述，两种不同的政府职能模式产生两种不同的结果，这是经济全球化背景下经济转轨国家需要认真反思的问题。俄罗斯、东欧等经济转轨国家的教训告诫我们，向市场经济转轨和融入经济全球化进程必须要加强而不是削弱国家的宏观调控作用，政府要对经济和市场运作实行适度干预并提供制度保证。[①]

第二节 转轨国家贸易自由化与政府宏观调控

一 贸易自由化与宏观调控

贸易自由化对转轨国家来说，是一个逐步取消国家对贸易活动干预的过程，在这一过程中，转轨国家要逐步实施各种贸易自由化措施，而不能不顾本国实际，脱离历史和经济基础实施一步到位的贸易自由化措施。在贸易自由化的过程中，需要充分发挥政府的宏观调控作用，以保证贸易自由化的方向，防范贸易自由化的风险，纠正贸易自由化产生的市场和价格扭曲。俄罗斯和中国的贸易自由化实践已经充分证明这一点。

由于经济全球化的发展，由计划经济体制向市场经济体制的转型与经济全球化紧密相连，成为整个世界经济的重要组成部分，因而转轨国家的宏观调控要注意对外政策的联动性。郭连成认为，在贸易自由化过程中，由于有的转轨国家采取激进的经济转轨方式，过快过早地放弃了政府对对外经济关系特别是对外贸易的必要调控，造成许多消极影响和后果。因此，在贸易自由化过程中，既需要放弃传统的行政干预手段，放松对外贸易管制，又要不断加强政府的宏观调控职能，尤其是注重国家对外贸易总体发展战略的调整，实行外向型发展与贸易自由化并重、开拓国际市场与逐步放开国内市场并行的均衡发展战略。[②]

Michael Mussa 认为适当的宏观政策应在贸易自由化改革中发挥关键作用，要采取适当的货币政策和财政政策，以避免通货膨胀，保持国际收支平衡。如果给定名义汇率，对进口商品大幅度降低关税和取消数量

① 郭连成：《经济全球化与转轨国家经济联动效应论》，《世界经济与政治》2001 年第 12 期。

② 郭连成：《经济全球化与转轨国家经济发展及其互动效应》，经济科学出版社 2007 年版，第 257 页。

限制的贸易自由化意味着国内商品价格和工资的降低，尤其是与进口相竞争的部门。为减少国内商品价格和工资下降的影响，在贸易自由化的同时，使一个国家的货币贬值通常是适当的措施。货币政策应与外汇政策一致，既要避免过度紧缩而使经济产生衰退，又要避免过度宽松而使经济发生通货膨胀，导致进一步货币贬值。既然贸易自由化可以导致政府预算的短期恶化，为了避免政府出现财政赤字的危险，财政政策应保持紧缩。由于贸易自由化过程会导致资源重新配置，因而需要使工资政策向可调整的方向改革。信贷政策应保证有宽松的信贷以保证出口工业的资金需求，并保证进口竞争企业面临的困难不会威胁金融体系。最后，政府政策应避免大量的国际收支赤字，否则会使政府实施贸易自由化政策的能力遭到质疑。①

Michael Kitson 和 Jonathan Michie 认为，经济环境随着时间的变化在不同国家间是不断变化的，贸易政策在自由贸易体制内应该更加灵活，政策应根据经济形势的变化而调整。所以，政府应对不加区分的贸易自由化加以控制并对国际货币体系加强管理。②

宏观调控的目标主要有四个方面：经济增长、充分就业、物价稳定和国际收支平衡。无论是发达国家还是转轨国家，国家干预经济的最终目的都离不开上述目标。只是在不同时期，国家干预经济的目标会有不同的侧重，因此需要采取不同的干预措施。总体来说，政府总是希望通过采取不同的宏观调控组合策略，实现宏观稳定情况下的经济增长。经济增长是指一个国家国民总产出或人均产出的增加。对发展中国家和转轨国家来说，不应仅仅追求经济增长，还应关注比经济增长含义更宽泛的经济发展。经济发展除了人均产出或收入提高外，还应包括经济结构的转变，经济增长方式的转变，人们生活水平的真正提高，人口素质的全面提高，生态环境的改善等。经济发展包括了经济增长，经济增长是经济发展的核心，一般来说，没有经济增长就无法实现经济发展，至少

---

① Michael Mussa, Macroeconomic Policy and Trade Liberalization: Some Guidelines, Review of International Political Economy, Vol. 2, No. 4 (Autumn, 1995), pp. 632 - 657.

② Michael Kitson and Jonathan Michie, Conflict, Cooperation and Change: The Political Economy of Trade and Trade Policy, Review of International Political Economy, Vol. 2, No. 4 (Autumn, 1995), pp. 632 - 657.

是无法实现持续的经济发展。

在开放经济条件下，维护国际收支平衡也是宏观调控的目标之一。国际收支的重要内容之一就是对外贸易。一国在进行对外贸易时，应大体保持收支平衡，但不必追求绝对平衡。对外贸易对经济增长的推动作用已经得到普遍认同。转轨国家在转型过程中，都面临着国内资金短缺问题，需要通过对外贸易来争取本国发展经济所需的资金。因此，大力发展对外贸易，实行贸易自由化措施，积极融入贸易自由化进程是转轨国家的共同选择，也是转轨国家参与经济全球化，完善市场机制的必经之路。

在贸易自由化的过程中，转轨国家取得了很大收益，俄罗斯以及中国的对外贸易近些年来出现了持续的顺差情况，为本国参与国际市场，发展本国经济奠定了坚实的基础。但是，转轨国家必须考虑进出口平衡问题，贸易顺差过多，会导致相关国家的贸易逆差，会引起相关的贸易报复，会使贸易摩擦相应增多，不利于转轨国家贸易环境的改善。转轨国家还须充分认识进口在弥补本国资源和资金不足，提高本国技术水平方面的积极作用。制定合理的进口战略，使进口最大限度地发挥促进本国经济发展的作用。

在实施贸易自由化，发展对外贸易时，除考察出口数量外，还应关注贸易条件，对外贸易的增长方式是依靠数量取胜还是依靠质量取胜；关注对外贸易在促进就业及本国产业结构调整方面是否起到了积极作用。本国进出口商品价格水平的变化可以反映出本国出口商品的价格及附加值是否提高了。传统的贸易理论认为，一国应该按照本国有优势的产业参与国际分工，发展出口贸易。而这种优势又来源于各国拥有的资源禀赋，一国应集中力量生产使用本国生产要素丰富的产品并出口。但是一国某种资源丰富，在某种产品的生产上具有比较优势，并不代表在国际市场上具有竞争优势。由于此种产品的附加值低、技术含量低、可替代性强，极易被竞争对手取代或在市场上面临激烈的竞争。单纯具有比较优势的产品并不能在市场上取得长期竞争优势，因此，一国需要培养本国有竞争优势的产品，而竞争优势的培养需要一国制定合理的产业政策，实施产业结构调整、产业组织调整、产业技术提升等措施，以真正培育出一批具有国际市场竞争力的产业。一国的对外贸易结构反映了一国的产业结构，一国的贸易竞争力根本上取决于产业竞争力，一国贸易条件的改善与一国产业的发展状况密切相关。因此，一国为了取得贸易优势，最大限度地取得对外贸易收益，获得参与经济全球化的收益，除了应制定合理的对外贸易战略，实施贸易自由化之外，更应关注产业结构问题，通过实施产业政策，调整本国的产业结构，提升本国的产业竞争水平。因此，贸易自由化的改革，对外贸易的健康发展离不开政府的宏观调控。

总之，为实现贸易自由化的目标，保持对外贸易的健康发展，政府应根据本国实际情况制定贸易战略，包括贸易管理体制的改革，完善相关的法律制度，制定相关的贸易政策，完善政府的服务职能等。此外还需制定相应的产业政策，提高产业水平，以提高国际市场竞争力，真正提高一国的贸易水平。

二　转轨国家贸易自由化进程中的政府职能定位

在经济转轨时期，政府管理对外贸易的职能已发生很大转变，政府普遍放松了对外贸活动的干预。但是由于经济转轨条件下政府对贸易的管理没有现成的经验可以借鉴，政府职能的定位仍然容易出现偏差。在中国，政府的宏观管理还没有彻底转到以经济和法律为主的方法上来，与国际规则接轨的法律法规还需要完善和健全。汇率和关税改革还不到位。中国需要充分利用世贸组织的规则，对外贸活动进行灵活的管理和有限的干预，充分发挥政府为贸易服务的职能，制定科学的外贸发展战略，适当采取战略性支持手段，培养优势产业，培养本国产业竞争力，以提高整体贸易竞争力。与中国不同，俄罗斯一步到位的贸易自由化改革和政府迅速撤出外贸领域的做法，造成严重的经济衰退和社会混乱。转轨后期，俄罗斯加强了外贸领域的调整，进一步强化了政府职能，才使得外贸领域的改革能够有序进行。经济全球化和贸易自由化与转轨国家外贸转型进程的实践说明，正确发挥政府的职能在转轨国家贸易自由化的进程中意义重大。政府要强化宏观管理职能，弱化微观管理职能，发挥外贸主体经营活动的自主性，特别是在本国的外贸体系与经济全球化融合的过程中，加强政府的作用和调节力度。

（一）制定科学的对外贸易发展战略

不同国家根据本国经济发展战略的要求，结合国内外的客观条件，对国际贸易的发展目标和实现手段，特别是对出口贸易和进口贸易或鼓励或抑制，都有各自的战略规划，就是对外贸易的总体战略。

西方经济学家和一些国际组织，把近几十年来亚洲和拉丁美洲一些发展中国家采取的对外贸易总体战略大体分为三种类型。

一是进口替代型战略。最早实施这种战略的是巴西、阿根廷等拉美国家。该战略主要是高筑贸易壁垒，限制进口，通过建立和发展本国的民族工业替代工业制成品的进口，减少对国外经济的依赖，保护和扶植民族的幼稚工业。为了解决本国工业发展进口机械设备所需外汇，也出口一定数量的资源型产品和初级产品。

二是出口导向型战略。日本和“亚洲四小龙”等实施的是这种战略。该战略与进口替代型战略相反，主张大力发展外向型加工业，扩大工业制成品出口，促进整体经济的发展和工业化。这些国家把国际市场作为本国经济的活动中心，把制成品出口作为国民经济发展的核心，其主要措施是在鼓励出口贸易的同时，大量引进外资、技术、进口原料，以弥补国内资金和原材料的严重不足。

三是混合型战略。该战略是上述两种战略的结合，把进口贸易与出口贸易放在同等重要的位置，既不过分限制进口，也不过分鼓励出口。印度在20世纪70年代一度采取过这种战略。

进口替代战略强调限制进口，出口替代战略强调鼓励出口，不同国家根据自身的经济发展状况，在不同时期选择不同的战略。一般在产业发展初期，出于保护国内市场的目的，实施进口替代战略，产业发展到一定水平后，为进一步提升产业竞争力，扩大市场，实施出口导向战略。两种战略可以独立地存在，但又相互联系，在具体经济形势下，国家可以采用其中一种战略，或者同时采用两种战略。

转轨国家与发展中国家既有相似之处，又有不同之处。从经济发展水平来看，转轨国家与一般发展中国家水平近似。从经济体制来看，一般发展中国家不涉及转型过程，转轨国家则面临在从计划经济体制向市场经济体制转轨过程中，如何选择对外贸易战略的问题。一般来说，转轨国家既需要发展出口贸易，增加外汇储备，换取本国经济发展所需资金，为本国进口先进的技术、机械设备、本国稀缺原材料；又需要保护本国幼稚产业，培育本国产业竞争力，建立完善的产业结构。因此，转轨国家需要在发展出口贸易的同时，保护本国有发展前景的基础产业和高技术产业。如中国需要发展本国的汽车产业、电信产业、信息产业、机械装备产业等；俄罗斯需要发展本国的轻工业和高技术产业。从实际情况来看，转轨国家既要大力发展出口工业，又要大量进口能促进本国技术水平提高，促进本国产业升级的先进技术和机械设备，同时要对本国须着力培育的产业采取适当的保护和支持措施。而目前转轨国家大都已经加入WTO，或积极争取加入WTO，在WTO原则的约束之下，转轨国家的对外贸易战略既要考虑本国的实际需要，又要符合WTO的基本原则。WTO有诸多例外条款和弹性条款，转轨国家应充分研究WTO的要求，合理利用例外条款和弹性条款，制定符合本国经济发展特点的对外贸易战略。

（二）政府要转变职能，为企业、产业发展创造有利的竞争环境

（1）建立完善的对外贸易法律法规。只有建立完善的对外贸易法律法规，进出口主体才能有序从事对外贸易活动，政府才能依法管理对外贸易活动，根据国家经济发展规划，有效促进出口，规范进口。转轨国家应深入研究国际规则，制定符合本国实际的反贸易摩擦法律法规，完善反倾销法、反补贴法，保护国内产业免受进口产品过度增长造成的损害。

（2）充分发挥政府服务职能。政府应建立对外贸易促进机构，建立对外贸易信息网络及对外贸易数据库，建立信息服务体系，提供市场行情和动态，为企业提供各种贸易信息种各种经贸法律、法规、法院判例，收集各国关税及非关税措施信息，关注主要贸易对象国的贸易壁垒。对企业业务人员进行定期培训，在企业遭遇国外贸易摩擦时，鼓励企业积极应对，指导企业做好应诉工作。建立技术性贸易壁垒预警机制、反倾销和反补贴摩擦预警机制、知识产权摩擦预警机制，防患于未然。

（3）积极参与全球化规则的制定。转轨国家政府应积极参与世界贸易组织的各项活动，研究国际组织的政策、发展趋势，积极参与国际贸易规则及其他国际经济规则的制定，在国际组织活动中，联合广大发

展中国家，发挥集体优势，维护发展中国家利益，为企业创造公平竞争环境，为本国发展对外贸易争取有利的市场空间。

（4）维护进出口秩序。维护正常的进出口秩序对于保护国家利益，维护国家形象，提高国际地位意义重大。虽然中国海关制度比较完善，但仍然存在非法进出口现象，在海关知识产权保护体系下，各种侵犯知识产权的产品仍有漏网之鱼；俄罗斯也存在非法通关和灰色通关问题，使国家对进出口产品市场失去控制。因此转轨国家政府应加强海关监管，维护正常的进出口秩序。

（5）建立有效的应急机制和危机处理机制。目前，从国家安全的角度来看，转轨国家的进口安全风险更值得关注。由于转轨国家参与贸易自由化的时间较短，实施贸易自由化措施没有现成的经验借鉴，当进口大量增加威胁国内产业发展时，缺乏专门的紧急限制进口的应急机制和危机处理机制。因此，转轨国家应充分利用 WTO 保障措施，建立保障措施的实施机制。对与国家经济安全密切相关的重要商品进口建立一系列跟踪监测指标，一旦进口超过规定指标，立即启动危机处理机制，紧急限制进口，保障国家经济安全。

（6）建立政府、中介、企业协调机制。进出口管理的另一重要方面是加强进出口协调，减少企业由于过分关注自身利益和信息缺乏造成的进出口无序和效益损失。转轨国家的进出口普遍缺乏有效协调机制。转轨国家通常是向国际市场出口原料和初级产品的主要国家，同时是进口大宗商品的主要国家。如俄罗斯主要出口燃料和矿产品，进口机器设备和轻工业产品，我国则主要出口机电产品和纺织品，进口能源、矿产品和高新技术产品。在出口市场上，国家应加强政府、企业、行会之间的信息沟通，防止出口企业低价竞争。在进口市场上，应避免企业在国际市场上抬价抢购，致使外商渔利，国家利益受损。过去主要依靠行政手段的协调做法已不能适应市场经济体制，因而我国迫切需要建立一套符合市场经济体制，适应我国进出口特点的政府、企业、中介互动的有效的进出口协调机制。俄罗斯应在政策上调整出口商品的结构，从保护本国资源、保证本国经济发展的角度，采取适当的政策措施调整出口商品的结构。在进口方面，应从发展本国工业和完善本国工业结构方面，对进口总量及进口商品结构进行调整。

（三）政府应加快产业结构调整，提高本国的国际贸易竞争力

一国的产业竞争优势决定了一国的贸易竞争优势。在国际市场上，具有显著竞争力的产品是高科技产品，同时服务贸易竞争力的提升也是提高一国国际贸易竞争力的关键。从目前情况来看，发达国家在高科技产品及服务贸易方面的竞争力较强，而转轨国家普遍存在农业技术薄弱，工业发展水平滞后，服务业发展缓慢的状况。因此，要提升一国的贸易竞争力，应首先提升一国的产业竞争力，改善产业结构，加强农业基础产业建设，改造提升工业产业的技术水平，发展高新技术产业，大力发展服务业，提升服务贸易竞争力，从而提高国家贸易竞争力及整体竞争优势。

改革开放之后，我国对外开放的基本措施可以归结为：吸引外资，鼓励或引导外资投向劳动密集型产业以创造大量就业机会；鼓励出口，以低成本劳动密集型产品参与国际市场竞争，获取支付进口先进技术和机器设备的外汇；采取各种保护贸易的政策和措施诸如关税、配额等手段保护本国的产业和市场，以逐步培育本国经济的国际竞争力。加入WTO后，我国的贸易政策受到WTO规则的约束，市场更加开放。但我国以劳动密集型的低附加值产品参与国际市场竞争的局面并没有得到根本改变。

2011年我国出口贸易总额达18983.8亿美元，占世界出口总额的10.4%，是世界第二大出口国。从出口数量上看我国已经是贸易大国，但还远远不是贸易强国。长期以来，我国对外贸易的总体特征基本可以归结为以量取胜。我国的第一大类出口产品为机电产品，其中高技术产品在出口额中也占较大比重，但是我国出口的机电产品多为附加值较低的产品，而且出口主体多为外资企业，出口方式中加工贸易也占较大比重。出口产品价格偏低，因此经常遭致反倾销、反补贴调查及一些国家实施的特别保护措施。纺织品为我国第二大类出口产品，我国出口的纺织品给世界市场的印象也是低质低价，高附加值产品、名牌产品、高档产品较少，因此一些国家纷纷对我国纺织品出口实施配额限制。适应经济增长方式由粗放型向集约型转变，我国的出口贸易和利用外资也要由单纯追求数量增长向追求质量和效益转变。单纯的比较优势，不一定能成为竞争优势。注重质量和效益的对外贸易不能停留在现有的比较优势

上，需要将比较优势转化为竞争优势。

转轨之后，俄罗斯主要依靠出口燃料和矿产品等资源性产品来维持本国对外贸易的增长。按照古典自由贸易理论，俄罗斯和中国的出口商品结构都是符合国际分工和国际交换原则的。但是俄罗斯长期出口资源性产品易受国际市场价格变动的影响，同时也不利于本国经济的可持续发展，不利于本国建立完善的产业结构和产业结构的优化。因此，中国和俄罗斯都需要将本国具有比较优势的产业转变为具有国际市场竞争优势的产业。中国需要提高劳动密集型产业的技术含量，发展高技术产业；俄罗斯需要对本国的资源性产业进行优化组合，加强资源性产品的加工深度和技术含量，同时需要发挥本国在高技术尤其是军事技术方面的优势，参与国际市场的高层次竞争。

(1) 从比较优势向竞争优势转变

转轨国家发展对外贸易，必须实现从比较优势向竞争优势的转变。长期以来，指导各国开展国际贸易的古典理论是大卫·李嘉图的比较优势论及赫克歇尔、俄林的资源禀赋论。这些理论的主要思想是各国应该按照本国具有比较优势的产业进行国际分工，然后再进行交换。而本国的比较优势取决于本国所拥有的自然资源禀赋。一国应该集中力量生产并出口密集使用本国最丰富要素的产品，进口集中使用本国稀缺要素生产的产品。

按照我国的资源禀赋和拥有的生产要素现状，我国应生产农产品及初级产品等劳动密集型产品，进口资本及技术密集型产品。出口劳动密集型产品可以发挥我国劳动力资源丰富的优势，符合比较优势理论。但是我国劳动密集型产品在国际竞争中不具有竞争优势，这种贸易结构难以长期持续。具有竞争优势的产品应是可替代程度较低、具有价格优势、附加价值较高的产品。

我国的劳动密集型产品在国际市场上不具有竞争优势，一方面是由于发达国家在劳动密集型市场上资本对劳动的替代。劳动密集型产品或资本密集型产品主要不是用产品本身来区分的，而是用投入要素来区分的。同样一种产品，在发展中国家可能是以密集的劳动生产的，在发达国家可能是以密集的资本生产的。像服装、鞋类、玩具之类，在我国一般是劳动密集型产品，而在许多发达国家可能是资本密集型产品，或者说在这些国家，虽然也要用到较多的劳动，但这些劳动是由较多的资本结合进生产过程，产品包含的资本要素较多，劳动生产率更高。在产品市场上，面对发达国家以资本对劳动的替代，发展中国家的劳动密集型产品并不具有竞争优势。而且，由于发展中国家劳动密集型产品的价格较低，对发达国家国内就业造成影响，发达国家设置了各种贸易壁垒来阻止发展中国家劳动密集型产品的进口。发展中国家的劳动密集型产品可能会因此而丧失既定的发达国家市场。在目前发展中国家与发达国家的贸易格局中，发展中国家以出口基于比较优势的劳动密集型产品为主，发达国家以出口技术含量较高的制成品为主。从贸易利益方面考虑，以劳动密集型和自然资源密集型产品出口为主的国家总是处于不利地位。因此，单纯的资源禀赋决定的比较优势在国际贸易中不一定转化为竞争优势。单纯根据资源禀赋来确定自己的国际贸易结构，以劳动密集型产品作为出口导向，就会跌入比较利益的陷阱。

另一方面，劳动密集型产品所拥有的劳动力成本方面的优势不断降低甚至消失。按比较优势进行国际分工及国际贸易的前提是各国的供给条件、生产条件不可改变，资源、生产要素不能在国际间自由流动。在这种条件下，具有比较优势的产品才可能具有垄断优势。随着经济全球化的发展，生产要素、资源可以在国际流动，在科技进步日新月异的情况下，自然资源可以被改良、再造，也可以被新材料所替代；劳动力技能和素质的提高，可以克服劳动力数量不足的问题。在新的背景下，我国所拥有的劳动力优势正在逐步丧失，劳动除可以被资本替代外，还面临着众多发展中国家更低劳动力成本的挑战。以本国拥有的资源的相对优势来确定自己的国际贸易结构，虽然能获得短期贸易利益，但不能缩短与发达国家的差距。

目前，转轨国家大部分是以比较优势参与国际分工与贸易的，如我国以出口附加值较低的机电产品和纺织品为主，它们虽然是工业制成品，但产品技术含量低，基本上可以归属于劳动密集型产品。俄罗斯以出口石油等能源产品为主，其出口模式虽然具有比较优势，但在国际市场上并不具有垄断优势，其产品有可能被竞争者替代，或被更为清洁的新能源所取代，因而这种贸易模式是不能持续发展的。

在新的国际经济背景下，转轨国家应依据自己的经济发展水平调整在国际分工中的比较利益结构，适应国际竞争新格局的要求。我国需要改造传统产业，提升其技术水平，同时发展高新技术产品。俄罗斯需要寻找新的具有竞争优势的产业，参与国际市场竞争。

传统国际贸易的主要目的是互通有无，现代国际竞争是希望在国际市场上占有更大的份额以获得更大的国际贸易利益，致力于创造国际竞争优势。创造竞争优势应以国际市场需求为导向，致力于由比较优势到竞争优势的转化。采用新技术，以新技术产品打入国际市场。如果对劳动密集型产品进行技术改造，使其具有更高的技术含量，就会在国际市场上具有明显的竞争优势。国际贸易战略调整的内容应是以国际市场需求为导向，提供在国际市场上有竞争力的产品。

现代国际市场上的分工以产业内贸易为主，我国出口企业可以向国际市场提供与其他国家同类的产品，包括资本密集和技术密集型产品。我国需要对劳动密集型产业进行人力资本投入和技术投入，提高其技术密集度，加强对劳动生产过程的管理和组织，使其由简单劳动密集型产业转变为智力劳动密集型产业，并使其产品具备国际市场乐于接受的差异性，包括产品外观、质量、功能、包装及营销方面的差别。成本差别是差异性的一个重要方面。我国具有劳动力资源丰富而便宜的优势，其完全可以被用来创造在低成本方面的产品差别性。劳动力资源丰富的优势转化为竞争优势的关键是将高新技术，包括从国外引进的高新技术与丰富的劳动力资源结合，由此产生真正的比较竞争优势，生产在国际市场上有竞争力的产品。这种比较优势在于，同样是高技术产品，但在中国生产的劳动成本含量比在其他国家生产的低，具有价格竞争的优势。来料加工和来件装配等形式的加工贸易，以及吸引著名公司来华建立生产具有较高国际竞争力的产品的企业，是利用中国丰富的劳动力资源，并使之成为国际竞争优势的重要途径。俄罗斯的能源产业也应加大技术创新，以节约开采成本，提高产品加工深度，提高产品的价格，同时注意发挥本国的技术优势，使其充分转化为现实的生产力，以在国际市场巩固俄罗斯的传统优势。

（2）实施战略性贸易政策，创造产业竞争优势

Anthony J. Venables、Alasdair Smith、Paul Krugman、Ravi Kanbur 认为国际贸易的经典教科书假设完全竞争、两个国家、两个部门、产品同

质、不存在规模经济的模式，是不现实的。在不完全竞争条件下，在贸易影响国内外市场的竞争程度的情况下，实施贸易、产业政策是必要的。贸易政策的设计应该考虑到竞争的程度。并通过建立冰箱业和制鞋业两部门的经验模型，说明贸易政策（关税和补贴，有或没有国外的报复）和产业政策（生产补贴）的影响。完全的自由贸易政策很少是最好的政策，一定形式的补贴对一些国家或是所有国家都是有利的，相互之间的关税会影响世界经济的发展，在贸易壁垒方面相互协商或取消仍是一个普遍接受的基本原理。①

一个国家的对外贸易战略同这个国家的产业结构的比较优势相联系，一个国家对外贸易战略的调整又同这个国家产业结构的比较优势的改变相联系。目前的国际贸易格局虽然使转轨国家得到一些贸易利益，但使转轨国家强化了自己的低水平的产业结构，同发达国家的经济差距进一步扩大了，由此陷入了比较利益陷阱。

转轨国家实施对外开放和贸易自由化的主要目的是利用国际资源和国际市场提升国内的产业结构，推进经济的现代化。开放型经济不仅是要获得借助劳动密集型产品、资源型产品出口所带来的比较利益，而是要借助开放型经济提升和优化自己的产业结构，提高技术密集产业的比重。

出口导向或出口替代战略有两个层次：一是以劳动密集型工业制成品替代初级产品出口；二是以技术密集型产品替代劳动密集型产品出口。中国目前尚处于以劳动密集型产品替代初级产品出口阶段。为实现通过对外贸易带动产业升级的目标，中国的出口导向战略就不能停留在以劳动密集型产品替代初级产品出口阶段，必须向以技术密集型产品替代劳动密集型产品出口阶段升级。国家鼓励出口的政策不能是一般的鼓励出口，而是要鼓励以技术含量高的制成品出口替代技术含量低的制成品出口。

调整和优化产业结构不能封闭式进行，需要利用国际资源、利用国外资金和技术、引进国外先进产业。因此，我国应积极参与经济全球化

---

① Anthony J. Venables, Alasdair Smith, Paul Krugman, Ravi Kanbur, Trade and Industrial Policy under Imperfect Competition, Economic Policy, Vol. 1, No. 3 (Oct. 1986), pp. 622 – 672.

进程，充分发挥对外贸易带动本国经济发展的效应，要引进国外先进生产要素来发挥自己的劳动力优势，扩大高新技术产品出口，逐步培育本国的产业优势。在引进国外先进产业促进本国产业调整方面，新加坡是一个典型。新加坡在20世纪70年代还是一个经济比较落后，现代制造业部门很少的国家。通过大力引进国外先进产业部门，鼓励国际著名跨国公司落户新加坡来利用本国当时相对廉价的劳动力资源，这一产业发展战略取得了成功，新加坡的现代制造业部门发展迅速。现在，新加坡已是世界电脑磁盘制作中心，世界第三大炼油中心，在许多工业领域都处于世界前列。

20世纪70年代末兴起的战略贸易理论，是针对寡头垄断、不完全竞争和存在规模经济的产业结构提出的。战略性产业往往是具有超额垄断优势并对本国国民经济有技术外溢效应的高端产业。建立在不完全竞争和规模经济基础上的国际分工体系是动态的、随机的。在这种分工体系中，政府的政策制定、企业的策略选择都是相互依赖、互为影响的。这留给了政府充分的空间去运用产业政策形成对本国有利的均衡格局。一国兴衰的根本在于国际竞争力的大小，在于国家的竞争优势，具有比较优势并不意味着具有竞争优势。在高端产业中，发达国家运用战略性贸易政策已经占据了先行优势。转轨国家要实现产业升级和经济质的飞跃，完全的自由放任是不可行的，应重视发挥政府的作用。政府的战略性贸易政策可以创造出新的比较优势。政府可以通过积极引导国内产业不断集中，培育大型跨国公司，增强产业在国际市场上的竞争力；加强对战略性产业的积极引导；还可以通过对一些外部效应较大的重点高新技术产业的研发活动直接提供补贴，或者政府与企业合作进行科技攻关，提高产业结构的科技含量。

日本也成功地运用了战略贸易政策。以半导体产业为例，20世纪70年代，半导体市场被美国控制。70年代中期开始，日本政府把发展半导体产业作为目标，采取了一系列扶植政策，包括筹集研发基金，将从该产业得到的税收投资于该产业。同时通过高关税、限制性配额等政策限制外国产品向本国市场渗透。实施排他性的定制程序、“购买日货”的政府采购要求和“政府强制”政策。日本半导体产业建立后，政府通过为厂商提供低息长期贷款、减免税收、放松反托拉斯等政策，引导国内消费市场需求等方式，促进半导体产业形成规模，发展成为具有国际竞争优势的产业。这些政策使日本在20世纪80年代中期成功地从美国手中夺取了半导体市场的控制权，控制了世界市场。显然，战略性贸易政策不是消极地进口替代，而是积极地由进口替代走向出口替代。当然，推行这种贸易政策成功的关键是选准战略产业，并予以强有力的政府扶植和保护措施。

美国历来都是自由贸易的积极倡导者。但在一些领域，如对农业技术进步、国防和国家安全导向技术的研究开发以及新兴产业的建立与发展中，美国政府发挥着主导作用。而超级301条款作为改变竞争企业间战略博弈结果的手段，被认为是战略性贸易政策最为出色的运用。特别是对被称为“美国经济脊梁”，技术创新成果在数量上占全国的55%以上的中小企业的扶持，美国政府更是非常重视。先后通过了《小企业经济政策法》《小企业创新发展法》等一系列法律法规，推动中小企业的技术创新活动。并组织实施了SBIR（小企业创新研究计划）、ATP（先进技术计划）等一系列项目计划，支持中小企业风险高、贡献大的高科技项目，帮助它们把研究开发的成果商品化。

印度被认为是发展中国家成功利用战略性贸易政策的典范。在战略性贸易政策的指导下，印度对其软件产业实施了一系列的产业政策，使印度软件的产业化和国际化得到迅猛的发展。主要措施有：为软件产业的发展提供必要的财力支持和基础设施建设支持；对软件产业进行合理的规划和布局；重视对国际市场发展态势的研究，为有效决策提供科学依据；提供资金支持，帮助企业开辟软件出口渠道。这些政策实施的直接结果是，印度软件产业的规模和发展速度均仅次于美国而位居世界第二。

按照战略性贸易理论，为了创造具有国际竞争优势的产业，国家要在市场选择的基础上，通过技术引进和研发投入等途径有重点地培植一批技术含量高，出口前途好的产业部门，增强其国际竞争力。同时对进入国内的外商投资企业要逐步提高进入门槛（主要是技术含量门槛），鼓励高技术产业进入国内。发达国家和发展中国家实施战略性贸易政策成功的例子，可以作为转轨国家学习的对象。转轨国家为充分发挥对外贸易带动经济发展的作用，增强国家贸易竞争优势，也应选择有战略意义的产业进行重点扶持培育，形成本国的战略优势产业。

三　中国贸易自由化与政府调控

（一）制定科学的对外贸易战略

改革开放以来，中国逐步实施贸易自由化措施，与国际间的经贸联系日益加强，对外贸易规模不断扩大。大体而言，20 世纪 90 年代以前基本上实行的是类似进口替代型与出口导向型相结合的混合外贸战略；1994 年以后，提出了以进出口贸易为基础，商品、资金、劳务合作与交流相互渗透和相互协调发展的“大经贸”战略。加入 WTO 以后，中国的对外贸易进入了一个新的时期，在贸易战略方面，提出要在科学发展观指导下，选择可持续发展，“全方位，多层次，宽领域”，“比较自由的，配以适当保护的综合战略”和有管理的可调节的自由贸易政策。

从总体来看，中国的贸易战略呈现出综合性的特征，但在外贸战略的政策导向上看，仍以出口导向为主。发展出口导向战略有利于引入竞争机制，优化国内资源配置。改革开放几十年来，我国的出口贸易得到迅速发展，为国民经济的发展作出了巨大贡献。但是我国的出口贸易也存在严重问题，如产品出口以劳动密集型、低附加值产品为主，出口市场单一，整体竞争力差等。因此，国家应适当对出口战略进行调整，加快转变对外贸易增长方式。按照发挥比较优势，弥补资源不足，扩大发展空间，提高产品附加值的要求，促进对外贸易由数量增加为主向质量提高为主转变，鼓励技术密集型产品出口，在税收、引资政策等方面注意鼓励企业提高技术水平，以符合国际质量和规格的差别产品参与同一产品市场的国际竞争，以产业内贸易作为对外贸易发展的方向，减少低附加值产品的出口。

进口贸易也是中国实现对外宏观效益的重要方面，具有与出口同样不可忽视的地位，进口与国民经济的增长有非常密切的相关性。进口贸易是一国在全球配置资源的有效手段，进口可以供给稀缺资源，提高产业层次，缩短科技差距，减少投入成本，丰富国内市场，满足人们需求，促进出口发展。进口战略产生并服务于国家产业政策，是国家产业政策体系的构成部分，直接关系到国家经济安全，对进口的有效监控是保障国家经济安全的重要方面，制定进口战略必须有利于国家经济安全。从全局看，进口贸易要维护国家利益，要符合国家的总体对外关系政策。具体而言，中国应积极扩大进口，实行进出口基本平衡的政策，发挥进口促进经济发展的作用。完善进口税收政策，扩大先进技术、关键设备及零部件和国内稀缺资源、原材料的进口，促进资源进口多元化。某些虽落后但对国民经济发展起重要作用的产业，仍须采取进口替代战略以建立和发展自己的工业基础。

（二）调整产业政策，扶植优势产业，建立产业竞争优势

新中国成立后较长一段时间内，中国曾脱离经济发展的客观实际，片面追求发展速度，盲目实行重工业化，导致国民经济严重失衡，给国民经济发展带来了巨大影响。1990 年以后，中国的产业政策进入一个较快的发展阶段，中国经济也进入了高速增长时期。此时的中国经济更加需要与经济发展和经济体制转轨相适应的产业政策。这一时期的产业结构政策涉及农业、能源工业、交通邮电产业、原材料工业、轻工业、第三产业、高新技术产业等许多产业部门，在数量和范围等方面都有很大提升。

中国作为转轨国家和世界最大的发展中国家，应建立完善的产业结构，调整三大产业比例，提高基础产业的技术水平，建立完备的工业体系，实现工业化并最终实现信息化，加快发展服务业，提高服务业附加值。长期以来，中国产业政策的一个重要特征是重点支持的行业和部门过多，覆盖面过宽，导致失去重点。产业发展水平和发展结构决定了一个国家对外贸易的发展水平和贸易结构，为提高贸易竞争力，现阶段我国产业政策应从中国产业发展的实际出发，充分考虑经济全球化背景下国际产业结构变化和发展的趋势，制定适合中国国情的产业政策，缩小产业政策的干预面，提高产业政策的执行力度和效果。

中国产业政策的调整应当配合战略性贸易政策，适当调整产业扶植的范围，根据产业升级以及工业化、信息化发展要求选择不同阶段重点支持的行业和部门，同时提升产业的素质和竞争能力，以促进经济增长方式从粗放式向集约式转变。现阶段，中国应大力扶持装备制造业、信息产业等高新技术产业及汽车产业等传统产业的发展。

中国以往的产业政策实践与大多数转轨国家类似，往往倾向于通过行政手段实施产业结构调整、产业组织优化等工作。但如果政府部门缺

乏必要的操作手段和管理能力，这种产业政策往往很难有效推行。在市场环境下，产业政策作为政府对产业发展施加影响、进行引导的政策工具，其实施手段应该尽量多样化。中国未来的产业政策应该尽可能减少政府的直接行政干预，更多地借助法律手段和经济手段，通过市场机制和高效的制度体系来引导和保障产业的健康持续发展。

总体上中国应实施产业技术政策。产业技术政策是产业政策的一个重要内容，其目的是引导和促进产业技术进步，以实现经济、社会和生态等方面的协调发展。随着中国经济的高速发展，技术进步越来越成为经济增长的关键因素。中国近期出台的一系列关于经济发展的政策、决定都包含了技术进步的内容。虽然如此，目前中国产业的总体技术水平还是远远落后于西方发达国家，产业国际竞争力不强，在产业技术政策实施过程中对市场机制的作用重视不够，存在重技术而轻吸收、重研究开发而轻商业应用的问题。目前，中国的三大产业都需要提高技术水平，以提高对外贸易水平，更好为国民经济发展服务。因此，促进技术进步是产业政策的一项基础工作。中国的产业技术政策应是鼓励技术进步，在重要基础产业尽快完成从初级技术、中间适用技术向先进技术的转换，完成以高新技术对传统产业的升级改造，加快高新技术产业化，带动产业结构升级。

（三）实施战略性贸易政策与宏观调控

总体而言，中国各产业、各行业都应提高技术水平，加大研发投入。现阶段，对竞争力还较弱的幼稚产业和高技术产业，应进行重点扶持。幼稚产业的发展有利于工业体系的完善，高技术产业的发展有助于整个国民经济技术水平的提高。虽然目前中国的高技术产业发展还相对滞后，但中国在高科技研究方面还是有一定实力的，这为实施战略性贸易政策提供了条件。政府应一方面扶持高科技研究，另一方面鼓励企业接受高校和科研机构的高科技研究成果并使之产业化，由此可以利用本国的科技力量发展起在未来具有竞争能力的战略型产业。对产业进行扶持需要符合 WTO 的规则。由政府进行研发补贴是 WTO 法律体系中的不可诉补贴。研发补贴是指对公司进行研发活动的援助，或对高等教育机构或研究机构与公司签约进行研发活动的援助。研发补贴的范围包括基础研究、工业研究和竞争前的研发活动。对研发活动进行补贴，是发展高技术产业的根本途径和手段，是WTO鼓励成员国发展高技术产业的政策。因此，中国应充分利用研发补贴政策，将补贴阶段提前，着重对基础研究和竞争前开发阶段的补贴。注重对高技术成果产生和转化有重要促进作用的技术条件、人才、设备、场所等方面的建设。在产业促进方面，政府应建立以间接援助手段为主，以直接援助手段为辅的产业促进机制。直接援助手段如税收优惠、贷款优惠、资源使用优惠等容易违反WTO规则，引起贸易摩擦，间接援助手段则可避免上述问题。如为解决高技术发展的资金短缺问题，政府可引导私营企业参与高技术产业的研发活动，对高技术产业进行大规模投资；培育完善的市场竞争环境，培育高技术产业上市环境，降低上市的资金条件限制；加强融资机制服务功能的建设，促进风险投资和信用担保机制的建立。在政府对研发补贴的形式上，也可采取各种间接手段，如政府可加大对高校、科研机构及公司企业的教育培训力度，加大对建设实践基地、社会保障机制等方面的支持力度。

四　俄罗斯贸易自由化与政府调控

长期以来，俄罗斯出口的增长是以出口原料和能源产品为主而取得的。制造业产品，特别是高技术产品和深加工产品的出口所占比重较少，而且一直在减少。这种对外贸易结构，从国际交换比价来看，使俄罗斯处于不平等的地位上，往往是出口越多，损失越大，而且这种以牺牲本国环境和资源枯竭为代价的贸易发展战略是不可持续的，是没有前途的，会造成本国环境恶化，人民生活水平下降。因此，俄罗斯需要调整贸易战略。

尽管俄罗斯早已意识到这一问题，并采取了一些措施改变现状，但短期内俄罗斯的贸易结构不会得到根本改善，贸易结构的改变仍是俄罗斯贸易战略调整的方向。未来，俄罗斯应致力于提高本国产品的技术含量，发展高技术产业，提高技术密集型产品在出口中的比重。发挥本国军事科技优势，并尽力向民用产品转化，发展本国的知识产权出口。

总的来看，俄罗斯是以能源和原材料工业作为主导产业，在这些产业上拥有比较优势，这些产业的产品出口，为俄罗斯换取了大量外汇，极大地促进了俄罗斯经济的增长。俄罗斯的贸易结构完全符合古典经济学家倡导的比较优势论，俄罗斯拥有丰富的能源和原材料，因此在此种工业上拥有比较优势，但是这种比较优势不一定能成为竞争优势。在国际贸易商品结构中，能源、原材料、初级产品占国际贸易的比重呈下降趋势，制成品、高技术产品在贸易中所占比重不断上升。俄罗斯的商品贸易结构是与世界贸易结构的趋势背道而驰的。能源、原材料产品的国际市场价格波动较大，受世界各国经济状况影响较大，而且俄罗斯的自然资源会随着开采量的逐步增加而减少，开采成本会不断增加，因此以此种产品为主出口的贸易结构是不可持续的。国际市场竞争者的增加，各国新技术，新材料、新能源的采用，都会对传统能源市场造成冲击。

俄罗斯贸易结构的调整已成为俄罗斯贸易战略的主要内容。俄罗斯应发挥本国在科技方面，尤其是原有的军事技术方面的优势，以及本国科技人才储备丰富的优势，大力发展高科技产业，促进军用技术转化为民用技术，发展知识产权贸易，促进高技术产品出口。为了发挥本国潜在优势，获得动态比较优势，创造竞争优势，俄罗斯应实行战略性贸易政策，充分发挥政府的宏观调控作用。

转轨以来，俄罗斯为改善传统的以重工业为主，农业和轻工业落后的失衡产业结构，提出对农业和轻工业的优惠税收、金融政策，以保障人民生活必需的农产品和轻工产品的供应。努力加大农业投资力度，积极推进农产品价格的自由化。同时，俄罗斯的整个制造业结构也在发生变化，电子、机械、化工、造纸、建材、食品等工业生产都有不同程度的上升。产业结构进一步升级，在一定程度上出现了对原材料依赖下降而工业生产增长的趋势。俄政府近几年也在积极致力于将占国民经济相当比重的军工产业转为民用，将原来用于军工的先进技术向民用技术转化，从而推进整个产业结构的提高。

目前，俄罗斯对外贸易商品结构的初级化特征仍然明显，所以有关技术进步和能源产品的相关政策仍将是产业结构政策的重点。俄政府促进技术进步方面的政策应主要包括：一是通过引进国外先进的技术、设备，生产现代高科技产品，提高本国的技术水平。二是积极促进本国相关企业与国外先进企业合作，改善引进外资的策略，使本国企业在学习中发展，提高自身技术水平。三是军用技术民用化，成立军用技术民用化促进机构，并使企业与该机构确定稳定的联系，促进军用技术向民用生产部门转化。四是从税收和金融方面为研发投资提供优惠条件。

俄罗斯的服务业长期落后，俄罗斯政府目前已经认识到第三产业在国民经济发展中的重要作用，采取了一系列相应的调整政策，对长期处于落后状态的第三产业加以大力扶持。从1992年起，俄罗斯政府逐渐开放商业、金融、保险和运输业，对这些产业采取了全面私有化的政策，减少对第三产业的各种限制，以使俄国内的第三产业在公平、健康的外部环境下发展起来。

目前，俄产业政策的长期发展趋势可以概括为以下几个方面：一是在未来相当长的时期内，产业政策的重点还会集中在继续加强农业和轻工业的发展上，从而彻底改善长期以重工业为主的严重失衡的产业结构。二是对第三产业的政策扶持力度会进一步加大，以促进产业结构的升级和优化。三是进一步引入市场竞争机制，从而使俄长期以来的工业化优势得到充分体现和发挥。

从提高产业竞争力及贸易竞争力的角度考虑，今后俄罗斯应继续发挥能源和原材料产品出口的优势，但应对此类产业进行严格管理，防止低水平重复建设和破坏性的开发，要对本国的资源状况进行全面考量，从可持续发展、保护环境的角度，确定合适的开采计划，提高开采技术水平，提高经济效益，发展能源产品深加工产业，提高加工技术水平，提高能源、原材料产品的技术含量及附加值。

要提高俄罗斯的贸易商品竞争力，俄罗斯必须实现国民经济结构的调整、改造和升级。采取有效的战略性贸易政策，对将来可能具有比较优势和规模经济效益但目前处于竞争劣势的产业实行适当的政策。根据国家产业和贸易政策对有发展前途的高技术产业和科技开发项目进行支持，以形成在国际市场上有竞争力的产业。鼓励具有国际竞争力的产品的出口，特别是科技和知识密集型产品的出口。

积极培育高技术产业，国际市场的高技术产业如电子技术产业、通信技术产业、生命工程产业是国际市场上的高科技竞争产业，是经济增长制高点，各国竞争激烈，技术更新速度快。因此，应积极开发新型产业的潜力，培养新型技术人才，并对相关产业给以基础设施、财政、税收、金融等方面的支持，为培养该类新兴产业提供巨大的支撑。发挥俄罗斯军用技术的优势，将其市场化、经济化、民用化，如可将相关技术向民用客机、汽车制造业、造船业、运输设备等产业转化，提高此类产业产品在国际贸易中的比重。

转轨国家的贸易自由化改革及参与全球贸易自由化的过程，在为转轨国家带来贸易利益的同时，也会冲击转轨国家的国内产业，影响国际收支和宏观经济稳定。因此，转轨国家实施贸易自由化的过程需要政府采取措施，把握贸易自由化的方向，掌控贸易自由化的速度，防范贸易自由化的风险。本章从分析转轨国家经济干预的理论与实践入手，指出在贸易自由化的改革中，政府的宏观调控必不可少。转轨国家在贸易自由化方面的宏观调控应从以下几个方面进行：一是制定科学的对外贸易战略。目前转轨国家须实施出口导向与进口替代相结合的战略。在出口方面，应转变外贸增长方式，调整出口商品结构。同时应重视进口，完善进口税收政策，加大先进技术、设备的进口，采取进口替代政策发展基础产业和幼稚产业。二是实施产业结构调整，实施战略性贸易政策。转轨国家应加强基础产业建设，改造提升工业产业的技术水平，对竞争力较弱的幼稚产业和高技术产业进行重点扶持。三是充分发挥政府服务职能，完善法律法规，为企业、产业发展创造有利的竞争环境。

第五章

转轨国家深化贸易自由化的途径

贸易自由化是转轨国家发展对外经济关系的重要内容，是转轨国家参与经济全球化的必要途径。在经济全球化的背景下，充分利用全球经济资源参与市场竞争，最大限度地获取贸易自由化的利益，是转轨国家深化贸易自由化的根本目标。

转轨国家在贸易自由化的过程中，要提高贸易的开放程度，防范贸易风险，提升参与全球贸易自由化的水平和层次，根本途径是提升国家贸易竞争力。要实现贸易自由化的目标，转轨国家除应加强对贸易的宏观调控，制定科学的对外贸易战略，加强对外贸易管理，实施适当的产业政策以支持贸易发展外，还应促使企业加强竞争意识，以提高贸易商品的技术含量，调整商品贸易结构。同时应努力实现市场多元化，以规避风险，提升贸易竞争力，维护国家经济安全。

服务贸易也是一国对外贸易的重要组成部分，在世界服务贸易加速发展，而转轨国家服务贸易总体竞争力较低的情况下，转轨国家应充分重视服务贸易的发展，采取措施促进本国服务业发展，提高服务业的服务水平，调整服务贸易结构，发展新型服务业，提高参与国际服务贸易的层次。

在经济全球化的背景下，在多边贸易自由化进展缓慢的情况下，区域经济合作在世界范围内蓬勃兴起，成为世界经济发展的趋势。参与区域经济合作可以实现与合作国家的优势互补，扩大贸易和投资规模，提高本国的国际竞争力，提升贸易自由化水平。目前，转轨国家大多已认识到参与区域经济合作的必要性并采取积极措施参与一体化组织，但由于传统意识、地缘因素、经济发展水平等因素的制约，转轨国家的区域经济合作还缺乏战略安排，参与的一体化组织水平偏低。因此，转轨国家应将参与区域经济合作提升到战略高度，重视参与区域经济合作的研究，关注主要经济一体化组织的合作状况，立足本土，放眼世界，扩大一体化合作的范围，提高一体化合作的水平。

第一节　调整出口贸易结构，维护出口贸易安全

如前所述，出口贸易结构不合理，是转轨国家提高贸易竞争力的主要障碍，也是转轨国家出口影响国家经济安全的重要因素。中国的出口商品中虽然制成品占了较大比重，但制成品技术含量低，含自主知识产权的产品出口少，高技术产品的出口主体中外资企业占绝大部分，显示出中国企业的技术及产品竞争力仍然较差。出口市场集中于欧美地区，不仅存在出口过度依赖特定市场问题，也容易与主要贸易大国发生贸易摩擦。俄罗斯长期以能源和原材料为主要出口商品，这种结构不仅使国家资源日益枯竭，生态环境日益恶化，而且容易受国际市场竞争品、替代品及价格波动的影响，从长期来看贸易条件会不断恶化，因此这种贸易模式是不可持续的。而且俄罗斯的出口主要集中于欧盟地区，欧洲经济发展缓慢，俄的出口极易受欧盟市场波动的影响。因此，调整出口商品贸易结构，实行市场多元化，是提高转轨国家贸易竞争力及维护贸易安全的有效途径。

一　中国出口贸易结构的调整

（一）调整商品结构，提高产品科技含量

中国目前的出口商品虽然数量较大，但产品科技含量低，附加价值低，价格低，贸易利益不高。因此，提高产品的科技含量，是我国走贸易强国之路的必然选择。提高产品的科技含量包括两层含义：一是在传统的具有比较优势的产品中，增加其科技含量，使其产品不断高档化；二是培养新兴产业的国际竞争力。

1. 加大对传统产业产品的技术改造，提高其科技含量

钢铁行业、汽车业、纺织业、农业等是中国传统产业，也是相对而

言具有比较优势的产业，为提高出口劳动密集型产品的技术含量，应加大对其进行设备改造、技术创新的投入，用更多的资本和技术替代劳动，以提高劳动生产率。此外，传统产业还应以国际市场需求为导向，提供包含更多技术含量的，在国际市场上有竞争力的产品。

钢铁产品是中国主要出口产品。虽然近年来中国的钢材出口产品结构与质量有显著的改善和提高，但仍以粗钢为主。在高附加值端产品的产量、质量、品种、规格上与世界先进水平存在较大差距；在新工业、新装备、新技术原始性开发及工程化方面与发达国家存在差距；钢铁企业能耗偏高，在环保方面与发达国家存在较大差距。目前中国的钢材出口产品频繁遭遇国外的反倾销、反补贴诉讼。因此，为提高出口效益，稳定出口市场，缓解与国外的贸易摩擦，除要建立预警机制之外，企业应对主要进口国家的钢铁产品结构进行分析研究，避其锋芒，开发互补产品，提升自身核心产品的竞争力，集中力量开发高端产品，特别是家电用和汽车用钢铁产品。

汽车及其零部件产业也是中国重要出口产业。目前，国际汽车市场缓慢回升，而中国的汽车及其零部件贸易虽然出口量有所增加，但仍存在诸多问题：外商投资企业是出口主力军；产品技术含量低、质量欠佳；汽车技术落后，创新能力差，性价比相对过低；售后服务体系不完善。很多汽车企业的产品出口到国外之后，零配件供应不上，产品维修不及时，致使国外消费者对中国自主品牌丧失信心；自主品牌汽车企业实力不强，面临较大的竞争压力。目前，欧盟推行汽车欧Ⅴ强制性排放标准，俄罗斯推出汽车本土化新规，一定程度上增加了中国汽车企业对这些市场出口的难度。中国零部件产品的生产也存在核心技术缺失，基础零部件生产研发落后等问题，因此汽车零部件大部分靠进口。对于中国出口的零部件产品，国外进口商经常在价格、供货期、规格等多方面采取限制。近年来，中国汽车零部件产品频繁被进口国征收反倾销税或者进行反倾销调查。

汽车及零部件生产企业，应推进自主创新和技术改造，不断提升自主研发能力，优化和拓展自主品牌；加快结构调整，深入研究各进口市场的市场结构及政策法规，适应进口市场需求，转变发展方式，在节能减排、新能源应用、安全系统等方面寻找突破点，抢占市场先机。

中国是世界纺织品出口大国，纺织品是中国第二大类出口产品。目前中国出口的纺织品的主要问题是低端产品多，高端产品少，自主品牌缺失，贸易方式以加工贸易为主。而且近年来，中国纺织品出口频繁被欧美市场召回。2010 年 1—9 月，美国消费品安全委员会对中国纺织品服装共发起 34 起召回；欧盟共对中国服装、面料及时尚用品类产品发布通报 254 项，占欧盟同期对华产品通报总数（836 项）的 30.4%。质量问题和安全性问题是中国纺织品被召回的主要原因。因此，中国在出口传统产品如儿童服装用品时，应加以特别注意。面料应采用无毒环保材料，主要指标应达到进口国的要求。在款式、结构及配饰安排上应体现人性化要求，防止给儿童带来安全隐患。

为提高纺织品的出口竞争力，纺织业可通过加强高档面料研制，加强对产品的款式、设计、品牌等的营销力度，加强对产品营销渠道的控制等方面提高产品价值，改变中国商品低质低价的形象。规模较大的纺织企业，应强化产品面料的选择、款式的设计、工艺的完善，并加强自主品牌建设。服装款式是产品竞争力的重要方面，中国的一些大型服装企业实力较强，在国际市场上有一定的竞争力，但这些企业也存在设计及品牌问题。因此，企业应在产品的设计上多下工夫，在了解目标市场需求的基础上，在产品的设计中既体现目标消费人群的特定需求，又体现中国民族特色，即将国际流行元素与中国民族传统元素融入产品设计，使中国服装产品能够引领国际市场的时尚潮流。同时，企业应加强品牌建设。品牌建设首先要在目标市场注册商标，之后，要选择目标市场消费者容易接受的方式对商标进行广泛宣传，确立产品的市场定位。产品质量的提高，品牌知名度的提高既可以提高产品的附加值，又可以提升产品的综合竞争力，使中国成为纺织服装强国。

农业是中国的基础产业，农产品的出口虽然占中国出口总额的比重较低，但却是解决“三农”问题的途径之一。目前中国农产品基本是原生态或经简单加工出口，产品的价值较低。我国出口的蔬菜、水果、蜂蜜、水产品等产品经常因为农药超标、抗生素超标等问题遭遇国外贸易壁垒。如中国的出口水产品附加值不高，水产品行业规模化程度低，水产品加工行业集中度还比较低，深加工程度不够，产品附加值不高；知名优势品牌不多，个体养殖、分散经营的传统经营模式使水产养殖业很难形成规模效应，给水产品的加工与出口增加了难度。当前，关于水产品的各种贸易壁垒频现，使其出口门槛不断提高。2010年欧盟实施的IUU法规进一步强化了水产品原料供应的合法性检查；2010年6月1日起韩国对进口水产品新增萘啶酮酸等6种药物残留检测；2010年12月美国宣布开始实施70多年以来规模最大的一项食品安全全面整改法案，这项法案增加了对食品安全的检查措施，绿色壁垒的实施将直接增加水产品出口的检测费用，进一步加大企业出口成本。

因此，中国农产品出口企业应加强产品安全意识。出口企业在收购农产品时，应加强产品检测，确保产品质量。出口企业应帮助生产水果、蔬菜等农产品的个体散户组成联合体，签订合作协议，积极为其提供技术指导，对生产者进行全面培训，规范其对农药及化肥的使用，以提高产品质量。水产品生产企业应加大产业集中规模，对水产品养殖过程进行科学、规范的管理，合理使用抗生素类药物，积极开发生物药品、中药产品来替代抗生素及各种农药的使用，以提高产品质量。同时企业应加大产品的深加工程度，使产品提高附加值，延长保质期。

此外，企业应积极生产有机食品和绿色食品。有机食品和绿色食品是以生态环境的可持续发展为目的，实现“从土地到餐桌”全程质量控制生产出来的安全、营养、优质的食品。有机食品和绿色食品具有巨大的市场容量和潜力，发达国家的有机食品大部分要从发展中国家进口。因此，中国农产品出口企业应积极进行生产技术研发，开发有机食品或绿色食品，并积极申请有机食品、绿色食品认证，以冲破国外技术性贸易壁垒，扩大农产品出口，提高出口产品的质量和效益。

政府应加大农业技术的科研创新力度，注重劳动教育和培训，鼓励对农产品进行深加工，注意提高产品质量和加强环境保护，鼓励企业及时取得ISO9000系列标准认证和ISO14000环境保护认证。对我国的原产地产品实施有效保护，加大其宣传力度，扩大其品牌影响，提高产品的附加值。

2. 大力发展机电产品出口，提高其国际市场竞争力

机电产品是中国第一大类出口商品，但中国目前出口的机电产品主要是劳动密集型产品，而且大部分国内企业不掌握出口产品生产的核心技术。如在装备制造业中，目前世界高档数控机床和基础制造装备业以

美国、日本、德国等工业强国为主要生产国，这些国家掌握着该制造领域的主要核心技术。中国高档数控机床与基础制造装备市场需求巨大，但近85%依赖进口。虽然近年中国高档数控机床和基础制造装备在产品种类、技术水平、产量方面都取得了很大的发展，在一些关键技术方面取得了重大突破，但总体技术开发能力和技术基础依然薄弱，在开发周期、性能、可靠性等方面与国外同类产品差距较大。比如，普及型以上高档数控系统市场基本被日本、德国垄断，国产各类功能部件所占比例平均仅为30%左右，关键功能部件所占比例更低。金融危机对实体经济的影响，充分暴露出中国装备制造业存在的问题，因此，中国装备制造业应着力进行产业结构调整和产业升级，加快自主创新，逐渐减少对进口产品的依赖，增加高端产品出口。重点发展高端精密型数控机床，如高速、精密型数控车床、车削中心及四轴以上联动的复合加工机床，高速、高精度的立式加工中心与数控铣镗床，各类重型和超重型数控机床等，还要着重发展数控系统和关键功能部件。大力发展特种专用数控机床，完善数控机床产业体系，提升机床企业核心竞争力。同时，由于产业集群效应在装备制造业方面的作用明显，政府应积极引领企业打造产业集群，通过各种经济政策指引企业向集群化方向发展，以使龙头企业之间、上下游产业链企业之间在空间上得到合理集聚，构建完整产业链，扩大企业规模，提高企业资金和技术实力。

总之，要提高机电产品的质量和档次，首先应加大科研投入，争取创造更多的自主知识产权技术，这样才能领先行业技术水平，保持市场垄断地位，切实提高机电产品的国际市场竞争力。其次，应鼓励成套设备的出口，加大对其进行金融支持的力度，实施卖方信贷，建立出口保险机制。

3. 积极研制和开发高技术产品，使其成为出口的战略性产品

高技术产品在中国机电产品出口中所占比重较大，其出口产品以计算机及通信设备、电子产品为主，但中国的高技术产品出口以外资企业为主体，国内企业的出口还很少。因此，积极发展高技术产品出口，是中国改善贸易条件，提高外贸竞争力的关键所在。高技术产业具有投资周期长、收效慢、投入大、风险高的特点，因此政府应引导企业对高技术产业进行投资，完善其融资机制，合理运用国际规对高技术产业进行

补贴，以增加我国具有自主知识产权的高技术产品的种类，促进高技术产品出口，改善中国出口产品的贸易结构。

（二）调整出口贸易方式结构

在中国的出口贸易方式中，加工贸易占一半以上，本土企业出口能力不足，因此，应鼓励本土企业一般贸易方式的出口，促使本土企业加大技术改造力度，提升贸易竞争力。

同时，加工贸易也是我国发展对外贸易的主要方式，但加工贸易对我国经济结构调整的作用发挥有限。中国的加工贸易多以劳动密集型产业为主，即使是高科技产品的加工贸易，产品在中国的增值部分也很少，中国已成为名副其实的加工制造基地。为提高中国的贸易质量，加工贸易质量和水平的改善和提高是必不可少的环节。首先，政府应在产业政策方面加强引导，对外资企业的引进严格把关，对其技术水平、产品质量、环境保护标准应仔细审核，鼓励技术水平较高的企业在中国投资。对技术水平低，环境污染严重的劳动密集型企业应严加制止。其次，可设立出口加工区，引导出口加工企业集中于出口加工区，这样便于对加工企业进行集中管理。再次，应提高加工企业国产原材料的采购率，加强加工贸易对国内产业发展的带动作用。国内的上游产业应积极同加工企业联系，提高产品的质量水平，以便利用加工企业带动本行业产品参与国际市场的竞争。最后，应鼓励条件好的企业到境外发展加工贸易，这样既可以避开国际贸易壁垒的影响，又可以直接参与国际竞争，提高企业的管理水平和技术水平。

（三）调整区域结构，实现出口商品市场多元化

长期以来，中国对外贸易出口市场高度集中于少数发达国家和地区，北美、日本和欧盟是中国出口的主要市场。出口市场的高度集中，限制了中国出口产品的市场空间，加大了出口商品的风险。近年来，出口市场多元化虽已取得一定成绩，对非洲、亚洲、独联体、拉美市场的出口有所增加，但绝对值仍然较小，出口市场高度集中的局面没有得到根本改善。

根据传统国际贸易理论，要素禀赋及技术水平差距大的国家开展贸易的可能性较大。因此，中国的主要贸易对象是发达国家符合传统国际贸易理论。但按照新贸易理论，国际贸易可以在产业内发生，经济发展

水平相近的国家间的贸易占国际贸易的比重越来越大。经济发展水平的相似，消费偏好的相似及多样性，使经济发展水平相似的国家间的贸易机会增多。为分散对外贸易风险，扩宽贸易渠道，中国在巩固传统市场的同时，应实施出口市场多元化战略。

发达国家市场与我国市场具有互补性，而且发达市场购买力强。因此，我国应继续巩固发达国家市场，并注意向发达市场提供技术含量较高的商品，根据市场的需求，主动开发新产品，满足消费者多样化和差异化偏好。增加资本、技术密集型产品的出口，优化出口商品的结构。为避开发达国家的贸易壁垒，有实力的生产企业、外贸公司可联合在海外市场建立合资或独资企业。如可在美、日、欧等发达国家也可在发达市场周边地区如东欧、拉美等地建立企业，使用当地原料生产产品，这样产品出口到发达国家可以不受数量限制，并能享受到优惠关税待遇。

在巩固传统市场的同时，还要积极开拓新市场，重点拓展非洲、拉美、中东市场，扩大独联体、中东欧市场。新型市场的开拓应根据当地消费层次的特点，实施灵活多样的贸易策略。如俄罗斯、非洲很多国家的产业结构同中国具有互补性，中国的很多轻工业品在当地是很受欢迎的。开拓新市场，应深入研究各个市场的特点和潜力，统一协调管理，采取灵活多样的贸易形式，从而实现市场多元化的格局。开拓新市场，是寻找新的细分市场，实现产品生命周期再循环的契机。如对于纺织业，在非洲、南美有很多国家，纺织工业规模很小，需求基本依赖进口，人们衣着比较简单，主要是价格市场，要求产品耐用，对原料、款式、花色要求较少。中国出口企业可在当地设立办事处或分公司，这样一则可大批量发货，小批量供货，减少船运次数，供货灵活；二则可及时搜集信息，了解市场动向，及时反馈，以利应变。中国纺织品在非洲市场有一定的消费者基础，质量优良，价格适中，信誉较好。但是，近几年来，印度、巴基斯坦、孟加拉国、越南等国的纺织品相继进入，其产品价格有时不到中国产品的三分之二，对中国产品销路构成威胁。今后，中国纺织企业若能进一步提高产品质量，同时努力降低成本，仍可在非洲市场占据有利地位。

二　俄罗斯出口贸易结构的调整

贸易自由化的改革极大地促进了俄罗斯出口贸易的发展。转轨初期，为换回进口消费品、机器设备等所需外汇，俄罗斯大量出口能源燃料产品。长期以来，俄罗斯的对外贸易出口商品结构存在着初级产品多、高附加值商品少、经济效益差、易受制于人、缺少发展后劲等问题。俄罗斯出口商品中，燃料、原材料等初级产品占出口总量的90%左右，初级产品的特点是量多、值少、价低，生产效率提高慢。在俄罗斯，增加不可再生的燃料和原材料出口的粗放因素将更加困难，出口扩大潜力逐步丧失。而且，如前所述，俄罗斯出口的增长没有起到通常情况下出口扩大对经济的带动作用。初级产品的前期工业部门与后期产业很少，较少带动其他产业的发展，俄罗斯大量出口初级产品没能产生出口的乘数效应。因此，俄罗斯应调整出口贸易结构，增加工业制成品在出口产品中的比重，减少燃料等能源性产品的出口比重。

俄罗斯是世界上自然资源最丰富的国家之一，矿产资源、森林资源、水力资源等都十分丰富，特别是石油、天然气、煤的储量巨大。俄罗斯传统上是资源出口国，但资源出口由于技术含量低，带动不了国内工业的发展，甚至在某种程度上会阻碍国内工业的发展。俄罗斯工业制成品的出口一直处于落后地位。苏联及俄罗斯政府都曾作过努力，促进工业制成品的出口，但收效甚微。俄罗斯的贸易结构与整个世界经济及国际贸易的发展水平及趋势不相适应，一方面反映出俄罗斯的出口商品不具有竞争力，创汇能力差；另一方面反映出俄罗斯更深层次的问题，即俄罗斯经济结构调整与进出口商品结构之间互相制约产生的自发性和退化性的反工业化趋势，靠出口初级产品换取工业制成品的进出口商品结构促使产业结构向反方向调整，导致俄罗斯参与国际分工滞留在低水平上。

转轨以来，俄罗斯曾试图对经济结构进行调整，但收效甚微，重、轻工业比例仍然严重失调，1990—1995年，轻工业降幅82.4%。因此，政府应采取必要的行政干预，从财政、税收、利率等方面对轻工业、高技术产业加以扶持，并进行必要的关税保护，促进经济结构的调整，以利于出口商品结构的调整。

为改变对外贸易结构的不合理状况，调整对外贸易结构，2000 年之后，俄罗斯政府加强了对贸易活动的国家调节。时任俄总统普京在《千年之交的俄罗斯》一文中强调指出，俄罗斯必须吸取前一时期盲目自由化的教训，循序渐进地实现俄罗斯经济同世界经济的一体化。加强进口管理，适度保护国内市场，实行进口替代。调整进出口商品结构，改变“出口能源和原材料，进口食品和消费品”的低级循环，把促进科技含量高和深加工产品出口、提高其出口比重放在首位。

由于以粗放的形式不断增加向外部市场提供原材料的潜力实际上已经枯竭，在未来俄罗斯只有通过科技含量高的技术密集型产品来扩大出口。国家应对国内的出口商提供有效的支持，为出口信贷提供国家担保。积极支持企业和公司的对外经济活动，为企业出口合同提供担保和其他援助，帮助它们安排好同外国公司之间的生产销售协作，在国外建立进一步加工和销售产品的企业。特别是政府应采取行动对俄罗斯商品进入国外市场创造良好的条件，保护本国企业在国外的利益。

转轨之后，俄罗斯的贸易对象主要集中在欧盟，而独联体国家同俄罗斯有着传统的优势互补的密切关系，因此在贸易对象方面，俄罗斯应加强与独联体的经贸联系。俄罗斯工业制成品在发达国家市场没有竞争力，要扩大制成品出口市场，独联体国家是最好的选择。

在与发达国家、独联体国家搞好经贸关系的同时，俄还应注意与中东欧国家发展经贸关系。这些国家与俄罗斯的联系历来较为密切，俄罗斯也应充分利用这些国家的市场，发展本国工业。俄罗斯的工业制成品在这些国家仍具有一定的优势。俄的军事工业、武器制造业、能源工业、基础设施建设能力仍然对这些国家具有吸引力。俄罗斯尤其应加强与中国的经贸合作，中俄两国在军事工业、能源产业、轻工业产品、科技产品方面有广阔的合作空间。俄罗斯应充分重视与中国的经贸合作，促进本国工业化的进程。

第二节 制定科学的进口贸易战略，维护进口贸易安全

一 中国进口贸易战略的选择

贸易自由化的改革使中国的贸易战略从进口替代向出口导向转变，外贸体制发生了重大改变，进口贸易也经历了一个由调剂余缺到产业替代、产业升级直至参与总体经济循环，成为国民经济发展有机组成部分的过程。然而，中国目前对于进口贸易本身的认识还不十分清晰，进口对经济发展的实际影响还没有引起足够的重视，重出口轻进口的政策始终起主导作用。

中国加入WTO后，进口商品关税不断降低，进口商品金额和进口增长速度不断增加。如前分析，虽然中国目前的进口增长速度尚属安全范围，但如果国内企业不能在短期内提高技术水平，提高国内市场占有率，国外企业产品将进一步挤占国内市场份额，挤压国内企业的生存空间。而且中国进口的制成品中，资本品、机电产品占有较大比重说明中国企业核心技术缺乏，出口产业所需的资本品大部分来源于进口，如果进口市场发生问题，将影响国内企业出口，使中国制造业面临安全威胁。进口市场过于集中，也加大了中国的进口安全风险。因此，中国应制定符合国家贸易安全、产业安全需要的完善的进口贸易战略。

（一）实施差别关税，保护国内幼稚产业发展

在进口政策方面，国际规则允许的可以直接采用的调控进口的手段是关税政策。中国加入WTO后，关税手段受到很大限制，但是并非没有空间，中国仍然可以通过实施一定幅度的差别关税，保障国内稀缺的资源性产品进口，适当限制制成品进口，引导企业进口行为符合国家贸易安全、产业安全的需要，保护国内幼稚产业的发展，使进口起到促进出口，促进产业升级的作用。

（二）优化进口商品结构，促进产业升级，提升宏观经济效益

在优化进口商品结构方面，中国应加大先进技术、核心技术的引进，并对其进行发展和改进。政府应制定技术引进指导目录，鼓励企业引进适应当地经济发展的高新技术和先进设备，如可成立技术引进指导

小组，对企业引进技术进行分析、指导，严格禁止落后技术及环境污染严重、耗用能源高的技术的引进。也可成立专业贸易公司，加强对国际市场技术标准和先进技术的分析，负责引进国外先进技术和核心技术，引导企业与科研机构联合对其进行技术改造和发展，并给以研发补贴，以形成自主知识产权技术，加强企业在产业标准方面的国际话语权。

另外，中国外汇储备丰富，政府可成立专门投资公司，负责对企业所需先进技术、关键设备及零部件的进口给予融资支持，以发挥进口促进国内产业技术水平提升的作用，这样也能提高外汇储备的投资收益。

(三) 促进商品进口市场多元化

中国进口的主要市场为日本、韩国和东南亚地区，而主要出口市场为欧美地区，进出口市场的不对称性，加大了我国对特定市场的依赖，并容易与欧美国家发生贸易摩擦。因此，中国应实施进口市场多元化措施，加大从主要出口国市场的进口。政府可通过税收、金融等政策加强引导，使企业进口行为符合进口市场多元化的战略。如机电产品，中国可适当减少从日本的进口，增加从欧美的进口以缓解对方的贸易逆差，并减少贸易摩擦的发生，为我国对外贸易创造公平的竞争环境。

中国重要资源性商品如原油、铁矿的进口，也应实现多元化，以减少进口安全风险。如石油的进口可适当减少从中东的进口，加大从俄罗斯、非洲、拉丁美洲的进口，以加强同这些国家和地区的贸易关系。

(四) 确保国家重要战略物资的供应

进口在中国经济发展中的地位不断上升，中国产业对进口的依赖加深，尤其是重要战略物资的进口，对于稳定国家经济至关重要。目前中国石油的进口依存度已超过50%，还有继续上升的趋势。而且在一些原料性产品、资本品和高技术产品上，也存在对进口依赖加深的趋势。保障国家重要战略物资的供应，也是进口安全应重点关注的方面。因此，中国应建立国家战略物资尤其是能源、粮食、矿产资源等产品的储备制度，在自立基础上，充分利用外部资源，保障外部资源稳定供给。加大对战略物资储备的资金投入，实施市场多元化战略，提高对外谈判的主动地位，保证国家战略物资的稳定供应。

二 俄罗斯进口贸易战略的调整

（一）实施进口替代政策，调整进口商品结构

俄罗斯进口商品以机器设备、运输工具、食品和农业原料为主，加起来占到进口商品总额的60%以上，说明多年来俄罗斯工业缺乏技术的更新改造，工业设备严重老化。另外，俄罗斯市场农产品依然短缺，农副产品难以满足国内需求，每年不得不使用大量外汇进口食品。

俄罗斯进口商品中，食品、轻工业产品及一些常用电器等所占比重较高，进口产品主要是用来满足人们生活需要。进口的资本品、技术比重较低，说明进口没有发挥促进本国工业生产，调整本国产业结构，促进本国出口产业发展的作用。生活必需品的进口占用了大量外汇，不利于本国产业结构的升级调整，使俄的对外贸易对经济增长没有发挥应有的作用。而且以出口能源、原材料来换取生活必需品的贸易结构是一种低水平的、不可持续的、没有发展潜力的贸易结构，对国家的长期利益会带来损害，影响本国的经济安全。

因此，俄罗斯应实行进口产品的进口替代政策，着力发展本国农业、轻工业，对其给予一定的资金支持，在技术研究、税收、贷款方面加以支持。同时采取适当的贸易保护政策，以培养本国的基础产业，培育这些产业的竞争力，逐步减少这些产业产品的进口，实现基本生活必需品的自给自足。同时，应主要进口本国发展工业所必需的机器设备、先进技术，以使进口切实发挥提高本国技术水平，促进本国产业升级，提高本国产业竞争力的作用。

（二）调整进口市场结构

俄罗斯的主要进口对象为欧盟和独联体国家，其中欧盟占据重要地位，这与俄罗斯的历史传统密切相关。俄罗斯是横跨欧亚大陆的国家，由于历史形成的经济区域分工和经济地理的特点，俄罗斯的经济重心一直在欧洲。俄罗斯分为12个经济区，其中加里宁格勒州游离俄罗斯大陆位于中欧，俄产业密集的经济区域位于北方经济区、西北经济区、中央经济区、伏尔加—维亚特卡经济区、中央黑土经济区、伏尔加河流域经济区、北高加索经济区和乌拉尔经济区；位于中部和东部的西西伯利亚经济区、东西伯利亚经济区和远东经济区地域占全国国土面积的

75%，但人口仅占全国人口的22%，地广人稀，经济落后于欧洲地区，在俄罗斯的经济总量中所占比重很少，经济发展缓慢。这种经济状况决定了俄罗斯对外贸易的重点在欧洲，与欧盟、独联体国家和中东欧国家的外贸比重占到80%以上，与亚太经合组织国家的外贸比重还不到20%。

欧盟大都是经济发达国家，而且近年来经济发展迟缓，物价水平高，因此从长期来看，从欧盟进口并不利于俄罗斯的经济利益。在食品、轻工业产品的进口方面，俄罗斯可加大从亚洲国家进口的力度。如中国、印度、东南亚国家等，这些国家的产品丰富、价格便宜，从这些国家进口生活必需品更为有利。

对于机器设备和先进技术的进口，也不必依赖于欧盟市场，北美、日本的技术水平也很先进，增加从北美、日本的进口既可以拓宽进口渠道，实现市场多元化，争取贸易主动地位，获得更多的贸易利益，也可以改善与北美、日本的经贸关系。

第三节　大力发展服务贸易，进一步开放市场

20世纪60年代以后，随着服务业的加快发展，世界服务贸易发展迅速。20世纪90年代以来，世界经济结构发生巨大变迁，促使经济重心重新定位。随着世界经济一体化进程的加快以及服务业的发展，服务业在经济活动中逐渐占据主导地位，全球竞争焦点有向服务业转移的趋势，而服务业的蓬勃发展也极大地带动了服务贸易的振兴。据统计，国际服务贸易以年递增20%左右的速度迅猛发展，远远超过货物贸易的增长速度，成为国际贸易的重要组成部分。

服务贸易自由化是全球贸易自由化的重要组成部分，也是转轨国家贸易自由化改革的重要内容。服务市场的开放程度体现了一国对外开放的水平和贸易自由化的程度。服务贸易是一国对外贸易的重要组成部分，从某种程度上说，服务贸易的发展水平体现了一国经济的现代化水平，表明了一国对外贸易的水平和整体竞争力，决定了一国的贸易收益。服务贸易的发展状况也与一国经济增长、就业、国际收支状况等问

题密切相关。转轨国家由于历史原因，经济结构普遍以农业或工业为主，第三产业普遍落后，服务业发展滞后必然导致转轨国家的服务贸易发展落后于货物贸易的发展。转轨国家的服务贸易滞后，一方面体现为国内服务市场准入问题；另一方面体现为本国服务业竞争力差，参与国际服务贸易的水平和层次较低。在转轨国家纷纷加入 WTO 或准备加入 WTO 的情况下，转轨国家服务市场将按照 WTO 的要求逐步开放，因此，目前，转轨国家发展服务贸易的主要问题应是大力发展服务业，提高服务业的竞争力，从而提高本国服务贸易的竞争力，提高服务市场的开放度，提高本国参与国际服务贸易的水平和层次，以深化贸易自由化的改革。

一　中国服务贸易的发展

改革开放以来，中国服务贸易虽然得到了迅速发展，但整体发展水平不高，与国民经济的发展不相适应。相对于工业发达国家，中国服务贸易占世界服务贸易的份额是相当低的，并且中国服务贸易与商品贸易没有能够做到同步发展，服务贸易在对外贸易中的比重偏低，并制约着商品贸易的进一步发展。

加入 WTO 后，中国服务市场对外开放的广度和深度不断提高，国际竞争空前激烈，然而短期内服务出口不可能得到实质性改善，而服务进口则有很大增长，从而加剧了服务贸易逆差。2006 年年底，在中国加入世贸组织五周年之际，中国已实现对 WTO 成员国开放服务市场的承诺。一些敏感领域结束保护，外资进入的地域限制、数量限制、股权限制将逐步取消，实行国民待遇。服务业的对外开放必然会给中国的服务企业发展带来进一步的机遇和挑战，而当前中国服务贸易的国际竞争力还较低，因此发展服务贸易，提升服务贸易的国际竞争力水平是提升中国整体贸易竞争力，提高参与全球贸易自由化水平的重要途径。

（一）中国服务贸易发展现状

改革开放以来，中国服务贸易得到快速发展。服务出口额从 1982 年的 25 亿美元上升到 2010 年的 1700 亿美元，增长 68 倍。进口从 1982 年的 19 亿美元上升为 2010 年的 1920 亿美元，增长 101 倍。服务出口占世界服务出口总额的比重由 1982 年的 0.7% 上升为 2010 年的 4.6%，

服务进口占世界进口总额的比重从 1982 年的 0.5% 上升为 2010 年的 5.1%。(见表 5－1)

表 5－1　　中国服务贸易进出口情况　　单位：亿美元

年份	中国出口额	中国出口占世界比重	中国进口额	中国进口占世界比重	中国进出口占世界比重
1982	25	0.7%	19	0.5%	0.6%
2003	464	2.5%	549	3.0%	2.8%
2004	621	2.8%	716	3.4%	3.1%
2005	739	3.1%	832	3.5%	3.3%
2006	914	3.4%	1003	3.8%	3.6%
2007	1216	3.7%	1293	4.2%	4.0%
2008	1464	3.9%	1580	4.5%	4.2%
2009	1290	3.9%	1580	5.1%	4.0%
2010	1700	4.6%	1920	5.5%	5.1%
2011	1824	4.4%	2365	6.0%	5.2%

资料来源：WTO International Trade Statistics Database.

(二) 中国服务贸易存在的主要问题

尽管中国服务业和服务贸易取得了巨大成就，但由于起点低、基础差，缺乏国内的产业支撑，与发达国家的服务业和世界服务贸易发展水平相比，中国服务业和服务贸易仍然存在较大差距，主要体现在：

(1) 整体竞争力较低

服务贸易是在新技术革命和新兴产业升级基础上发展起来的，在产业结构升级、产业转移等方面发挥了巨大作用，一国服务贸易的发展水平是衡量其国际竞争力的重要标准之一。我们通过分析贸易竞争力指数来说明中国服务贸易竞争力状况。

贸易竞争力指数 (Trade Competitive Power Index)，即 TC 指数，表示一国进出口贸易的差额占其进出口贸易总额的比重，常用于测定一国某一产业的国际竞争力。该指标取值在 ±1 之间。指数值越接近 0，表示竞争力越接近于平均水平；指数值越接近于 1，则竞争力越大；等于 1，表示该产业只出口不进口；指数值越接近于 －1，表示竞争力越薄弱；等于 -1，表示该产业只进口不出口。表 5-2 列出了中国近年来各服务行业的贸易竞争力指数。

表 5-2　　　　中国服务业分行业竞争力指数

年份 行业	2003	2005	2007	2008	2009	2010
总体	-0.08	-0.05	-0.03	-0.03	-0.10	-0.06
运输	-0.4	-0.29	-0.16	-0.13	-0.33	-0.29
旅游	0.07	0.15	0.11	0.06	-0.04	-0.09
通信	0.20	-0.10	-0.04	0.02	0.00	0.03
建筑	0.04	0.23	0.30	0.41	0.23	0.48
保险	-0.87	-0.85	-0.84	-0.80	-0.75	-0.80
金融	-0.21	-0.04	-0.41	-0.29	-0.27	-0.02
计算机及信息	0.03	0.06	0.33	0.33	0.34	0.51
专用权使用费	-0.94	-0.94	-0.92	-0.61	-0.93	-0.88
咨询	-0.22	-0.07	0.03	0.14	0.16	0.20
广告、宣传	0.03	0.20	0.18	0.06	0.07	0.17
电影、音像	-0.35	-0.06	0.35	0.25	-0.5	-0.51
其他	0.40	0.28	0.19	0.06	0.13	0.34

资料来源：根据商务部中国服务贸易统计 2011 数据计算。

从表 5-2 可以看出，中国服务贸易竞争力指数一直为负数，这表明中国服务贸易整体上处于比较劣势，服务贸易的国际竞争力较弱。但竞争力指数逐年升高，表明我国服务贸易国际竞争力在不断提高。而同期欧盟的 TC 指数一直保持在 0.8 左右，具有较强的竞争力，美国的 TC 指数从 20 世纪 80 年代以来一直呈上升趋势，2006 年为 0.12，具有一定的竞争力。

从具体行业来看，2003 年以来，中国服务贸易进出口结构不平衡。只有建筑、计算机和信息、广告宣传和其他商业服务的贸易竞争力指数一直保持在正数状态，具有一定的竞争力。旅游业是我国传统具有比较优势的服务业，但是，旅游业的竞争力指数 2007 年有下降的趋势，

2009年、2010年竞争力指数呈现负数状态，表明我国旅游业存在一定问题，如旅游资源保护问题、环境保护问题、旅游服务质量问题、旅游产品质量问题、宣传方法问题、相关配套产业发展问题，因此旅游业应充分发挥其传统比较优势，提高旅游产品质量和服务质量，提高其现代化水平。建筑服务的贸易竞争力指数近5年来才有所提高，这主要是由于中国建筑行业劳动力资源丰富且劳动力成本低，使其具有了一定的比较优势。通信服务、计算机和信息服务大多时间内呈现出正数状态，其优势的获得主要是靠国家政策性垄断和服务外包的发展。劳动密集型的运输服务一向被认为属于优势服务产业，但其贸易竞争力指数却一直呈负数状态，表明中国的运输服务贸易竞争力较差。这主要是因为世界航运市场竞争激烈，中国运输业尤其是海洋运输业在船舶质量、集装箱运营、服务质量等方面与世界先进水平相比还有较大差距。

在高附加值的服务贸易领域，贸易竞争力指数绝大多数为负数。如通信、保险、金融领域，竞争力指数一直为负数，虽然每年略有提高，但幅度较小，总体竞争力指数仍然严重偏低，反映出这些行业竞争力较差。特别是专有权利使用费和特许费的指数2007年为-0.92，2009年竞争力指数为-0.93，反映出该行业对进口的依赖极大，竞争力最差，也反映出中国的总体技术水平较差，具有自主知识产权的技术严重短缺，须大量进口国外先进技术和设备。

综上分析，中国服务贸易整体竞争力较低，多年来一直存在贸易逆差，与中国贸易大国的地位不相称。从行业来看，主要是在建筑业上具有比较优势，在现代服务业领域竞争力指数普遍较低，表明中国资本和技术密集型服务贸易的国际竞争力较低。

（2）服务贸易世界市场占有率低

中国服务贸易的发展明显落后于货物贸易的发展。多年来，中国货物贸易总量一直呈快速增长趋势，2008年中国货物出口额和进口额世界排名分别为第2位、第3位，但中国服务贸易出口额和进口额世界排名分别仅为第7位、第5位。我国服务出口占贸易出口总额的比重只有9%，远低于19%的世界平均水平①；服务贸易的世界市场占有率也偏

① WTO World Trade Report 2009, p. 8.

低，2008 年出口额占世界出口总额的 3.7%，进口额占世界进口总额的 4.4%，同期货物贸易出口额占世界出口总额的 8.9%，进口额占世界进口总额的 6.9%。[①] 2010 年，中国服务贸易出口占世界服务出口总额的 4.6%，进口占世界进口总额的 5.5%。（见表 5 - 3）

表 5 - 3　　2008 年中国服务贸易国际竞争力比较　　单位：十亿美元

出口排名	国家	出口金额	占世界出口比重	进口排名	国家	进口金额	占世界进口比重
1	美国	522	14.0%	1	美国	364	10.5%
2	英国	283	7.6%	2	德国	285	8.2%
3	德国	235	6.3%	3	英国	199	5.7%
4	法国	153	4.1%	4	日本	166	4.8%
5	日本	144	3.9%	5	中国	152	4.4%
6	西班牙	143	3.8%	6	法国	137	3.9%
7	中国	137	3.7%	7	意大利	132	3.8%
8	意大利	123	3.3%	8	西班牙	108	3.1%
9	印度	106	2.8%	9	爱尔兰	103	3.0%
10	荷兰	102	2.7%	10	韩国	93	2.7%
22	俄罗斯	50	1.3%	16	俄罗斯	75	2.4%

资料来源：WTO World Trade Report 2009，p. 17.

（3）服务贸易结构不合理

中国服务业内部行业结构不合理主要表现为新兴行业少，生产性服务行业发展不足，阻碍了生产的专业化、社会化进程。服务贸易优势部门主要为旅游、建筑等比较传统的领域，而金融、保险、计算机服务等现代服务业的国际竞争力还很低。

表 5 - 4 显示，旅游业在我国服务贸易出口中的比重较大，2004 年为 41.5%，2004 年之后有逐年下降的趋势，2008 年为 27.9%，2009 年回升至 30.9%，2010 年为 26.9%。运输业在服务贸易出口中所占比重近年来一直在 20% 以上，2004 年为 19.4%，2007 年为 25.7%，

① WTO Statistics Database，October 2009.

2008 年为 26.2%，2010 年为 20.1%。而通信、金融、保险、专用权使用费等在服务贸易出口中比重过低，2007 年，通信出口占服务贸易出口比重为 1.0%，保险为 0.7%，金融为 0.2%，专用权使用费为 0.3%。2009 年通信出口占服务贸易总出口的比重为 0.9%，保险为 1.2%，金融为 0.3%，专用权使用费为 0.3%。2010 年，四者占总出口的比重分别为 0.7%、1.0%、0.8%、0.5%。服务贸易出口结构的不合理反映了服务贸易部门发展的不平衡及我国在附加值较高的新兴服务业方面的竞争力低下。

表 5-4　　2006—2010 年中国服务贸易出口分项目表

金额单位：亿美元

年份	2006		2007		2008		2009		2010	
	金额	占比	金额	占比	金额	占比	金额	占比	金额	占比
总计	914.2	100%	1216.5	100%	1464.5	100%	1286.0	100%	1702.5	100%
运输	210.15	23.0	313.24	25.7	384.2	26.2	236.0	18.4	342.1	20.1
旅游	339.49	37.1	372.33	30.6	408.4	27.9	397.0	30.9	458.1	26.9
通讯	7.38	0.8	11.75	1.0	15.7	1.1	12.0	0.9	12.2	0.7
建筑	27.53	3.0	53.77	4.4	103.3	7.1	95.0	7.4	144.9	8.5
保险	5.48	0.6	9.04	0.7	13.8	0.9	16.0	1.2	17.3	1.0
金融	1.45	0.2	2.30	0.2	3.1	0.2	4.0	0.3	13.3	0.8
计算机及信息	29.58	3.2	43.45	3.6	62.5	4.3	65.0	5.1	92.6	5.4
专用权使用费	2.05	0.2	3.43	0.3	5.7	0.4	4.0	0.3	8.3	0.5
咨询	78.34	8.6	115.81	9.5	181.4	12.4	186.0	14.5	227.7	13.4
广告、宣传	14.45	1.6	19.12	1.6	22.0	1.5	23.0	1.8	28.9	1.7
电影、音像	1.37	0.1	3.16	0.3	4.2	0.3	1.0	0.1	1.2	0.1
其他	196.93	21.5%	269.15	22.1%	260.10	17.8%	247.0	19.2%	355.9	20.9%

资料来源：中国商务部服务贸易统计 2011，http://tradeinservices.mofcom.gov.cn/a/2012-01-18/95917.shtml。

与出口相似，中国服务贸易进口结构也存在不平衡现象。长期以来，中国服务贸易进口也是以运输、旅游为主。表5-5显示，运输在服务贸易进口中居首要地位，其进口占进口总额的比重一直在30%左右，如2005年，运输进口占进口总额的比重为34.2%，2009年下降为29.5%，2010年为32.9%。旅游居第二位，其进口额占进口总额的比重为25%左右，如2005年为26.2%，2009年为27.6%，2010年为28.6%。而通信、金融、保险、专用权使用费进口占进口总额的比重相对较低。通信、金融、保险进口比重低，反映这些领域引进外资的数量有限，产业竞争力不强，这些领域的开放程度仍需进一步加大，投资环境仍需进一步改善。其中，保险相对来说进口额较大，说明近年来中国保险业市场的对外开放取得了一定成效。尤其要指出的是，专用权使用费的进口在进口额中的比重较低，仅为6%—7%，说明中国引进国外先进技术的力度还十分有限，中国须完善知识产权的法律保护及执行力度，以更好地引进国外的先进技术及产品。

表5-5　　2006—2010年中国服务贸易进口分项目表　　单位：亿美元

年份	2006		2007		2008		2009		2010	
	金额	占比	金额	占比	金额	占比	金额	占比	金额	占比
总计	1003.27	100%	1292.55	100%	1580.00	100%	1582.00	100%	1921.7	100%
运输	343.69	34.3%	432.71	33.5%	503.30	31.9%	466.00	29.5%	632.6	32.9%
旅游	243.22	24.2%	297.86	23.0%	361.60	22.9%	437.00	27.6%	548.8	28.6%
通信	7.64	0.8%	10.82	0.8%	15.10	1.0%	12.00	0.8%	11.4	0.6%
建筑	20.50	2.0%	29.10	2.3%	43.60	2.8%	59.00	3.7%	50.7	2.6%
保险	88.31	8.8%	106.64	8.3%	127.40	8.1%	113.00	7.1%	157.5	8.2%
金融	8.91	0.9%	5.57	0.4%	5.70	0.4%	7.00	0.4%	13.9	0.7%
计算机及信息	17.39	1.7%	22.08	1.7%	31.70	2.0%	32.00	2.0%	29.7	1.5%
专用权使用费	66.34	6.6%	81.92	6.3%	103.20	6.5%	111.00	7.0%	130.4	6.8%
咨询	83.89	8.4%	108.56	8.4%	135.40	8.6%	134.00	8.5%	150.9	7.9%

续表

年份	2006		2007		2008		2009		2010	
	金额	占比	金额	占比	金额	占比	金额	占比	金额	占比
广告、宣传	9.55	1.0%	13.37	1.0%	19.40	1.2%	20.00	1.3%	20.4	1.1%
电影、音像	1.21	0.1%	1.54	0.1%	2.50	0.2%	3.00	0.2%	3.7	0.2%
其他	112.61	11.2%	182.38	14.1%	231.20	14.6%	188.00	11.9%	171.8	8.9%

资料来源：中国商务部服务贸易统计 2011，http：//tradeinservices. mofcom. gov. cn/a/2012 - 01 - 18/95917. shtml。

（4）服务业法律法规不健全

为符合 WTO 的要求，21 世纪初，中国制定了大量的相关法律法规，但在服务贸易立法方面仍严重滞后，一些重要领域如旅游、商业服务、外商投资等方面，或尚未制定任何法律，或只以管理条例的形式存在一些不完备的规定，严重影响了相关服务业及服务贸易的发展。因此，中国须尽快建立符合国际规则的完善的服务贸易法律法规体系。

（三）我国发展服务贸易的对策

服务贸易发展滞后是由一国服务业发展滞后导致的。长期以来，中国不重视发展第三产业，导致服务业的发展滞后于经济的发展，中国服务业占 GDP 的比重相当低，不仅远远低于发达国家，而且低于发展中国家的平均水平。据世界银行统计，发达国家服务业占 GDP 的比重，一般都在 70% 以上，中等收入国家平均为 60% 左右，而中国 2007 年服务业占 GDP 的比重为 39.1%①，2011 年服务业占 GDP 的比重为 43.4%，接近于一般低收入国家的水平。此外，中国服务业的发展主要集中在旅游、劳务出口、远洋运输等传统的劳动密集型部门和资源禀赋优势部门上，而全球贸易量最大的金融、保险、咨询、电信等技术密集型和知识密集型服务行业在中国仍处于初步发展阶段，生产性服务业的潜力还没有充分发挥，与其他产业发展的需要很不适应。服务业发展的

① 《中国去年服务业占 GDP 比重 39.1%》，联合早报网，http：//news. cnfol. com/080324/101，1277，3943398，00. shtml。

落后导致中国服务贸易竞争力低，贸易总额偏低，并呈现长期逆差态势。中国货物贸易强、服务贸易弱的格局将严重制约中国对外贸易持续有效地发展，中国贸易转型已成为现实需要。

为发展服务贸易，提高服务业的国际竞争力，进而提高整体贸易水平，适应经济全球化的趋势，中国应采取积极措施，积极推动服务业和服务贸易的发展，主要应从以下两个方面努力。

1. 政府应为服务贸易发展提供良好的宏观环境

第一，大力发展服务业。政府应进一步转变观念，充分认识服务业的发展对于提高经济发展速度，提升就业水平以及促进对外贸易发展的重要作用。加强服务基础设施的建设，如加强对整体环境、旅游景点的开发建设等，加强对人力资源及科技方面的投入，为提升本国服务业竞争力和服务业引进外资创造良好的宏观环境。

为改变服务业结构失衡，服务贸易结构不合理的状况，提升服务业及服务贸易的竞争力，中国政府应制定服务贸易发展的综合战略。根据各产业的实际情况，实施不同的政策以促进产业发展。对中国具有一定竞争优势的某些劳动密集型服务领域，如旅游服务、工程承包、运输、劳务输出等传统行业，应鼓励其运用现代经营方式和服务技术，提高技术水平和经营效率，改善管理水平，提高服务质量，提高这些行业的知识含量，增加贸易的附加值。在区域合作和双边贸易谈判中，要为这些行业争取贸易伙伴市场准入的机会，特别是在放宽自然人流动限制、专业资格认证、政府采购、政府补贴等方面，为中国企业争取更好的环境和条件。

对代表未来服务业发展方向的金融、保险、电信等领域，国家应作出规划，打破垄断，促进竞争。但过度竞争不利于本国产业的发展，因此政府应引导企业有序竞争，合理分配资源，避免恶性竞争。加强政策倾斜与扶持力度，实施积极的产业政策，完善财政、信贷等优惠措施，带动资本、技术和知识密集型服务业整体水平的提高。促进生产性服务行业如信息服务、物流、中介服务、会展等行业的发展，以使服务贸易发挥服务工业化的作用。积极发展新兴服务业，主要是需求潜力大的房地产、物业管理、社区服务、教育培训、文化体育等行业，以形成新的经济增长点，提升中国服务贸易的整体结构，提高中国服务贸易的整体竞争力。

第二，完善服务贸易立法。中国服务贸易立法近年来虽大有改善，对中国服务贸易的发展起到了重要作用，但仍然存在许多不足之处，如一些重要的服务部门没有部门立法，相关法律法规之间存在冲突等。因此中国应加强有关服务业的立法工作，尽快完善服务贸易的法律规章，建立不同层次、内容齐备的服务贸易法律体系，为服务贸易的迅速发展提供可靠的法律依据，加快各服务部门的立法进度；同时规范已有的部门规章，减少相互间的冲突。

此外，政府应加强对 WTO 等国际规则的研究，尽快建立符合中国服务业发展实际及国际准则的法律法规体系。例如，中国可根据 GATS 的有关规定，制定统一的《服务业外商投资法》。当外资服务业对国内服务业造成重大损害或有损害威胁时，应按照法规及时采取相关的保护手段，如服务进口保障、国际收支平衡的例外等。另外，对于中国已经承诺开放的服务领域的现行立法，应该按照 GATS 的规定进行全面的审核和修改。对已经承诺开放但尚未立法的服务领域，应按开放的程度、开放的时间进程等做出统筹安排，避免出现立法上的无序现象。

第三，健全服务贸易管理机构，建立统一协调的管理机制。针对目前中国在对外服务贸易中存在的责任范围不清、条块分割、管理体制不顺等问题，应在商务部外经贸部门设立管理服务贸易的专门机构，对我国国际服务贸易实施有效的宏观管理。该专门机构的职能应包括：制定中国服务贸易的发展战略和规划；参与制定国际服务贸易法律法规；监督检查有关国际双边、多边服务贸易协定以及中国相关法规的实施；建立综合统计体系等。

在建立上述宏观管理体系的同时，各服务行业还应建立本行业的行业组织，如行业协会，对本行业内的企业进行监督管理，同时负责对本行业的发展规划进行研究，提出行业发展、开放或保护方案，行业市场开放规划，统计服务贸易数据，推动优势产业走向国际市场等。

第四，进一步放开服务贸易市场，吸引外商投资。在 WTO 及 GATS 的约束下，WTO 各成员国的服务市场将逐步开放。中国加入 WTO 后，服务市场将按照与 WTO 成员国的谈判逐步开放。对于中国这样服务贸易发展水平较低的发展中国家来说，进一步开放国内服务贸易市场，有利于服务业引进外资，引进先进技术和管理经验，促进本国服务市场的竞争，促进国内企业提高技术水平，改善服务质量。同时，还有利于国内新兴服务行业的培育，健全完善中国服务产业结构，改变服务业发展滞后的现状。但是服务贸易自由化是一个渐进的过程，服务贸易市场准入的程度取决于一国整体经济实力和服务业的国际竞争力。中国作为发展中国家，服务市场不完善，服务业竞争力弱，现阶段政府还应对国内一些缺乏竞争力的幼稚服务业、高新技术服务业和战略性服务业进行有效保护，防止因国外服务提供者进入太多，竞争过度给国内服务业造成巨大冲击，避免国内服务市场出现动荡，保持整个经济的稳定增长。

服务贸易自由化在促进中国服务市场发展的同时，也在一定程度上加剧了与发达国家在服务贸易方面的差距，发达国家在高端服务业方面的优势会因为市场和规模的扩大而得到强化。因此，服务业的开放应采取稳步的开放步骤和适当的政策措施，否则可能会出现外资占市场份额过高的不利局面。应按照加入 WTO 的要求，有重点、有步骤、分阶段地开放服务贸易市场。应在服务贸易的各个领域如金融服务、电信服务、物流服务、其他商业服务等不同服务领域，根据国内的服务能力采取不同的开放策略。目前，在中国服务市场上，金融业和电信业的竞争还不够充分，中国可加大这两个领域开放市场的力度，吸引更多的外商企业投资，以便加速竞争，促进中国金融业、电信业服务水平的提高。

为了真正从利用外资中受益，要鼓励外资与本地服务企业建立前后向联系，提高服务业外商直接投资企业的技术溢出效应。同时要适当加快对国外第三产业的投资，通过设立服务行业的海外机构，拓展服务贸易发展的渠道。

2. 服务企业应改善服务质量，优化服务贸易出口结构，提升整体竞争力

根据要素资源禀赋，中国发展服务贸易的比较优势在运输、旅游和建筑等劳动密集型领域，虽然这类服务贸易的附加价值比较低，但对于中国这样一个劳动力资源极其丰富的发展中国家来说，却具有非常重要的现实意义。从目前来看，这一领域的比较优势还远没有充分发挥出来，扩大这些优势项目的服务贸易空间仍然很大。因此，传统服务业仍应提高管理水平，加大人力资本的开发，提高劳动力的素质，改善服务

质量，提高自身的服务能力。

从长远来看，以动态比较优势为基础，发展新兴的知识密集型服务贸易出口对于优化服务贸易出口结构，提高服务贸易对经济发展的贡献至关重要。中国在电信设备制造业和电信网络运营的技术水平方面都已经达到世界先进水平，电信行业可以进行对外投资，开展跨国运营；计算机和信息服务出口也是潜力很大的服务贸易项目，企业应充分挖掘自身实力，努力提高自身的服务水平。保险、金融和咨询服务等行业竞争力指数很低，这些企业应配合国家政策，适当进行行业重组，通过联合兼并扩大自身规模，防止恶性竞争，积极进行自身管理制度的改革，提高管理水平，注意与外资服务企业合作，学习外资企业先进的管理方法和服务手段，提高服务意识，改善服务质量，提高自身竞争力。在特许权使用方面，虽然中国相对于发达国家来说，处于弱势地位，但中国的科技潜力是巨大的，高科技产业有很好的发展前景，因此，中国相关企业应加大科研投入，着力于自主知识产权技术的创新，同时注重对国外引进技术的吸收和创新，以创造科技比较优势，发展技术出口业务。

二　俄罗斯服务贸易的发展

（一）俄罗斯服务贸易发展现状

1. 服务贸易规模不断扩大

进入21世纪以来，俄罗斯积极参与国际服务贸易，服务贸易进出口规模均呈逐年扩大趋势。服务贸易总额从2001年的310.34亿美元增加到2008年的1252.66亿美元，其中出口额由112.15亿美元增加到506.94亿美元，进口额由198.19亿美元增加到745.72亿美元。2009年，受国际金融危机影响，服务贸易总额下降，2010年缓慢回升。2011年，服务贸易总额为1411.96亿美元。（见表6－6）

2008年，俄罗斯服务贸易出口506.94亿美元，比上年增长29%，在世界服务出口中所占比重为1.3%，世界排名第22位。进口745.72亿美元，年增长29%，在世界服务进口中所占比重为2.4%，世界排名第16位。[①] 2010年，俄罗斯服务贸易出口451.20亿美元，世界排名第

① WTO World Trade Report 2009, p. 17.

23 位，进口 743.32 亿美元，世界排名第 16 位。2011 年，俄罗斯服务贸易出口 533.31 亿美元，世界排名第 22 位，进口 878.65 亿美元，世界排名第 15 位。（见表5－6）

表 5－6　　1994—2011 年俄罗斯服务贸易发展状况　　单位：百万美元

年份	总额	出口	进口	差额
1994	23859	8424	15435	－7011
1995	30772	10567	20205	－9638
1996	31946	13281	18665	－5384
1997	34105	14080	20025	－5945
1998	28828	12372	16456	－4084
1999	22418	9067	13351	－4284
2000	25795	9565	16230	－6665
2001	31034	11215	19819	－8604
2002	36302	13450	22852	－9402
2003	42566	16088	26487	－10399
2004	52685	20469	32216	－11747
2005	62536	24741	37795	－13054
2006	74545	30866	43679	－12813
2007	96803	39119	57684	－18565
2008	125266	50694	74572	－23878
2009	103023	41594	61429	－19835
2010	119452	45120	74332	－29212
2011	141196	53331	87865	－34534

资料来源：WTO Statistics Database.

在服务贸易规模扩大的同时，俄罗斯服务贸易结构也发生了一定的变化，新型服务项目的贸易额在上升。但总体来说，传统服务贸易项目一直占据主导地位。近年来在俄罗斯服务贸易出口中，运输服务、旅游、建筑服务等传统项目，以及通信服务、保险服务、金融服务、计算机和信息服务等新型服务项目都得到了一定的发展。

2. 俄罗斯主要服务业发展状况

第一，运输服务贸易是俄罗斯唯一有贸易顺差的服务贸易部门。2008 年俄罗斯运输业增加值 1373.30 亿美元，占 GDP 的 9.4%，就业人数占总就业人数的 9.2%。在运输服务贸易中，航空运输占有较大比重，出口占 41.0%，进口占 59.7%；其次为海运，出口占 24.6%，进口占 26.2%。2010 年，空运服务占总出口的比重为 49.2%，海运服务占总出口的比重为 22.6%。2011 年，空运服务占总出口的比重为 52.0%，海运服务占总出口的比重为 21.4%。（见表 5－7）

表 5－7　　2008—2011 年俄罗斯运输服务贸易进出口情况

单位：百万美元

年份	运输服务		海运服务		空运服务		其他运输服务	
	出口	进口	出口	进口	出口	进口	出口	进口
2008	15024	12960	3696	3399	6165	7736	5164	1826
2009	12369	9451	3107	2476	5431	5604	3832	1370
2010	14911	12058	3370	3154	7340	7295	4202	1609
2011	16992	15303	3644	4224	8840	9074	4509	2005

资料来源：俄罗斯中央银行网站统计数据库，WTO Statistics Database。

第二，电信业的发展。2008 年俄罗斯电信业就业人数占总就业人数的 0.5%，比上年减少 7%。电信服务贸易出口 14.01 亿美元，占服务贸易出口总额的 2.76%，进口 18.46 亿美元，占服务贸易进口总额的 2.47%，逆差 4.45 亿美元。2010 年，电信服务贸易逆差额增至 7.49 亿美元，2011 年，电信服务贸易逆差额增至 11.64 亿美元。（见表 5－8）

表 5－8　　2008—2011 年俄罗斯电信服务贸易进出口情况

单位：百万美元

年份	出口	增长率	进口	增长率	差额
2008	1401	18.0%	1846	45.0%	－445
2009	1337	－4.6%	1898	2.8%	－562

续表

年份	出口	增长率	进口	增长率	差额
2010	1351	1.0%	2100	10.6%	-749
2011	1349	7.0%	2513	22.0%	-1164

资料来源：2008 年、2011 年数据来源于 Russian Federation Services Profiles，WTO Statistics Database。2009 年、2010 年数据来源于俄罗斯中央银行网站统计数据库。

第三，金融和保险业。2008 年俄罗斯金融保险业增加值 682.8 亿美元，比上年增长 26%，就业人数占总就业人数的 1.9%，比上年增长 5%。金融服务贸易逆差 7.50 亿美元，占逆差总额的 3.1%，保险服务贸易逆差 5.73 亿美元，占逆差总额的 2.4%。2009—2011 年，金融、保险服务贸易持续了逆差的态势。（见表 5－9、表 5－10）

表 5－9　　2008—2011 年俄罗斯金融服务业进出口情况 单位：百万美元

年份	出口	增长率	进口	增长率	差额
2008	1330	12.0%	2080	41.0%	-750
2009	1032	-22.4%	1486	-28.6%	-454
2010	1053	2.0%	1720	15.7%	-667
2011	1103	5.0%	1744	1.0%	-641

资料来源：2008 年数据来源于 Russian Federation Services Profiles，WTO Statistics Database。2009、2010 年数据来源于俄罗斯中央银行网站统计数据库。

表 5－10　　2008—2011 年俄罗斯保险服务业进出口情况 单位：百万美元

年份	出口	增长率	进口	增长率	差额
2008	500	32.0%	1073	27.0%	-573
2009	443	-11.4%	948	-11.6%	-505
2010	462	4.3%	1037	9.4%	-575
2011	440	-5.0%	1293	25.0%	-853

资料来源：2008 年、2011 年数据来自 Russian Federation Services Profiles，WTO Statistics Database。2009 年、2010 年数据来自俄罗斯中央银行网站统计数据库。

（二）俄罗斯服务贸易存在的主要问题

1. 服务贸易总体竞争力弱

虽然俄罗斯服务贸易得到了一定发展，但一直存在贸易逆差，且整体规模较小，整体竞争力较弱。2008 年，服务贸易出口占总出口额的比重为 9.7%，2010 年为 10.0%，2011 年为 9.3%，远低于 19.1% 的世界平均水平。以下从服务贸易净出口指标、国际市场占有率指标、服务贸易竞争力指数三方面考察俄罗斯服务贸易竞争力状况。

第一，关于服务贸易净出口指标。服务贸易净出口指标以净出口标示一国服务贸易竞争力状况。净出口是出口总额与进口总额之差，反映一国（地区）从国际贸易中取得的净收入。在通常情况下，净出口为正数，表示该产业在国际市场上具有竞争优势；净出口为负数，则表示该产业在国际市场上不具有竞争优势。从表 5－6 中可以看出，2001—2011 年，俄罗斯服务进口额一直超过服务出口额，且贸易逆差在不断增加：2001 年贸易逆差为 86.04 亿美元，2005 年为 130.54 亿美元，2008 年为 238.78 亿美元，2011 年为 345.34 亿美元。说明俄罗斯出口服务贸易竞争力较差，国内服务业总体竞争力较差。从俄罗斯服务贸易的部门结构来看，只有运输服务部门的贸易呈顺差，其余部门全部呈逆差，其中贸易逆差最大的是旅游，2011 年，旅游贸易逆差占服务贸易逆差总额的 61.0%。

第二，关于国际市场占有率指标。国际市场占有率指标是指一国（地区）服务贸易出口额占世界服务贸易出口总额的比重，反映一国（地区）服务贸易整体国际竞争力。2011 年，俄罗斯服务贸易出口 540 亿美元，与其他经济大国相比，这一贸易规模是很低的，如同期中国出口额为 1820 亿美元，是俄罗斯的 3.37 倍，美国出口额为 5780 亿美元，是俄的 10.7 倍，英国出口额为 2740 亿美元，是俄的 5.07 倍，德国出口额为 2530 亿美元，是俄的 4.69 倍，法国出口额为 1610 亿美元，是俄的 2.98 倍，西班牙出口额为 1410 亿美元，是俄的 2.61 倍。（见表 5－11）

表 5-11　　**2011 年世界服务贸易进出口**　　单位：十亿美元

出口排名	国家	出口金额	占比	进口排名	国家	进口金额	占比
1	美国	578	13.9%	1	美国	391	10.1%
2	英国	274	6.6%	2	德国	284	7.3%
3	德国	253	6.1%	3	中国	236	6.1%
4	中国	182	4.4%	4	英国	171	4.4%
5	法国	161	3.9%	5	日本	165	4.3%
6	印度	148	3.6%	6	法国	141	3.6%
7	日本	143	3.4%	7	印度	130	3.4%
8	西班牙	141	3.4%	8	荷兰	118	3.1%
9	荷兰	128	3.1%	9	意大利	115	3.0%
10	新加坡	125	3.0%	10	爱尔兰	131	2.9%
22	俄罗斯	54	1.3%	15	俄罗斯	90	2.3%

资料来源：WTO World Trade Report 2012，p. 32.

俄罗斯的服务贸易额在国际市场的占有率很低，世界排名靠后。在全球服务贸易主要出口国的排名中，俄罗斯由 2004 年的第 27 位上升到 2008 年的第 22 位，其服务贸易出口在全球服务贸易出口中的比重由 2004 年的 0.9% 上升到 2008 年的 1.3%。尽管如此，俄罗斯与发达国家之间仍存在很大差距，如 2008 年美国服务贸易出口占世界总出口的 14%，英国占 7.6%，德国占 6.3%。俄罗斯与部分发展中大国也有一定差距，如 2008 年世界服务贸易出口总额中，印度占 2.8%，中国占 3.7%。2008 年，俄罗斯进口额 745.72 亿美元，占世界服务进口额的比重为 2.4%，世界排名第 16 位。2011 年，俄罗斯服务贸易出口世界排名第 22 位，进口排名第 15 位。

第三，关于服务贸易竞争力指数。如前所述，贸易竞争力指数可以用来测定某一产业的国际竞争力水平。表 5-12 列出俄罗斯 2003—2011 年服务贸易整体和各个部门服务贸易的竞争力指数。2003—2011 年俄罗斯服务贸易整体竞争力指数均为负值，表明最近几年俄罗斯对外服务贸易整体处于比较劣势，国际竞争力较弱。从行业结构上看，历年服务贸易竞争力指数均为正的只有运输服务部门，但其竞争力指数仅仅稍大于0，数值偏小，且呈下降趋势，由2003年的0.25下降到2008年的0.07，2011年下降到0.05，说明其比较优势十分有限。其他行业如旅游、电信、保险、金融等竞争力指数均为负值。其中旅游竞争力指数较小，说明旅游业竞争力很差，俄罗斯的旅游资源没有充分发挥，整体环境仍需改善；电信业指数逐年上升，且负值较小，但近年来负值又逐渐变大，说明该产业是需要培养的比较有前途的产业；保险服务业的指数负值较大，说明保险业竞争力极差；金融业竞争力指数逐年下滑，2007年有所好转，说明该产业经过调整，竞争力是可以提升的。

表5-12　　2003—2011年俄罗斯服务贸易竞争力指数

年份	整体	运输	旅游	电信	保险	金融
2003	-0.25	0.25	-0.48	-0.11	-0.68	-0.28
2004	-0.25	0.33	-0.50	-0.19	-0.65	-0.44
2005	-0.23	0.28	-0.53	-0.06	-0.57	-0.39
2006	-0.17	0.19	-0.41	-0.10	-0.31	-0.21
2007	-0.18	0.12	-0.39	-0.02	-0.41	-0.11
2008	-0.18	0.07	-0.35	-0.14	-0.36	-0.22
2009	-0.19	0.13	-0.38	-0.17	-0.36	-0.18
2010	-0.24	0.11	-0.49	-0.22	-0.38	-0.24
2011	-0.24	0.05	-0.48	-0.36	-0.49	-0.23

资料来源：根据WTO Statistics Database数据计算。

2. 服务贸易发展不平衡

俄罗斯服务贸易发展不平衡，首先表现为俄罗斯服务贸易部门发展不平衡。在俄罗斯进出口的主要服务项目中，运输服务、旅游占举足轻重的地位。这两项服务占俄罗斯服务进出口总额的60%左右。在服务出口中，运输占首位，2005年，运输服务贸易出口占服务贸易总出口的比重为36.8%，2008年为29.6%。2010年为33.0%，2011年为31.9%。（见表5-13）其余依次是旅游、其他商业服务和建筑服务。金融、电信和保险等附加值较高的产业服务贸易出口额较小，在总出口中的比重过小，如 2008 年，电信业出口占服务贸易总出口的比重为 2.8%，金融业出口为 2.6%，保险业出口仅为 0.9%。2011 年，三者所占比重分别为 2.5%、2.1%、0.8%，说明俄罗斯在现代服务业发展方面严重滞后。在服务进口中，占首位的是旅游，2005 年，旅游进口占总进口的比重为 45.8%，2008 年、2011 年，这一比重分别为 33.4%、36.9%。（见表 5－14）其余依次是其他商业服务、运输服务和建筑服务。金融、保险、电信等产业的进口比重也较小，如 2008 年，电信业进口占服务贸易总进口的比重为 2.5%，金融业进口为 2.8%，保险业进口仅为 1.4%。2011 年，三者所占比重分别为 2.9%、2.0%、1.5%，说明俄罗斯的市场准入还需进一步开放，投资环境还有待进一步改善。

表 5－13　　2008—2011 俄罗斯服务贸易出口结构　　单位：百万美元

	2008 年	占比	2009 年	占比	2010 年	占比	2011 年	占比
服务出口	50694	100%	41534	100%	45120	100%	53331	100%
运输	15024	29.6%	12369	29.8%	14911	33.0%	16992	31.9%
旅游	11944	23.6%	9297	22.4%	8970	19.9%	11398	21.4%
电信	1401	2.8%	1337	3.2%	1351	2.9%	1349	2.5%
金融	1320	2.6%	1032	2.5%	1053	2.3%	1103	2.1%
保险	500	0.9%	443	1.1%	462	1.0%	440	0.8%

资料来源：WTO Statistics Database.

表 5—14　　2008—2011 年俄罗斯服务贸易进口结构　　单位：百万美元

	2008 年	占比	2009 年	占比	2010 年	占比	2011 年	占比
服务进口	74572	100%	61287	100%	74332	100%	87865	100%
运输	12960	17.4%	9451	15.4%	12058	16.2%	15303	17.4%
旅游	24890	33.4%	20763	33.9%	26516	35.7%	32466	36.9%
电信	1846	2.5%	1898	3.1%	2100	2.8%	2513	2.9%
金融	2080	2.8%	1486	2.4%	1720	2.3%	1744	2.0%
保险	1073	1.4%	948	1.5%	1037	1.4%	1293	1.5%

资料来源：WTO Statistics Database.

其次，俄罗斯服务贸易的地区结构不平衡。俄罗斯的服务贸易主要集中在欧美市场。其中俄罗斯服务出口的主要伙伴（年贸易额在10亿美元以上）是美国、德国、英国、瑞士和塞浦路斯，俄罗斯服务进口的主要伙伴（贸易额在20亿美元以上）是土耳其、英国、德国、芬兰和美国。[①] 2011年，俄罗斯服务贸易出口总额540.35亿美元，其中对欧盟市场出口总额为208.86亿美元，占总出口额的比重为38.66%。对英国出口51.83亿美元，占9.59%。对美国出口43.16亿美元，占7.98%。对德国出口35.66亿美元，占6.60%。对瑞士出口25.78亿美元，占4.77%。对塞浦路斯出口24.25亿美元，占4.49%。

2011年，俄罗斯服务贸易进口总额899.72亿美元，其中从欧盟市场进口总额为405.43亿美元，占总进口的比重为45.06%。从德国进口59.76亿美元，占6.64%。从英国进口55.88亿美元，占6.21%。从土耳其进口54.68亿美元，占6.08%。从美国进口48.10亿美元，占5.35%。从芬兰进口27.92亿美元，占3.10%。[②] 服务贸易进出口市场过于集中，容易出现外资垄断本国服务业的现象。

3. 俄罗斯服务贸易壁垒较多

俄罗斯服务贸易的整体竞争力较低，是因为俄罗斯服务业的发展水平低。俄罗斯传统上不重视发展服务业，第三产业在俄罗斯经济总量中的比重较小。转轨后，工业体系不完善，相应的为企业服务的服务业发展也比较缓慢。除了传统因素外，俄罗斯在服务业投资方面存在较多限制，阻碍了外资服务业进入俄罗斯，使俄的服务业缺乏竞争，不利于其竞争力的提高。目前俄罗斯服务贸易壁垒主要有以下几个方面：

一是通信领域的壁垒。《俄罗斯通信法》规定了选择性运营商网络与俄罗斯公共电话网络相连的互联互通方式，将互联互通合同和费用置于联邦通讯部的严密监控之下。尽管2007年俄罗斯放松了对运营商的政府管制，但目前俄罗斯仍然在通信领域保留了近20个许可证，并且

---

① 潘广云、车丽娟：《俄罗斯服务贸易的发展现状及其国际竞争力分析》，《俄罗斯中亚东欧市场》2008年第1期。

② 数据来自俄罗斯中央银行网站统计数据库。

这些许可证的发放过程不透明，对通信运营商进入俄罗斯市场带来了不便。同时，俄罗斯通信许可证的有效期仅为5—10年。俄罗斯电信许可证发放的不透明对相关企业的投资产生了负面作用，而许可证期限过短难以保证投资收回成本。

二是视听领域的壁垒。俄罗斯规定，外资持股比例超过50%的企业不得在俄罗斯境内从事电视节目制作，不得开通覆盖俄罗斯国土面积50%或人口50%的电视频道。

三是建筑领域的壁垒。俄罗斯规定，只有拥有俄罗斯国籍的自然人才能取得在俄罗斯境内从事建筑设计活动的许可。外国人只能通过与俄罗斯公民或被许可的俄罗斯商业机构联合，才能提供建筑设计服务。用工超过100人的建筑工地，必须雇用50%以上的俄罗斯公民。2008年10月颁布的《俄罗斯联邦城市建设法典（修正案）》规定，从2009年1月1日开始，政府不再发放设计、建筑与勘察工作许可证，对建筑行业的监管职能将由行业自律组织实施，并且从2010年起由这些自我调控的建筑组织承担建筑许可证的审批和发放工作。

四是运输领域的壁垒。俄罗斯至今未开放铁路客运和货运市场，不允许外商设立合资企业，提供装卸、集装箱堆场、船舶代理、结关等服务，不允许外商从事铁路运输设备的维修保养服务；并且对中国企业在从事跨境公路运输服务方面也有诸多非国民待遇限制。目前俄罗斯法律给予本国及外国投资者在航空相关研究及制造领域的优惠待遇，包括免税期和投资担保。但是外国资本在航空企业中占有的股份必须低于25%，且董事和高级管理人员必须为俄罗斯公民。①

五是金融领域的壁垒。俄罗斯允许外国银行在俄设立子公司，但不得设立分公司。外资可以进入俄保险业，但外资在俄罗斯保险公司中所占的比重不得超过49%。

六是零售业的壁垒。2006年11月15日，俄政府批准第683号《关于2007年俄罗斯联邦境内从事零售贸易经营主体内部使用外国劳务人员的可允许比例》的政府决议。根据该决议，自2007年1月1日起，外国劳务人员不得在俄罗斯联邦境内从事酒类（包括啤酒）和药品的

---

① 《俄罗斯贸易壁垒》，《公共商务信息导报》2006年9月22日。

零售活动，而在商亭中、自由市场内、商店以外地点从事零售工作的外国劳务人员占该经营主体的比例不得高于40%。自2007年4月1日起，外籍务工人员不得在商亭、自由市场以及商店以外的任何地点从事零售贸易。①

（三）俄罗斯服务贸易的发展策略

综上所述，俄罗斯服务贸易的总体规模偏小，国际市场占有率很低，世界排名靠后，与货物贸易的发展不相匹配；服务贸易部门结构和地区分布不均衡；服务贸易长期呈逆差，服务贸易整体竞争力指数为负值，竞争力较低。高端服务业发展严重滞后，竞争力极差。

要发展俄罗斯的服务贸易，提高俄罗斯服务贸易的国际市场占有率，首先应大力发展服务业。加快服务业管理体制改革，消除产业发展的体制性障碍。维持传统服务业比较优势，改善服务质量，推动技术和服务创新，创造新的竞争优势。对于运输行业，保持俄罗斯空运的比较优势，大力发展铁路、公路运输。充分利用俄罗斯地域广阔的优势，对西伯利亚的铁路干线要充分利用，改善经营方式，提高运输效率，更好地为俄罗斯西伯利亚地区及远东地区发展与周边国家的贸易服务。这样既可以改善俄罗斯商品贸易的地理结构，又可以提高俄罗斯服务贸易的竞争能力。大力发展新型服务业，技术含量高的高附加值服务业，如金融、保险、电信等行业，切实提升服务贸易结构。注意发展生产型服务，如会计、律师、咨询等服务业，为本国工业生产提供更多更好的服务。

在本国服务贸易市场逐步开放的过程中，应注意培养本国企业的竞争力。可引导企业走联合兼并的道路，以扩大企业规模，增强整体实力，增强其与国外企业的竞争能力，并采取积极措施鼓励本国服务业逐步走出国门，发展本国的服务出口贸易。为缓解服务贸易逆差，拓宽出口渠道，扩大市场规模，服务出口也应实现市场多元化，不应局限于欧美市场，应进一步开拓亚洲、拉美市场。亚洲、拉美市场既是贸易潜力、规模较大的市场，又是开放程度较高的市场，俄罗斯服务业

① 中华人民共和国商务部：《国别贸易投资环境报告2011：俄罗斯》，第71—73页，http：//wenku.baidu.com/view/eca5245d312b3169a451a470.html。

应充分利用这一市场规模，抓住机遇，适时进入，扩大本国服务贸易出口。

解决俄罗斯的服务贸易逆差要提高服务出口贸易的比重，增强国内服务业的整体竞争力。而要增强服务业的竞争力，除了本国政府大力扶持，企业努力外，还需要引进外部竞争，提高整个市场的竞争程度，使俄罗斯的服务业在竞争力中壮大自己的实力。如前所述，俄罗斯的服务业对外资的进入存在着诸多限制，对本国服务业引进外资构成了严重的障碍。俄罗斯的投资环境虽然近些年有所改善，但与国际跨国公司的要求仍然相差较多。因此，俄罗斯应改善服务业引进外资的政策，鼓励国际跨国企业进入俄罗斯，进一步开放本国市场，给予外资企业国民待遇。鼓励外商用先进技术进行投资，引进外资形式可侧重于合作、合资的方式，使俄罗斯的服务业在与外资企业的合作中，能学到先进的技术和管理经验，以使本国服务业的操作方式和技术水平能与国际市场接轨。俄罗斯传统上虽然是能源、军事、重工业大国，但转轨后的俄罗斯的经济发展特征类似于发展中国家，经济结构问题突出，在诸多领域的国际竞争力较低。因此，俄罗斯在服务业的开放上，也应遵循逐步开放，适度保护的原则。在引进外资方面，不应仅局限于美国和欧洲国家，应在改善投资环境的基础上，扩大宣传力度和范围，引导日本、加拿大、澳大利亚等其他发达国家到本国投资服务业，以促进公平竞争，提高本国服务业竞争能力，并防止垄断。

第四节　积极参与区域经济一体化，促进贸易发展

20世纪90年代以来，区域经济一体化得到快速发展，与经济全球化一起成为世界经济发展的基本趋势之一。在经济全球化与多边贸易体制的推动下，区域经济合作蓬勃发展，方兴未艾。而参与区域经济合作，是转轨国家扩大贸易、投资合作规模，提高市场开放度，提升国际竞争力的途径之一。

目前，世界上90%以上的国家都加入了某种形式的一体化组织。据WTO统计，截至2010年10月14日，全球已通告WTO且尚在生效

的区域贸易协定（RTAS）的数量共计288项。[①] 在区域经济合作发展的大潮中，转轨国家也积极融入区域经济一体化进程，成为区域经济合作发展的一个重要组成部分。

一　转轨国家参与区域经济一体化的原因

（一）参与经济一体化可以提高国际竞争力

参与经济一体化能够提高成员国的国际竞争力和国际地位，已成为大多数国家包括转轨国家的共识。组建一体化组织，成员国之间消除贸易壁垒和贸易歧视，可以使成员国的市场联成统一的市场，扩大成员国之间的贸易规模；更大的区域市场将推动各国企业生产规模和生产专业化的扩大，从而实现规模经济效益；一体化合作有利于加强市场的竞争性，促使企业改进技术，有助于提高经济效率和推动社会进步；区域一体化可以扩大市场范围，改善投资环境，增加需求、改进技术、降低成本及提高竞争力的要求，都将促进投资进一步扩大；区域经济一体化也使生产要素的流动性增加，各国在区域内重新配置资源，提高资源的使用效率。

（二）参与经济一体化可以提高整体竞争力，更好地迎接外部挑战

在全球区域经济一体化的合作浪潮中，出现了许多运行良好的区域经济组织，它们的成功实践对转轨国家参与区域经济合作起到了良好的示范作用。欧洲经济一体化及北美自由贸易区的发展，对转轨国家产生了深刻的影响，因此，东欧国家在转轨之初就积极筹划加入欧盟事宜。对于尚未深入参与或没有高度重视一体化合作的俄罗斯、中国等转轨国家来说，区域经济一体化合作是必须正视的挑战，只有积极参加一体化合作，才能在集体力量的壮大中获得自身的利益。

（三）优势互补是区域经济一体化发展的基础

由计划经济体制向市场经济体制的转轨要求开放市场，实行经济自由化，转轨国家的经济发展离不开世界市场，开展广泛的经济合作是经济转轨的重要内容。参加区域经济一体化的目的是发展本国经济，缩小

---

① Some Figures on Regional Trade Agreements Notified to the GATT/WTO and in Force, http://rtais.wto.org/UI/publicsummarytable.aspx.

与发达国家的差距。

经济互补、资源互补是区域经济合作产生和发展的基础。如东欧国家加入欧盟，可以利用欧盟发达国家先进的技术、资金发展经济，本国产品可以顺畅进入欧盟市场，从而实现经济快速发展。在上海合作组织中，中国的劳动密集型产业，如纺织服装，轻工产品、家电产品等具有比较优势，俄罗斯和中亚四国的优势产品是资源密集型产品，即燃料和原材料。此外，俄罗斯在高技术产品的生产上也有较强的比较优势，如航空航天产品，军工产品等。因此，上海合作组织六国在国际分工格局中有较强的互补性，有广泛的合作基础和发展潜力。

在当前区域经济合作组织迅猛发展的背景下，国际经济关系将由国家间的较量转向区域经济组织间的角逐。一国要取得更大的竞争优势，仅靠自身的力量是不够的，还需要通过参与区域经济合作来扩大国际影响力。

二　转轨国家参与区域经济一体化的现状

目前，90%以上的转轨国家都参加了一些具有实质性优惠贸易安排或具有一定机制的区域经济一体化组织。从参加国家的类型来看，转轨国家参加的一体化组织可以分为单纯转轨国家间的区域合作和与其他类型国家共同组成的区域组织。如上海合作组织、独联体及独联体内的次区域经济组织是转轨国家组织的一体化合作，东欧加入的欧盟是转轨国家加入发达国家的一体化组织，俄罗斯、中国加入的APEC是发达国家、发展中国家共存的一体化组织，中国—东盟自由贸易区是与发展中国家的区域合作。

从转轨国家参加的一体化组织的一体化程度来看，只有欧盟是经济联盟，是经济规模较大、参加国家较多、一体化程度较高的组织。独联体内次区域经济一体化组织一体化程度也较高，其中俄白联盟是经济联盟，是独联体内一体化程度最高的组织。欧亚经济共同体是关税联盟，统一经济空间是共同市场，其他一体化组织水平较低。中国加入的中国—东盟自由贸易区、《亚太贸易协定》、中国—巴基斯坦优惠贸易安排、中国—智利自由贸易协定，都是具有实质性优惠贸易安排的组织，其目标都是在未来一段时间内建立自由贸易区。中国和俄罗斯加入的APEC

是论坛性质的组织，缺乏贸易安排机制。中、俄等国组织的上海合作组织的未来目标也是建立自由贸易区。

转轨国家加入区域经济一体化组织，极大地推动了本国经济贸易的发展。如中东欧国家加入欧盟后，本国经济实现了高速增长。2004 年，欧盟新成员国 GDP 平均增速达到 5%，创下近年来的新高。加入欧盟后，由于与欧盟成员国实现了贸易自由化，进口成本下降，出口市场空前扩大，创造出前所未有的新的贸易机会。目前，欧盟已成为中东欧国家最大的贸易伙伴，对欧盟贸易额占大多数中东欧国家对外贸易总额的 60%—70%①。中国与东盟在自由贸易区框架下进行的区域经济合作也取得了很多成就。2007 年中国与东盟的双边贸易额达到 2025.5 亿美元，同比增长 25.9%，提前三年实现双边贸易额 2010 年达到 2000 亿美元的目标。2008 年，尽管受到世界金融危机的冲击，中国与东盟的贸易仍然取得较大增长。2008 年中国与东盟双边贸易总额达 2311.2 亿美元，同比增长 13.9%。② 2011 年，中国与东盟贸易额达 3623.3 亿美元。其中，中国对东盟出口 1698.6 亿美元，同比增长 22.9%；中国自东盟进口 1924.7 亿美元，同比增长 24.7%。

三　转轨国家参与区域经济合作存在的问题

（一）缺乏明确的区域意图和战略安排

目前转轨国家虽已认识到参与区域经济合作的重要性，但对于区域和双边合作的长远战略与优先次序尚没有明确的考虑与安排。目前，世界上很多国家都积极进行参与区域经济合作的战略安排，对参与区域经济合作的前景进行研究预测，对合作对象进行总体考察和评估。发达国家如美国、日本、欧盟、澳大利亚，发展中国家和地区如新加坡及中国台湾等地，政府都设有专门的部门负责对本国参与区域经济合作进行通盘考虑，建立专门的数据库，确定参与区域合作的对象、次序及具体实施步骤。转轨国家在这方面还存在很多差距。例如，中国还没有专门机

① 郭连成：《经济全球化与转轨国家经济发展及其互动效应》，经济科学出版社 2007 年版，第 162 页。

② 李志强：《中国与东盟双边贸易额保持快速增长》，http://news.xinhuanet.com/newscenter/2009－04/14/content_11181688.htm。

构负责对区域合作安排进行长远规划，对世界各地区域经济合作的发展状况和效果缺乏准确评估，尚不能对各种不同组合自由贸易协定的效果进行权威预测。

（二）参与区域贸易合作组织的数量较少

从全球区域经济合作的发展趋势来看，转轨国家参与区域经济合作组织的数量明显少于非洲、欧盟和美洲地区。表 5－15 反映了 2005 年之前世界自由贸易协定的发展趋势。从全球来看，区域经济合作比较多的是美洲、欧洲地区，而亚洲数量较少，仅有 54 个自由贸易协定，中国参与自由贸易协定的数量更少。原苏联地区自由贸易协定数量虽然多于亚洲，但与欧美相比，仍然较少，且其合作多是转轨国家内部的合作。

表 5－15　　自由贸易协定的发展趋势　　单位：个

时间段	撒哈拉以南非洲	美洲	亚洲	欧洲	中东和北非	原苏联地区	世界	国家对数
1976 年之前	22	2	8	42	11	1	83	326
1976—1990 年	4	42	8	14	10	6	66	221
1991—1999 年	3	48	9	100	31	93	229	495
2000—2005 年	12	44	29	68	31	24	159	236
总计	41	154	54	224	83	124	570	1319

资料来源：Richard Baldwin、Dany Jaimovich，Are Free Trade Agreements Contagious? *Graduate Institute*，*Geneva*，14 November 2008，p. 6.

（三）区域合作伙伴类型单一，缺乏与发达国家的合作

制定参与区域经济合作的战略应首先选择经济合作的对象，并确定不同组合的优先顺序。从区域经济合作的历史和实践来看，各国基本上都是按照由易到难的次序，从缓解国内压力，发挥互补性和追求经济利益等角度出发来选择谈判对象的。

按照关税同盟的相关理论，由于贸易转移效应的作用，如果与经济发展水平高的成员建立区域经济合作组织，则有利于发达国家效率高的资本在发展中国家进行投资和贸易，有利于区域内整体效率的提高；但

如果与经济发展水平低的国家建立区域合作组织，则可能出现效率低的资本替代原本效率高的资本在区域内投资的情况，因此，与效率低的主体建立一体化合作组织，在某种程度上可能会降低本国经济的发展水平。发展中国家与发达国家建立一体化合作组织，虽然可能使发达国家的商品更容易进入发展中国家市场，但是由于比较优势的作用，发展中国家的具有较强竞争力的产品能够更容易地进入发达国家的市场，有效避开发达国家的各种贸易壁垒，并在与发达国家企业的接触中，学习更先进的技术和管理经验，从而促进发展中国家提高技术水平，改善产业结构；并且有利于发展中国家吸收发达国家的产业转移和投资，实现区域整体的资源优化配置和结构升级。

中国参加的自由贸易协定及正在谈判的区域贸易协定伙伴主要是发展中国家，多集中在东亚地区，而缺乏对主要贸易大国的安排，尤其是与欧美贸易大国的区域自由贸易协定尚未起步，甚至缺乏研究准备。目前，中国主要与中国香港、中国澳门、东盟、智利、新西兰、新加坡、巴基斯坦、秘鲁等进行了建立自由贸易区的合作。俄罗斯的区域合作伙伴主要是独联体国家、中东欧国家，对美、日、欧、澳等发达国家尚未开始区域合作的安排。独联体国家也主要是在区域内部进行合作，缺乏与区外国家的合作。

（四）从总体来看，参与区域经济合作组织的合作程度较低

转轨国家加入的区域经济组织除欧盟、俄白联盟、统一经济空间、欧亚经济共同体外，一体化程度都比较低。中国参与的一体化组织近些年取得突破性进展，主要是双边协议的签订，如中国与巴基斯坦、智利、新西兰等国签订了自由贸易协议，中国与这些国家的自由贸易区的建设正在进行中。中、俄加入的 APEC 是一个论坛性的组织，在经济合作方面具有松散性和开放性的特点，没有建立机制化的谈判机制，各国协商结果不具有法律效力。上海合作组织目前还主要是在战略层面展开，没有建立实质性的区域联盟。中国参加的曼谷协定发展较慢，没有建立定期审议机制，缺乏向纵深发展的动力。“10 + 1” 自由贸易区的建立仍处于起步阶段，“10 + 3” 仅仅是区域性的经济论坛，算不上是区域性的经济合作组织。

四　转轨国家参与区域经济合作的战略选择

（一）参与区域经济合作的战略目标

区域经济合作不仅有助于提高本国经济竞争力，而且有助于减少与主要贸易对象国的贸易摩擦，提高参加国的国际地位，为本国经济发展争取更有利的外部环境。因此，转轨国家积极参与区域经济合作是在经济全球化条件下，规避贸易风险，提高本国经济发展质量和速度的一种战略选择。

转轨国家参与区域经济合作的战略目标包括：首先，加快与本国历史上联系密切的国家和地区的合作进程。其次，谋求与周边国家形成区域或次区域经济合作组织。再次，放眼世界，构筑全球合作网络。

亚洲是中国进行区域经济合作的重心，中国应首先搞好与中国港澳台及东盟、日本、韩国等经济体的合作；中国还应谋求与发达国家的经济合作，至少应把与发达国家的合作放在战略考虑的范围，制定合作目标、计划和方案。俄罗斯与中亚国家应加强本地区的合作，谋求与东欧、亚洲国家建立一体化组织；重视与发达国家如日本、美国、欧盟的合作，尤其是与其有地缘优势的欧盟的合作。

（二）参与区域经济合作的基础和准备

1. 继续积极推动 WTO 框架下的多边贸易自由化

多边贸易体制是推进全球自由贸易的主要途径，区域和双边合作只是多边贸易合作的补充和过渡。与多边贸易自由化相比，区域合作的影响范围较小。因此，转轨国家在积极开展区域经济合作的同时，还应与世界主要贸易国继续努力推动多边贸易自由化的进程。目前，一些转轨国家已经加入 WTO，还有一些转轨国家正在积极进行加入 WTO 的谈判工作。转轨国家在多边贸易组织中，应互相配合，协调立场，积极推动 WTO 制定符合转轨国家贸易利益的国际贸易规则。

2. 密切关注主要经济体的区域经济发展状况

转轨国家应积极参与 WTO 区域贸易协议委员会相关会议，密切注意各主要区域贸易协定的发展情形。尤其是与转轨国家贸易量较大的国家或地区的区域合作，如北美自由贸易区的发展、东欧国家加入欧盟对其他转轨国家的影响，日本—韩国、日本—新加坡自由贸易区建立的影响等，并在此基础上采取适当的应对措施。例如，可考虑与北美自由化区、欧盟的外围国家建立自由贸易区，从而迂回进入这些目标市场。积极与拉美国家建立区域合作组织，从而扩宽北美周边国家市场。

3. 设置专门机构组织实施区域经济合作

对成员国来说，区域经济合作相比多边合作关税降低和开放市场的速度更快，对成员国经济如贸易、产业安全等方面的影响也更明显。因此转轨国家要参与区域经济合作，就应密切关注可能产生的负面影响。根据新形势下参与区域经济合作内容不断扩展的需要，转轨国家应加强对区域经济合作的研究。组建专门机构负责实施区域合作，组织由政府官员、专家学者和国内产业界代表共同参与的研究队伍，对于各种可供选择的方案进行系统研究，对参与特定区域经济合作进行可行性论证，准确分析各种潜在的风险和机遇，为政府部门制定决策提供参考。

（三）区域经济合作伙伴的选择

1. 转轨国家应优先与周边国家进行区域经济合作

从政治、经济和安全角度考虑，周边外交在转轨国家外交全局中的重要性非常突出，因此，转轨国家应首先与周边国家搞好区域合作。

中国与周边国家的贸易额占中国外贸总额的60%以上，从周边国家和地区获得的投资多年来占中国引进外资总额的70%以上，中国开展区域经济合作应优先选择周边国家，把市场机遇带给周边国家，维持在周边地区的影响力。中国是亚洲最大的发展中国家，应积极参与和推动亚洲区域经济一体化进程。在自由贸易协定合作方面，首先应积极推动与港、澳、台的经贸合作，取消关税和非关税措施，进一步开放服务市场，推进共同繁荣。其次大力推动“10＋1”自由化贸易区的建设，并积极推动与东北亚各国如日本、韩国、俄罗斯、蒙古的区域合作。再次，要尽快研究和启动同南亚、中亚等国的自由贸易协定谈判，研究和推进在上海合作组织框架下建设自由贸易区的合作。

俄罗斯与原苏联加盟国家之间在历史上形成了互相分工的局面，俄罗斯以能源和原材料工业为主，乌克兰以农业和重化工业、军事工业为主，哈萨克斯坦以采掘业、冶金和化工为主。因此，原苏联加盟共和国应加强彼此合作，实现优势互补。原苏联加盟共和国在转轨之初就已意识到此问题，成立了独立国家联合体。只是由于独联体各国进行区域经济合作的目标不同，独联体整体的经济合作进展较慢，因此独联体内部产生了一系列一体化程度较高的次区域合作组织，如俄白联盟、统一经济空间等。

2. 转轨国家应在世界范围内确定重点合作伙伴

与周边国家搞好经济合作是转轨国家选择区域合作的重点，但是由于政治、历史、文化等方面的原因，有些周边国家的经济合作可能在短时间内不能取得重大突破，如中国与日本，俄罗斯与欧盟的历史渊源等原因可能使其经济合作面临更多限制。因此转轨国家参与区域经济合作不能只着眼于周边地区，而应放眼全球，选择与自己有战略利益或优势互补并且关系友好的国家进行区域经济合作。

如中国已与拉美的智利、秘鲁签订自由贸易区协议，拉美国家如南方共同市场、南部非洲同盟的部分国家都可以成为与中国谈判自由贸易区的对象。传统上俄罗斯在亚、非、拉国家具有一定的影响，也可以发挥在能源、高科技等方面的优势，同这些地区发展中国家进行广泛的区域经济合作。

在与发展中国家进行区域经济合作的同时，转轨国家还应注重与发达国家的经济合作。目前，很多发展中国家都意识到与发达国家进行区域合作的重要性。一些发展中国家如印度尼西亚、马来西亚、墨西哥、菲律宾、新加坡、泰国、越南等，都与日本进行了实质性的区域合作，新加坡等国还加强了与美国的合作。而转轨国家除东欧国家加入欧盟外，基本未展开与美、日等国的区域合作。通常来说，发达国家如美、日、欧等参与区域经济一体化，会更多地考虑战略利益问题，更多地从政治、安全角度考虑问题。尤其是像中国、俄罗斯传统上与发达国家有过对立关系，一般美、日、欧等国不会在短期内考虑与中、俄建立实质性的经济合作关系。但是，中、俄是世界经济大国，中国市场广阔、发展潜力巨大，俄罗斯是世界能源生产大国，高科技尤其是航天航空技术发达，发达国家也需要与中、俄发展经贸关系。转轨国家在与发达国家发展经贸关系的同时，可与和发达国家有区域合作的国家开展区域经济合作，也可利用已经参加的一体化组织的力量来增加自身谈判的筹码。

除美、日、欧之外，转轨国家还可考虑其他发达国家，如与澳大利亚、新西兰、加拿大等国进行经济合作。

需要特别指出的是，转轨国家参与区域经济合作不应盲目，而应综合考虑地理分布、贸易依存度大小、政治经济关系密切程度等因素来进行区域合作的布局。尤其是中、俄作为在国际政治、经济中影响较大的大国，更应考虑选择签署区域贸易协议的目标国背后要实现的战略意图。

首先，应选择与友好国家或有战略利益的国家签署区域贸易协议。其次，应着重考虑经济的互补性。如中国是世界原材料、能源和大宗商品进口大国，参与区域贸易合作应考虑本国的进口贸易安全，选择一些拥有重要战略资源的国家进行区域合作。例如，中国石油消费主要来源于中东、拉美以及亚洲的印尼等国家。进口钢材主要集中在日本、韩国、俄罗斯、乌克兰等国，中国在进行区域合作时应考虑到这些国家的资源状况。俄罗斯应选择其主要日用品进口来源国如中国、东南亚国家等，作为经贸合作伙伴。

转轨国家参与全球贸易自由化，实施贸易自由化改革的目标是实现本国市场与世界经济接轨，最大限度地获得贸易利益。而提高转轨国家的贸易竞争力，纠正贸易自由化进程中对外贸易结构出现的各种偏差、问题，是防范贸易自由化风险，维护国家经济安全，从而使转轨国家深化贸易自由化改革，提高贸易开放程度，深入参与经济全球化的必然途径。

本章从调整商品贸易结构、发展服务贸易、参与区域经济一体化合作三个方面提出转轨国家提升贸易竞争力，深化贸易自由化，维护国家经济安全的途径。在商品贸易方面，转轨国家应调整进出口商品结构，对传统比较优势产品加大技术改造力度，提升产品技术含量，并加大力度培养高技术产业，使高技术产品成为未来参与国际市场竞争的主要产品。在贸易对象上应从贸易利益角度考虑，实现市场多元化，避免对单一市场的过度依赖，提高进出口依存对称性，减少与主要贸易大国的贸易摩擦。在服务贸易方面，应积极发展服务业，发挥传统优势产业竞争力，对传统优势产业加大技术改造力度，提高其服务水平和质量。同时大力培养新型服务业和生产型服务业，提高服务水平和质量，提升参与国际服务贸易的水平和层次。在区域经济集团化加速发展的趋势下，转轨国家还应积极参与区域经济一体化组织，以在深化贸易自由化的同时，获得区域经济合作的利益，提升自身的国际地位。

第六章

结论与对策建议

20 世纪 80 年代以来，以生产要素自由流动为特点的经济全球化深入发展。进入 21 世纪以来，贸易自由化、生产全球化、金融全球化、投资自由化向纵深发展。经济全球化的发展促使转轨国家由计划经济体制向市场经济体制转轨，而经济转轨本身要求转轨国家充分利用世界市场，参与全球竞争，特别是要顺应全球贸易自由化的趋势，实施贸易自由化的改革。

虽然转轨国家在经济发展阶段和水平上类似于一般的发展中国家，但它们又与一般的发展中国家有明显不同，转轨国家的自由化改革涉及由传统计划体制向市场体制转换的外贸体制改革。由于没有现成的经验借鉴，转轨国家的改革方式与路径具有探索性和结果不确定性。俄罗斯和中国是具有典型意义的转轨国家，它们分别采取了激进式改革模式和渐进式改革模式。从转轨的成效来看，以中国为代表的渐进式改革得到普遍认可，该模式在实施贸易自由化的问题上采取了较为谨慎的态度。目前，转轨国家的贸易自由化仍然存在诸多问题，需要国家加强宏观管理，防范贸易自由化带来的风险，也需要企业配合国家政策，提高自身技术水平。

第一节　总的结论

通过本书的分析，可以得出以下结论：

(1) 贸易自由化是转轨国家发展对外贸易的必然选择。贸易自由化是国际贸易的发展趋势。贸易自由化可以使转轨国家获得按比较优势进行分工和贸易带来的利益，获得本国由于资源和技术限制而无法生产的产品，为本国未被充分利用的资源禀赋和剩余生产能力寻找出路，提高国内的效用和福利水平。同时，实施自由贸易政策，可以引入竞争因素，促使本国企业提高技术水平。因此，转轨国家应充分实施自由贸易政策，发挥对外贸易对本国经济的积极促进作用。

（2）贸易自由化改革对不同转轨国家经济发展的作用是不同的。随着经济体制改革的不断深化，转轨国家贸易自由化取向的外贸改革取得了一定进展，总体表现为贸易自由化水平得到显著提高，但是不同转轨国家由于实施外贸自由化的途径和方式不同，其产生的体制效应和对经济增长的作用是不同的。俄罗斯的贸易自由化使俄罗斯在较短的时间内摆脱了旧体制的束缚，迅速建立起了新的以私有制为主体的、多元化的、全面开放的市场型外贸体制。在一定程度上促进了俄罗斯社会的制度创新，对经济增长也起了一定的促进作用。但是俄罗斯以出口燃料和原材料为主的贸易结构使俄罗斯的对外贸易呈现低级化特征，没有起到促进产业结构升级的作用。中国贸易自由化改革使中国成为世界贸易大国，对经济增长起到了重要的拉动作用，促进了国民经济结构的调整与优化。但是进口与出口对于外贸的作用是不同的，从长期来看，进口更能起到促进本国产业结构升级的作用，因此应更加重视进口。

（3）转轨国家需要高度重视贸易自由化改革带来的国家经济安全问题。贸易是一国参与经济全球化的基本途径，是国际经济传导的直接途径，贸易安全是国家经济安全的重要内容。经济转轨时期，国家经济安全是贸易自由化当中必须关注的问题。转轨国家由贸易自由化改革措施及形成的贸易格局会对国家经济安全产生影响。

从出口方面来说，转轨国家的出口贸易结构对转轨国家都存在安全风险，如中国出口依存度高，出口价格低，使中国经济易受世界经济危机的影响，贸易利益较低。中国出口商品结构中虽然制成品占主体，但劳动密集型产品较多，加工企业产品出口所占比例高，产品在本国增值较低，出口主体多为外商投资企业，表明中国出口商品技术水平低，竞争力不强。贸易对象集中于欧美发达国家，容易与其发生贸易摩擦。俄罗斯出口商品中燃料和原材料占主体，导致国内产业结构向低级化发展。出口对象集中于欧盟地区。转轨国家普遍需要改善本国的产业结构，改善出口商品结构，提升出口商品技术含量，实现出口市场多元化。进口影响一国贸易利益，担负促进一国技术水平提高和产业结构升级的重任。目前转轨国家普遍存在进口市场集中，部分重要商品严重依赖进口的问题。中国进口与国家经济安全相关的主要问题是：进口商品中高技术产品、资本品过多，显示我国关键制造业核心竞争力差；对我国经济发展有重要影响的资源性商品如石油进口依存度过高，且进口过分依赖于中东地区，容易出现战略资源安全问题；进口市场主要集中于东南亚地区，加剧了进口的安全风险；一般贸易进口方式占主导地位，不利于国内产业的发展。俄罗斯进口存在的主要问题是：食品、消费品在进口中所占比例过大，影响俄国内基础产业、轻工业的发展，进口没有起到促进国内技术水平提高，促进国内产业发展的目的，不利于民族工业的发展，不利于产业结构的完善。此外，俄罗斯的进口主要集中于欧盟市场，使俄贸易利益容易受欧盟市场波动影响，风险较大。因此，俄应努力改变商品进口结构，实现进口市场多元化。

（4）转轨国家贸易自由化实践证明，在贸易自由化的过程中，需要充分发挥政府的宏观调控作用，以保证贸易自由化的方向，防范贸易自由化的风险，纠正贸易自由化导致的市场和价格扭曲。贸易自由化对转轨国家来说，是一个逐步取消国家对贸易活动进行干预的过程，在这一过程中，转轨国家要逐步实施各种贸易自由化的措施，而不能不顾本国实际，实施脱离历史和经济基础的一步到位的贸易自由化措施。

在经济转轨时期，政府管理对外贸易的职能已发生很大转变，政府普遍放松了对外贸活动的干预，但是政府职能的定位仍然容易出现偏差。在贸易自由化方面政府应主要从三个方面进行宏观管理：制定科学的对外贸易发展战略；转变职能，为企业、产业发展创造有利的竞争环境；加快产业结构调整，提高本国贸易国际竞争力。

贸易战略方面，中国政府应促进对外贸易由数量增加为主向质量提高为主转变，鼓励技术密集型产品出口，积极扩大进口，扩大先进技术、关键设备及零部件和国内稀缺资源、原材料的进口，促进资源进口多元化。俄罗斯应致力于提高本国产品的技术含量，发展高技术产业，提高技术密集型产品在出口中的比重，发展本国的知识产权技术出口。进口方面，重点研究本国产品替代进口产品的战略和有选择地保护本国生产者的机制。减少轻工业产品进口额和食品工业产品进口额在进口总额中的比重。

产业结构方面，中国应该适当调整产业扶植的范围，根据产业升级以及工业化、信息化发展要求选择不同阶段重点支持的行业和部门，同时提升产业的素质和竞争能力，以促进经济增长方式从粗放式向集约式转变。俄罗斯应对有发展前途的高技术产业和科技开发项目进行投资支持，从而形成在国际市场上有竞争力的产业。积极培育高技术产业，并对相关产业给以基础设施、财政、税收、金融方面的支持，为培养该类新兴产业提供有力的支撑。发挥俄罗斯军用技术的优势，将其市场化、经济化、民用化，特别是促进相关技术向民用客机、汽车制造业、造船业、运输设备等产业的转化，提高此类产业产品在国际贸易中的比重。

（5）转轨国家要深化贸易自由化，提高贸易开放度，提高贸易竞争力，应从商品贸易、服务贸易、参与区域经济一体化合作三个方面考虑。调整商品贸易结构，提高产品技术含量，实行市场多元化是提高转轨国家贸易竞争力及维护贸易安全的有效途径。转轨国家政府应从调整产业结构、加强进出口管理、促进先进技术设备进口方面促进贸易竞争力的提高。企业应从加强技术开发，实施知识产权战略方面入手，促进产品技术水平的提高。实现进出口市场多元化，是分散贸易风险的主要途径。中国应加强对亚洲国家、非洲地区的出口，提高主要出口市场的进口量，努力提高进出口依存对称性，促进公平贸易。俄罗斯应加强与亚太地区的联系，从发展中国家进口更有优势的消费品，从美、日市场进口高技术及其产品，而不必过度依赖于欧盟市场。

服务贸易是一国对外贸易的重要组成部分，服务贸易的发展水平体现了一国经济的现代化水平，表明了一国对外贸易的水平和整体竞争力。转轨国家的产业结构决定了服务业发展缓慢，服务业发展滞后又导致服务贸易发展落后于货物贸易的发展。转轨国家的服务贸易发展滞后主要体现为本国服务业竞争力差，参与国际服务贸易的水平和层次较低。在转轨国家纷纷加入 WTO 或准备加入 WTO 的情况下，转轨国家服务市场将按照 WTO 的要求逐步开放，因此，目前，转轨国家发展服务贸易的主要途径应是提高服务业的竞争力，从而提高本国服务贸易的竞争力。同时也应按照国际规则承担相应的国际义务，逐步开放本国服务贸易市场，提高本国服务市场自由化程度，促进服务企业公平竞争，提高本国服务贸易竞争力。

在区域经济一体化合作蓬勃发展的趋势下，转轨国家还应积极参加区域经济一体化组织，以提高本国国际竞争力，提升本国贸易自由化的水平。目前转轨国家已认识到区域经济一体化合作的重要作用，因此大部分转轨国家都参加了一些一体化组织。但转轨国家在参与区域经济合作时缺乏明确的区域意图和战略安排；区域合作伙伴类型单一；参与区域经济合作组织的合作程度普遍较低。为谋求更多战略利益，转轨国家应把参与区域经济合作放在战略高度，设置专门机构组织实施区域经济合作。首先搞好与周边国家的合作。如中国应积极推动与港、澳、台的经贸合作，适时推进与新加坡、泰国等东盟主要成员国的双边自由贸易谈判，尽快研究和启动同韩国、日本、印度等国的双边自由贸易协定谈判，研究和推进上海合作组织框架下的双边自由贸易协定问题。俄罗斯应加强与独联体国家的内部合作。其次，转轨国家应放眼全球，选择与自己有战略利益或优势互补并且关系友好的国家进行区域经济合作。如中国和俄罗斯都可发挥大国优势，与亚、非、拉发展中国家进行广泛的区域经济合作。同时注重与发达国家的经济合作，除美、日、欧之外，转轨国家还可着眼其他发达国家，如澳大利亚、新西兰、加拿大等国。

第二节 对策建议

在转轨国家实施贸易自由化改革的过程中，规避贸易风险，完善政府的管理职能，制定科学的对外贸易战略，调整商品贸易结构，发展服务贸易，其根本目的是提升本国对外贸易的国际竞争力，保障本国贸易安全。出口企业技术水平的提升是提升国家贸易竞争力的根本途径，转轨国家企业应配合国家政策，采取有效措施提高自身技术水平。而实施综合性的知识产权战略是提升企业技术水平，提高企业国际竞争力的有效途径。前已述及，跨国公司目前已在我国实施了全方位的知识产权战略，对我国企业的国际化经营造成了一定障碍。我国企业拥有知识产权成果的数量和质量与发达国家企业相比还存在明显差距，缺乏自主知识产权技术。因此，综合性知识产权战略的实施应由企业、政府和行业协会共同努力，以提高知识产权创造、保护和运用的水平，并有效地应对国外的知识产权战略及国际知识产权贸易壁垒。

（一）企业应实施知识产权战略，提高产品的科技含量

我国企业知识产权意识普遍薄弱，没有意识到企业之间的竞争已从价格竞争、技术竞争转变为知识产权的竞争。认为只要自己有新技术就能取得市场领先地位，没有及时申请专利保护，而遭他人仿制，使自己的技术成果没有创造应有的价值，甚至被他人抢先申请专利，反而需要向专利权人支付专利使用费。有的企业满足于仿制他人技术、产品，而遭遇侵权指控。有的企业热衷于从国外引进技术、设备和生产线，而不注重吸收和创新，造成大量资金浪费，却没有起到促进技术进步的作用。我国企业知识产权意识薄弱具体表现为：

一方面，自主创新能力不足。

我国企业研发投入普遍不足，在当今科学技术突飞猛进，市场竞争日益激烈的环境中，企业要生存和发展就必须不断地进行技术创新。日本学者将企业竞争力与企业的技术创新投资联系起来，经过研究指出，一个企业的研发投入如果仅占企业销售收入的1%，那么，这个企业注定要失败；如果占3%则仅仅可以维持企业发展；如果占到5%则可以参与竞争；如果达到8%以上，才可能有竞争力。

近年来，我国企业研发投入加大，产出水平提高。如2007年中国企业500强研发投入占营业收入的平均比例为1.61%，比上年增长0.16个百分点，其中研发投入比例超过5%的有31家，比上年增加5家；占2%—5%的有98家，比上年增加17家。2007年中国企业500强中的336家企业共拥有授权专利86945项，比上年增加13763项，其中发明专利27112项，比上年增加9072项。研发经费的投入有效地提高了企业技术水平，但是我国企业的研发投入与国际知名跨国公司相比还有相当大的差距，国际知名跨国公司的研发投入一般都在10%以上，而我国除华为、海尔、华润等少数企业研发投入比例较高外，大部分企业的研发投入偏低。研发投入不足，导致我国企业拥有专利数量少。（见表6－1、表6－2）

表 6-1　　1985—2010 年国内三种专利授权状况　　单位：件

年份	合计	发明	实用新型	外观设计
1985—2002 年	792352	37015	508879	246458
2003 年	149588	11404	68291	69893
2004 年	151328	18241	70019	63068
2005 年	171619	20705	78137	72777
2006 年	223860	25077	106312	92471
2007 年	301632	31945	148391	121296
2008 年	352406	46590	175169	130647
2009 年	501786	65391	202113	234282
2010 年	740626	79769	342258	318601

资料来源：《中国知识产权年鉴（2007）》，国家知识产权局统计信息。

表 6-2　　1985—2010 年国外三种专利授权状况　　单位：件

年份	合计	发明	实用新型	外观设计
1985—2002 年	90683	61883	2816	25984
2003 年	32638	35750	615	6273
2004 年	38910	31119	604	7187
2005 年	42384	32600	1212	8572
2006 年	44142	32709	1343	10090
2007 年	50150	36003	1645	12502
2008 年	59576	47116	1506	10954
2009 年	80206	63098	1689	15419
2010 年	74199	55343	2214	16642

资料来源：《中国知识产权年鉴（2007）》，国家知识产权局统计信息。

从表 6-1、表 6-2 中可以看出，1985—2010 年 25 年间，从国内外三种专利的授权情况看，三种专利的总数，国外获批数量小于国内。但从技术含量较高的发明专利的授权数量来看，2008 年以前，国外的发明专利授权数都大于国内，占发明专利授权总量的一半左右。2009

年以后，国内授权数量开始略高于国外授权数量。2010 年，我国授予发明专利总数 135110 件，其中国内授权 79769 件，占发明专利授权总量的 59.0%，国外授权 55343 件，占发明专利总量的 40.1%。

1985 年 4 月—2010 年 12 月，我国授予发明专利权总计 721753 件，其中国内授权 336134 件，占总量的 46.6%。国外授权 385619 件，占总量的 53.4%。

此外，从质量上看，在发明专利中，我国申请最集中的领域是中药、软饮料等，而来自国外的专利申请主要集中在高科技领域，如无线电传输、移动通信等，我国企业在高技术领域明显处于弱势地位。目前我国有些企业虽拥有一些专利权，但不拥有核心专利权，不能对市场形成控制力，因此不能叫作自主知识产权。

我国企业近年来频繁遭遇国外知识产权壁垒的根本原因可以归结为中国企业缺乏自主知识产权，在技术引进的过程中缺乏有效的自主创新，使得引进技术成了简单模仿，而即使创新也没有通过国外的专利申请进行知识产权保护。与许多世界级企业纷纷将知识产权保护作为在华经营的重点形成鲜明对比的是，我国企业的知识产权战略明显缺失，在创新和知识产权的投资中处于弱势地位。尽管我国很多企业也开始申请专利，但是这些申请绝大部分是在中国境内，而在海外中国产品的一些主要出口市场，如美国、欧洲及日本等地区，中国企业在国际知识产权申请注册方面的投资还远远没有跟上。

从专利合作条约（PCT）的国际申请来看，我国企业的申请数量虽然逐年增多，但总体数量与发达国家相比仍有较大差距，而且其申请企业主要是民营高科技企业，国有企业申请数量较少。PCT 专利国际申请量高度集中于几个主要发达国家。2007 年，美国的国际申请量占总量的 1/3 强，日本占 1/6 强，德国占 1/9 强，发达国家的申请量超过总申请量的 85%。申请量居前列的企业也主要来自发达国家，前 50 强企业中有 45 家来自发达国家。2009 年，受经济不景气因素影响，全球 PCT 国际专利申请量出现 30 年来的首次下滑，由上一年的 16.32 万件降至 15.59 万件，降幅为 4.5%。在 2009 年全球 PCT 国际专利申请量排行榜中，美国的申请量虽同比下降 11.4%，但优势仍较为明显，以 4.579 万件占全球总量 29.4% 稳居榜首；日本以 2.9827 万件位居第二；其后依次是德国（1.6736 万件）、韩国（8066 件）和中国（7946 件）。[①] 2011 年 PCT 国际专利申请量排名前五位的国家分别为：第一名美国，共 48596 件；第二名日本，共 38888 件；第三名德国，共 18568 件；第四名中国，共 16406 件；第五名韩国，共 10447 件。发达国家主导全球技术发展方向和专利发展方向的局面没有改变。

在 PCT 国际专利申请量企业排名中，中国华为在 2007 年以 1365 件居全球企业第四位，中兴通讯以 235 件居全球企业第五十二位。而且仅华为一家公司的 PCT 申请量就占我国申请总量的一半，而比亚迪、腾讯和联想等知名企业全球排位均在 500 名之外。2009 年华为以 1847 件位居全球第二位。2010 年，中兴从 2009 年的第二十位升至全球第二，华为则位列全球第四。2010 年，中国有 12 家专利国际申请量排名进入世界前 500 名，比 2009 年多出 4 家。2011 年中兴专利国际申请量排名全球企业第一位（2826 件），华为排名第三位（1831 件），表明我国企业在信息领域具有一定的技术优势。尽管如此，中国企业进入前 500 名的企业数量还是明显偏少，说明中国个别企业表现突出，但缺乏集群优势。

在面对知识产权壁垒的时候，我国企业目前存在的最大问题是技术创新能力不足，手中没有足够的专利，因此很难与竞争对手进行竞争。如果我国企业手中有足够的专利，在竞争对手要求收取专利费的时候就能与其讨价还价，寻求交叉许可的可能性。

另一方面，侵犯他人知识产权现象时有发生。

我国企业在市场竞争中还欠缺利用知识产权进行竞争的意识。现代市场竞争，很大程度上演变为技术的竞争，也就是专利的竞争，每个企业在决定进入市场之前，都应当做好技术与市场调查，否则盲目进入市场，必定会面临许可危机。

我国很多企业在研发技术时，没有检索专利文献，结果对已经存在专利权的技术进行重复开发，虽然此种技术是企业自己研制的，但如果没有经过专利权人同意就使用，仍然会侵犯专利权人的权利。这样企业

① 任晓玲：《全球 PCT 国际专利申请 30 年首现负增长》，http：//ip. people. com. cn/GB/11242772. html，2010 年 3 月 29 日。

自己研制的技术也不能使用，而要向专利权人支付专利使用费。

我国还有很多企业习惯于传统的思维方式，习惯于仿制他人的产品。如在我国市场上，仿制的服装、鞋帽、药品、化妆品等商品比比皆是。很多时候，知识产权人没有进行侵权追究，仿制企业便认为仿制行为可以不受约束地进行。但是一旦知识产权人提起侵权指控，这些企业将面临损害赔偿，必须支付知识产权使用费。

我国很多企业缺乏品牌意识，对相关法律及国际条约理解不透彻。如我国一些从事贴牌生产的企业没有考察国外提供的商标是否侵犯他人商标权问题，结果商品在出口国海关或在进口国海关被认为侵犯他人商标权，使出口商遭遇一定的麻烦或损失。

因此我国企业应加强知识产权意识，充分认识到企业之间的竞争已从产品质量和市场价格的竞争演变为知识产权的竞争。

1. 企业应加大知识产权创造与保护的力度

第一，实施专利战略。改革开放后，我国开始实施专利制度。20世纪90年代以来，外国跨国公司在我国申请了大量的专利。如前所述，在我国每年的发明专利授权中，授权给国外的发明专利占总量的一半以上。外国公司在我国大规模申请专利，削弱了我国自主创新的能力基础，限制了我国自主开发的技术空间，影响了相关产业的发展。对此，中国企业及政府应充分认识到民族工业受到的危机与挑战，真正树立起知识产权意识，既重视外国人的知识产权，又要加强自主知识产权技术的开发，实施专利权部署战略。

企业提高自身竞争力，提高产品的科技含量，应加大研发投入，加强技术开发，取得更多的专利成果。企业应努力加大研发投入占销售总额的比例。如我国的华为公司把知识产权战略作为企业发展战略之首，其核心就是专利战略。华为成立之初就有把销售收入的10%用于研发的规定。目前，华为4万多名员工中，48%的人参与研发活动。近10年的时间里，华为对3G的研发投入已经超过50亿元。华为雇用了1万多名工程师、电子通信人才搞开发，实施专利战略，为华为成为世界级企业奠定了坚实的知识产权基础。而我国大多数重要出口工业企业的研发投入都没有达到3%，这些企业应加大研发投入，确立研发投入的增长目标。

在加大研发投入的同时，企业应积极创造新技术成果，并对技术成果及时进行专利保护，以提高企业竞争力，更好地应对国外知识产权壁垒。企业应建立专利信息中心，收集专利信息，构建知识产权保护网，通过专利信息中心对与本企业产品相关的专利作分类管理。充分利用专利文献，了解最新科研动态、研究课题开发现状、技术水平和法律状态，少走弯路，缩短科研工作进度，避免无谓的损失。据世界知识产权组织的有关统计，全世界每年90%—95%的发明创造成果都可以在专利文献中查到，其中约有70%的发明成果从未在非专利文献上发表过。具体而言，检索专利文献的作用主要体现在以下几方面：启迪发明创造思路；了解该领域的最新动态；在提出专利申请前，对专利申请进行专利性检索，以确定该项发明是否具有新颖性、创造性与实用性；避免盲目引进并非最先进的技术及一些过期的专利；避免盲目的技术开发，造成人力、物力的浪费。在专利侵权诉讼中，企业在被起诉侵权时，检索专利文献，查看原告的专利资料及相关的背景技术，以避免败诉；专利申请人对于专利局复审委员会做出驳回或撤销或无效或维持等的决定不服向人民法院起诉时，可检索专利文献，并提供相关的资料。随着互联网的发展，各个国家的专利局和国际专利组织均开辟网站，免费提供该国或该组织的专利文献检索与下载服务，互联网上的免费专利文献，是企业可以充分利用的巨大宝藏。

企业应充分利用专利文献，了解最新科研动态，积极进行新技术研发。研究显示，查阅专利文献，不仅可以提高科研项目的研究起点和水平，而且还可以节约60%左右的研究时间和40%左右的研究经费。企业应不断地更新专利资料库，对相似技术进行排查并请专业人员对相关内容进行侵权分析，在不构成侵权的情况下，使企业的研发人员了解本行业的技术发展趋势，为创新项目提供方向，保证研究开发的合法性。

企业要充分研究国外先进的知识产权技术，并在此基础上开发自主知识产权技术。通过专利信息中心，注意随时追踪检索现有的专利技术，积极利用知识产权文献技术资料，充分了解本行业或本专业的国内外研发现状，利用前人成果，通过使用已公开的技术，从编织的专利网中寻找突破口。如没有自己的核心专利，可从外围入手开展研发，绕过国外的知识产权技术封锁，将市场上的公开技术组合起来，或通过引进、消化、吸收及再创新，研发出一批围绕原核心专利的应用技术，积极申请专利，并密集构建专利网。由于知识产权壁垒具有时间、技术和地域等限制及动态变化性，我国企业可充分利用知识产权壁垒的有限性，通过本土化的创新设计和组合，将对方的核心专利改进为更适合本土市场的创新方案。对每一项创新方案都申请专利，并在基本专利的周围设置大量原理基本相同的不同权利要求范围的专利。通过交叉许可，取得发展的空间，增加与跨国公司讨价还价的筹码。如果新的专利技术使得已有的专利技术也必须加以某种改进才能够实现更高水平的发展，双方就形成了相互的需要，有可能通过协商达成双方的知识产权交叉许可。企业可与著名科研机构和高校合作，促进企业技术水平的提高。如日立、东芝、松下等跨国企业对有发展前途的产品及骨干产品在投产之前往往申请数百项的发明和实用新型专利。又如我国的海尔公司在2002年就已申请中国专利3000余项，平均每天就有两个以上的新专利问世，其开发的海尔小小神童即时洗的微型洗衣机第一次申请专利就有12项，在先后推出了九代产品后，前后已获得中国专利26项，从外观到内部结构所有新技术的应用都通过专利申请方式获得了市场保护。对于企业所拥有的著作权，尤其是企业拥有的自主权利的计算机软件要及时进行版权登记，明确其权利归属，避免发生争议。

通过专利跟踪、分析，对某些科技型企业实施兼并、收购也是年轻企业迅速实现技术突破，成为专利技术领袖的一种方式。对于已由国外公司成功研发并已申请专利的核心技术，可采取跨国收购的方式，将竞争对手的专利权全部购买下来以独占市场。比如明基收购西门子手机业务，从而获得了西门子手机在GSM手机方面的核心专利。2001年华立正式收购飞利浦集团所属的在美国SANJOSE的CDMA手机芯片及手机整体解决方案设计部门，飞利浦将相关的设备、资产和手机参考设计所涉及的知识产权全部转让给华立，此外华立还获得飞利浦半导体开发的CDMA协议软件的独家授权，从而使华立率先成为国内完整掌握IT产业中核心技术的企业。又如我国的IT新贵UT斯达康公司斥资数亿美元分别于2003年、2004年收购了美国两家高科技企业，这些收购项目为UT斯达康公司带来了3G手机等产业领域的大量核心技术。因此，采购性的专利部署活动也会给企业的进一步发展缔造坚实的知识产权基础。

中国企业也可采取技术跟随的战略，作为后来者，紧盯市场上新的技术动向，密切注意竞争对手技术产品的研发路线，并在短时间内研发出新产品，或把原创者购买过来迅速占领市场，这些措施能够省去大量的研发经费及人力和时间，有效避免投资失误。

中小企业由于企业人力和财力的限制，不可能从事大规模的基础研究，应当有选择、有目的地针对自己想要进入的行业的技术发展特点选择突破口，达到成本最低、收益最高的效果；另外，中小企业在进入市场之前应当做好调查研究，如果某一个国家存在有效的专利技术，最好就不要在该国生产或者向该国出口该类产品，应转而向其他没有申请专利保护的市场销售产品。

生产型外贸企业要大力发展自主知识产权，不仅要在中国国内发展自主知识产权，而且还要在全球范围内注册及保护自己的知识产权，如在美国、日本、欧盟等一些主要市场注册，使竞争对手无机可乘。

第二，强化品牌意识，加强商标保护。商标是企业的重要无形资产，注册商标尤其是知名商标可以为企业带来巨大利益。我国一些企业由于忽视商标的国外注册问题，导致国内一些著名商标在国外被抢注，而当企业向当地市场出口或从事生产活动时，反遭当地抢注人指控侵权。近年来，我国商标已经进入了在国外被疯狂抢注的高峰期，国内很多企业由于对商标的保护不力，商标在国外被抢注，给企业的国际化经营带来障碍，如2007年，金杯公司的产品在出口海外时受阻，“金杯”商标在海外被恶意抢注。从2007年到2008年，“金杯”系列商标海外纠纷共有20件，国内外注册异议18件、商标侵权案件6件，给企业造成极大损失。“冰山”、“大显”和“华丰”等知名商标也在香港遭抢注。从已有情况来看，被境外抢注的商标，只有极少数能够最后夺回。

目前我国企业在品牌建设上与发达国家相比处于明显劣势，这也是国内众多企业的出口业务以加工贸易方式为主的重要原因。我国企业应建立商标战略，加强对商标的保护。企业要根据自己的实际情况，自进行新产品的研究开发之日起，就要注重品牌和商标的策划工作，设置独特标志，及时申请商标注册，可在国内注册联合商标和防御商标以保护商标在国内市场的利益。除在国内保护商标外，企业还应根据自身的经营战略，立足长远发展，及时到企业有意发展的国外市场注册商标。在产品进入国际市场之前，及时进行商标国外申请注册工作，避免由于他人已在国外申请了该商标的注册权而构成本企业产品进入国际市场的障碍。企业“走出去”进行国际商标保护时应具有前瞻性，事先了解国外法律，及时进行商标注册。企业可及早根据我国已加入的国际条约如《商标国际注册马德里协定》，进行国际注册，也可逐一到国外注册商标。在实行先使用原则的国家，如美国、英国、澳大利亚、加拿大、新加坡等国，应当尽早使用商标，并注意保存在这些国家使用商标的证据，包括合同、广告、宣传材料等。在实行先注册原则的国家，如日本、韩国、西班牙、意大利等国，应当尽早申请注册。除在重要销售市场注册商标外，企业也应注意在商品集散地及周转地如香港地区进行商标注册。

一旦企业商标遭遇国外抢注，要根据不同情况区别应对。如在国内知名度不高的注册商标在国外被抢注，企业一般只能通过协商的方式去解决，或者及时策划，设计启用一个新的商标。如在国内有较高知名度的注册商标在国外被抢注，应考虑用高成本的法律手段解决。此外企业应注意利用国际条约及各国商标法对驰名商标保护的规定对自己的知名商标进行保护。如“金杯”商标在2009年4月由国家工商总局认定为驰名商标，从而解决了在海外被抢注的问题。

企业在进行贴牌生产时，对国外客户指定的商标应注意是否侵犯他人商标权并要求委托方提供知识产权证明文件。如不能确定是否侵权，应在合同中明确规定知识产权的免责条款，规定外方指定的商标如涉及侵权问题由外方负责交涉，如果因知识产权侵权而遭受索赔、处罚等损失的，由委托方承担全部责任。

我国很多外贸企业都是在无意识或者被动的情况下被控侵权的。侵权企业多是因为没有审查买家是否有资格使用这些品牌、商标或专利，就在不知情的情况下盲目接单，导致自身成了侵权者。如我国宁波某企业按照客户要求在出口的鞋类产品中打上了欧洲某著名品牌商标，结果出口的8900多双鞋，经过20多天海上颠簸运至比利时港口后，却因涉及知识产权问题不能入境。不得已，这批鞋又被退回了始发港。[①] 因

① 蔡岩红：《企业做外贸生意应未雨绸缪》，《法制日报》2007年10月16日。

此，企业在接受外贸订单时，应对相关的商标注册证、授权书等的合法性进行有效审核，查明是否侵犯他人的知识产权，以免造成不必要的损失，给企业的声誉带来负面影响。

第三，加强商业秘密保护。我国很多企业商业秘密保密意识差，甚至没有保密意识。一些企业自己研制的技术既不申请专利，也不采取严密措施保护，而且到处宣传，以赢得赞誉为荣，或与其他厂家及外商搞交流参观，使自己的技术轻易被别人无偿获得。商业秘密也是企业的重要无形资产，企业应加强商业秘密的保护意识，对全体员工进行商业秘密保护方面的宣传，使员工提高保护商业秘密的意识。企业应同掌握企业商业秘密的雇员及合作伙伴签订保密协议，规定企业商业秘密的保密范围，具体规定双方保守商业秘密应采取的措施和手段，以及侵犯企业商业秘密须承担的法律责任。此外，企业还应同掌握企业商业秘密的雇员签订竞业禁止协议，明确规定竞业禁止的范围、期限、补偿条款、违约责任及争议解决办法等。另外，企业在寻求合作的过程中，在法律文件签订之前，要注意企业商业秘密尤其是技术秘密的保护。

2. 企业应加强对知识产权壁垒的研究，积极应对国外诉讼

知识产权壁垒相对于传统贸易壁垒及技术性贸易壁垒、绿色壁垒等更具有隐蔽性、歧视性和报复性。为应对国外知识产权壁垒，企业应深入了解研究知识产权方面的国际规则及主要国家知识产权的立法及实践。我国是 WTO 成员，企业在进行对外贸易时应注意 WTO、TRIPS 协议对知识产权的规定，同时对主要贸易对象国有关知识产权的法律、实践也应有所了解，掌握其主要法律规定、立法趋势及法院的判例，方可更大限度地避免撞入知识产权壁垒。如对知识产权穷竭原则，要把握当前主要贸易国所采取的原则。如果对象国采用地域性原则，企业在进行外贸活动时，应特别注意知识产权问题。从事技术贸易的双方，在签订合同时，应注意知识产权处理问题，尤其是对专利产品平行进口问题应作出明确而细致的规定。合同当中应明确许可的性质是否为独占许可。如为独占许可，应在合同中规定，将来如有第三方擅自进口专利产品，应由技术供方负责与侵权第三方进行交涉。作为技术的受方，应注意在合同规定的地域内生产、销售合同产品，如需向区域外存在平行专利的第三国出口，应经过进口国专利权人的同意，才能将产品出口到该国。

从事进口业务的外贸经营者，应注意进口的货物是否侵犯本国专利权人的权利。如进口产品在国内存在有效的专利权，应在取得本国专利权人的许可后，方从事该产品的进口。

对某些外国企业运用事实标准中包含的知识产权设置壁垒，垄断市场的行为，国内企业可联合起来进行抵制，或诉诸法院加以解决，必要时可申请国家启动贸易壁垒调查机制对外国技术壁垒进行调查。对一些国家运用国内法案以知识产权为借口对外国产品进行打击报复的行为，可采取反报复措施，或诉诸 WTO 争端解决机制。

此外，企业应尊重他人知识产权，积极应对国外知识产权诉讼。外贸企业出口前要认真开展知识产权调查，也可委托有关机构进行必要的知识产权调查，以防止无意中侵犯他人的知识产权。如经调查存在侵权可能，则应及时对产品和工艺进行修改，以避免侵权指控。也可以从专利权所有人那里取得使用许可，或者与进口商达成协议，由进口商对侵权行为承担责任。不尊重别人的权利，就会受到权利人的侵权指控，就是成本没有计入知识产权费用的低价产品也容易受到反倾销指控。

企业应深入了解出口国有关知识产权的法律法规，搜集相关信息，建立知识产权预警机制，避免因知识产权壁垒造成的损失。对于国外企业滥用知识产权壁垒时，应敢于起诉或应诉，利用世贸组织的争端机制进行抗辩。当遭遇国外侵权起诉时，企业应积极主动应对，通过行业协会等组织，配合商务部等国家部门，利用世贸组织的争端解决机制进行抗辩。同时企业还应对被诉侵权的产品或工艺进行分析，在根本不存在侵权时，要坚决反击对方的无理要求，还要通过媒体揭穿对手利用侵权诉讼进行不正当竞争，遏制他国企业发展的险恶用心，同时还应提出反诉，从法律上给对方以打击。当存在侵权时，要看是否能够通过法律程序，及时寻求该专利技术的无效宣告，阻止竞争对手的专利进攻。如磋商不成，可将争端诉诸 WTO 争端解决机制谋求公平合理解决。

如针对近年来美国对我国企业频繁进行 337 条款调查，企业应采取积极应诉措施。如果企业不应诉，美国国际贸易委员会（ITC）会缺席判决，不应诉即意味着败诉，意味着中国企业将失去美国市场。据统计，自 1990 年以来，在所有的 337 条款的案例中，大约有 50% 获得了庭外和解。在剩下的50%中，有一半的案例被告胜诉。可见，国内企业积极应诉，是有胜诉机会的。

应对337调查，企业应有高水平的工程技术人员队伍，协助律师分析技术。此外，企业还应积累应对专利诉讼等知识产权诉讼的技巧。例如在面对3C、6C等知识产权联盟时，不应一味进行妥协退让，如果能够采取积极有效的应对措施，往往可以有效地进行反击。例如3C、6C中纳入的很多专利技术，在很大程度上可以导致不利竞争或者搭售的效果，这在许多国家都是违反竞争法的，如果我国企业能够抓住对方这些弱点进行攻击，往往能够起到釜底抽薪的作用。

在应对知识产权的诉讼中，企业可借鉴应对反倾销的国际经验，由行业协会组织相关企业进行应诉。行会对国际市场及国际法规比较了解，处理国际事务的经验也较为丰富。以行业协会为主体参与国际贸易争端的解决，可以起到引导、团结、凝聚作用。行业协会可以通过建立行业应诉基金，来解决企业应诉资金的不足。

此外，企业之间可通过组建行业联盟，采取联合行动，应对国外知识产权壁垒。相关企业可以行业或相关技术为基础，组建专利联盟，使有限的专利技术能够在更大的范围内实现共享，打破跨国公司的技术垄断，增强与跨国公司谈判的力量。另外，组建专利联盟还有助于推动我国技术标准的建立，增强我国在未来国际产业标准中的话语权，打破跨国公司的技术垄断。

如飞利浦公司打算出台一项针对DVD播放机的专利授权新模式，即“许可状态确认文件”机制，主要面向出口欧美的DVD播放机。该机制的主要内容是，凡出口到欧美的DVD碟机产品，必须获得飞利浦专利授权。否则，即使冒险出口，也无法进入沃尔玛、百思买等主流连锁渠道销售，因为飞利浦已经与这些渠道之间达成合作，不准未获其授权的产品进入。对于这种情况，我国企业可行的方案是“购买”对方的专利许可权，但“购买”的前提条件是成本不应当太高，所以国内所有的生产厂家应联合起来，增加谈判实力。同时尽可能在短期内开发出该专利技术周围的改进技术，在该技术周围形成一层包围圈，与专利权人进行交叉许可，从而减少专利费缴纳的数额。当然，如果在生产厂家研发能力足够强的情况下，不妨寻求新的技术路径，以绕过专利权人的专利，从而避免或者少缴专利费用。

我国企业在应对涉外诉讼时常因应诉企业的单一弱小，处于不利地位，特别是随着国外公司加强对专利技术的垄断，以及协同作战，我国企业的劣势更加突出。面对专利标准化、标准垄断化的趋势，我国各行业的企业应当结成标准联盟，共同确立产业标准，以分散标准化的风险、壮大用户基础或“安装基地”。在遭遇国外知识产权诉讼时，可由行业协会牵头联合应诉、联手抗争，以降低每个企业的应诉成本，分散风险。

3. 企业应加快建立现代企业制度，增强市场竞争力

在现代市场经济条件下，企业只有建立起健全的现代企业制度，才能建立企业技术创新机制，才能为企业实施知识产权战略，为企业健康发展提供重要的制度保障。同时这也是国内企业实施“走出去”战略，在更大范围内参与国际竞争的需要。无论是国有企业还是民营企业，都应努力建立规范的现代企业制度。应当指出的是，我国的企业与真正意义上的现代企业，特别是与发达国家的现代企业相比还有着较大的差距，尤其是一些民营企业大都是家族企业，在刚刚创业的时候，还能适应企业发展的需要，发展到一定规模后，其弊端便逐渐暴露出来，成为制约企业发展的桎梏。建立现代企业制度，首先应从管理科学化入手，改变传统的金字塔形的管理体制，根据企业的实际情况实行扁平式的组织机构或同心圆式的组织机构。完善人力资源管理，强化企业规范管理，文化管理；深化产权制度改革，实现资本多元化；建立规范的法人治理结构。

建立现代企业制度，推进体制和机制创新，可以提高管理效率，扩大生产规模，降低生产成本，促进产业内贸易发展，取得规模经济效益，增强核心竞争力，是提高我国出口企业国际市场竞争力的制度保障。

（二）政府对策

在促进企业提高技术水平，加大技术保护工作，有效应对国外贸易壁垒，尤其是对我国对外贸易及企业提高技术水平影响较大的知识产权壁垒过程中，政府的参与至关重要。政府应建立并完善与我国国情相适应的国家知识产权战略，地方政府可制定地区知识产权战略。

1. 进一步完善国内立法，保护国家利益

进入21世纪，为了与TRIPS协议接轨，我国已对传统的知识产权法，如专利法、商标法、著作权法等进行了全面的修订，使我国的知识产权保护在较短的时间内达到了国际高水平。然而，TRIPS协议生效以来，发生了许多之前无法预料的知识产权垄断及滥用问题。TRIPS协议全体成员在引言中明确表示，要保证知识产权执法的措施与程序不至于变成合法贸易的障碍，说明TRIPS协议是反对知识产权滥用及垄断的。20世纪90年代以来，限制知识产权滥用成为一种国际趋势。各国都加强了对知识产权垄断的立法及执法措施。我国也应在反垄断法中，对与贸易有关的知识产权的不适当垄断和不正当竞争行为作出明确的限制。如应限制专利与技术标准的滥用；规范网络著作权；强调专利技术转让中知识技术生产者与使用者的权利义务平衡；规定专利技术许可证转让协议，不得出现不合理限制贸易区域，限制原材料、零配件进口或搭售的不平等条款等。同时国家还应成立限制知识产权滥用的执法审查专门机关，以增加法律的确定性和可操作性。同时，对跨国公司的搭售行为、拒绝交易、技术标准滥用等知识产权垄断行为作出规定，并增加可操作性。加强对在华跨国公司研发活动的规范。对跨国公司在华的研发活动出台相应的规范政策，将当前对跨国公司研发的激励型政策转变为一个激励与规范并重的政策，对那些坚持技术垄断、滥用技术壁垒的行为进行纠正，使跨国公司的研发能为我国的自主创新服务。此外应建立专门的限制知识产权滥用的执法审查机构，增加法律的确定性和可操作性。

近年来我国已经建立了一个基本与国际规则接轨的完整的知识产权法律体系。但是我国的知识产权法律保护制度，从实施情况来看，出现了一些与实践不相匹配的现象。为进一步与国际条约接轨，加强我国自主知识产权保护，政府应不断修改完善知识产权法律保护制度，并加强知识产权执法力度。

在法律调整方面，政府应根据我国实际，深入研究国际条约的精神及例外条款，在符合国际条约最低要求的基础上，根据其例外条款进行合法规避。在专利保护方面，依据TRIPS协议的最新修订及例外条款，调整我国专利法中专利侵权的例外、实施强制许可的条件等内容，增加对遗传基因、传统文化的保护。在商标保护和商业秘密的保护方面，应尽早出台统一的地理标志保护法和商业秘密保护法，完善相关配套法规，增强可操作性。

第一，调整专利法。目前我国很多产品依赖于对国外产品的仿制，尤其是在制药行业，仿制率一度高达99%。但是高水平的专利保护已宣告仿制时代的结束。我国可在专利法中对专利侵权的例外、实施强制许可的条件等增加一些规定，对我国具有优势的重点领域如人类遗传基因和中医药等领域加强保护。在商业方法专利方面，我国可暂时把紧专利审批关。但是鉴于发达国家都已对商业方法授予专利，如果发达国家在商业方法专利上也向标准化发展，我国服务业进入国际市场就会遇到严重困难。政府应着手鼓励服务企业加强服务方法研究，争取在服务方法上取得自主知识产权，以免受制于人。

第二，在商标保护方面，加强地理标志的法律保护。地理标志的保护对我国农产品贸易及农业产业的发展具有重要意义。但目前我国在商标法中对地理标志的保护力度较弱，而且在实践中出现了商标法与行政法规两种保护模式，以及行政部门多头交叉管理带来的矛盾，为此我国应制定独立的地理标志保护法，以加强对我国地理标志商品的保护。地理标志保护法应明确地理标志的保护部门，如可规定对产品进行质量监控的质检局对地理标志进行管理；明确规定地理标志的审批标准。可由国家会同行业协会制定一套严格的质量标准，申请注册地理标志产品的生产企业必须提供一套完善的质量监督体系，由主管部门进行严格审查，符合质量标准后方可注册；合理解决地理标志与地名商标的冲突。对地名商标中的地名合理使用问题作出明确规定。此外，应限制新地名商标的注册，对县级以下行政区划的地名也应禁止注册为地名商标。

第三，加强商业秘密的法律保护。我国对商业秘密的法律保护较为分散，而且对商业秘密的保护范围、侵权主体、侵权赔偿责任等问题的规定与国际规则不一致，弱化了我国对商业秘密的保护力度。应尽早出台统一的商业秘密保护法，完善相关配套法规，使我国商业秘密保护与国际规则相一致，增强可操作性。统一的商业秘密保护法应明确商业秘密保护的范围及认定标准。对商业秘密的保护范围应采取比较广义的规定，农工商领域的技术秘密和经营秘密都应是法律保护的范围；明确商业秘密侵权的主体范围，将侵权主体分为三类，即根据合同负有保密义务的当事人、企业的工作人员、实施侵权行为的第三人。规定惩罚性的赔偿责任；明确授权企业可同其雇员签订竞业禁止协议。同时对竞业禁止协议的主体、目的、期限、地域范围、业务领域等方面加以严格限制并规定补偿条款。

第四，科学界定平行进口行为。我国市场经济法律体制的构建尚处于起步阶段，对于知识产权领域的平行进口问题我国现行知识产权法并无明确规定。为保护我国知识产权权利人的利益，我国应通过立法科学界定平行进口行为。专利、商标和版权三个方面平行进口产生的影响及立法难度不同，因此这三个方面的法律应有所不同。可考虑在专利权和版权领域采用地域性原则，禁止平行进口，因为版权与专利权的技术含量较高，平行进口使原知识产权所有人的利益受到较大损失，国际上对两者平行进口的界定差异也较大。随着我国市场经济法律体制的逐步完善和国际立法的变化，也可以逐步放开在专利权与版权平行进口方面的某些限制。在商标领域采用权利用尽原则，允许平行进口，因为一方面商标的技术含量较低，加之我国劳动力成本低，商品成本较低，输入我国的平行进口商品一般无利可图；另一方面大多数国家的立法和判例，对商标商品平行进口的限制较为宽松。但不受任何约束的商标商品的平行进口，有可能妨碍公平竞争，损害某些当事人的利益，因此必须对商标用尽原则的效力作出必要的限制，或者在贸易合同中作出具体的规定。

此外，我国应加强对 WTO 规则的研究，取消知识产权海关保护出口检查制度。TRIPS 协议规定各国应对进口货物进行知识产权检查，对出口货物可以进行知识产权检查。即海关对进口货物进行知识产权检查是 TRIPS 协议规定的最低标准。我国是发展中国家，科技整体水平落后，在知识产权国际保护中处于不利地位。我国只需达到 TRIPS 协议规定的最低标准，做到既遵循该标准，又最大限度地保护企业、国家利益。为此我国应将主要精力放在进口审查上，出口检查可以取消，这样既符合我国经济发展水平，又符合 TRIPS 协议规定的最低标准，有利于提高海关行政效率，防止外国不法商人借此阻止中国产品出口。

政府还应加强与国际组织的沟通和联系，与其他发展中国家一起，争取与 WTO 相关的知识产权协定的制定和修改的主动权，为产品出口的市场准入创造条件。

地方政府可制定具有针对性的知识产权地方性法规和政策措施，充分利用我国的比较优势，弥补企业自主知识产权拥有及利用上的不足。如充分利用当地的自然地理资源，以地理标志的保护形式确保特色产品的竞争优势；发挥产业集群的优势科技力量，开发自主知识产权；挖掘传统知识的商业价值，对民间文学艺术表达和传统技艺予以利用和保护等。

2. 从政策上加强对科研创新的支持力度

为了应对知识产权壁垒，提高我国自主知识产权的数量和质量，政府应加强对科研创新的支持力度，制定一系列鼓励和支持自主创新的具体政策措施。但采取扶助措施应当在法律和国际条约允许的范围内进行。政府可根据 WTO 的规则对企业研发活动进行补贴。政府可对商业性前期研究活动给予适当支持，也可对公司进行的或科研机构与公司签约进行的基础研究、工业研究、竞争前研发活动进行补贴，并引导企业积极参与以高等院校和科研机构为主体的基础研究与商业竞争前期的研究活动。强化高等院校在知识产权创新中的作用，在高等院校、科研机构和企业之间建立有效的沟通机制，以促进技术成果的商业性转化。

此外，政府可对企业申请专利给予必要的资金支持。长期以来，我国企业不积极申请专利的原因主要在于专利申请费和专利维持费过高，以发明专利的年费为例，发明专利保护期限为 20 年，按照现行的中国收费标准，专利所有者共需交 8.23 万元人民币，若企业到国外去申请专利，费用更是惊人。在日本申请一项专利需缴纳 2 万美元，美国 1.7 万美元，欧盟 2 万美元，高昂的费用往往使国内企业难以承受。因此，在我国企业普遍缺乏自主知识产权，尚未实现技术创新的良性循环之前，由国家实施优惠政策和设立专项基金，支持我国企业在国内和国外取得具有技术创新性质的知识产权就成为一种可行的选择。

对于新兴的高技术产业，国家应积极支持其制订国际领先的技术标准，并鼓励其参与国际标准的制订。对于我国有优势有特点的产业，要加快制定符合技术性贸易壁垒要求的技术标准，并努力使其成为主导的技术标准。此外，在现有标准体系中，应加快企业产品标准向国际标准转化的速度，这不仅是提升产品竞争力的需要，也有利于我国企业跨越国际贸易中的知识产权壁垒。

3. 加大力度培养知识产权人才

目前我国在知识产权方面的人才奇缺，需要大量懂管理、懂专业，能够胜任知识产权诉讼、管理的复合型人才。随着中国经济的高速发展，专利申请量持续增长，在未来相当长的时间里，中国专利审查人才缺口很大。企业、中介组织和政府都需要大量的知识产权相关人才。目前企业在知识产权管理上存在的缺陷很大程度上也与知识产权专门人才的缺失有关。

为适用知识经济时代对知识产权专业人才的需求，我国政府应积极鼓励高校开设知识产权专业，或成立知识产权学院，也可采取各种形式对现有律师进行各种形式的知识产权知识、案例、国际规则的培训，以提高其在知识产权方面的业务水平，帮助企业更好地应对国际知识产权壁垒。

4. 充分发挥政府职能，为企业提供服务

政府有关部门应充分发挥服务职能，特别是以下几个方面：

第一，应为企业建立信息平台，使企业能及时对国内外专利文献、商标系统、各国知识产权法律状况及司法判例进行查询，防止在进行技术开发时落入他人专利范围，避免重复劳动。

第二，应建立专门的克服知识产权壁垒的咨询和信息服务机构。建立一种机制或渠道，使企业能及时向政府反映其在出口前线所受到的各种不公平待遇，好让政府尽快掌握信息，在必要时尽快启用 WTO 争议解决程序。

第三，政府还应建立由商务部为领导部门的知识产权壁垒预警与应急机制。建立有关国家和地区知识产权壁垒的法律法规及技术标准的动态数据库；积极主动地收集和掌握国外对华贸易政策的发展趋势、正在实施或拟定中的与贸易相关的知识产权壁垒措施，建立和完善知识产权壁垒通报和快速反应机制。政府还应充分重视知识产权诉讼，要及时掌握信息，制定对策，建立有效的沟通渠道和协调机制，在企业、行业之间发挥支持和协调作用。例如，美国派特蒙汽车公司就电动滑板车商标侵权，同时起诉了浙江省内的七家企业，然而各企业间缺少信息交流，影响了应诉。针对这种情况，政府有关部门和行业协会要构建相关的信息通报网络，建立相关的知识产权法律咨询平台，积极提供信息支持。

第四，建立知识产权应诉基金。国内企业应对国际知识产权诉讼，需要巨额的应诉费用。如美国337调查，国内企业的应诉费用动辄高达几百万美元，是应诉反倾销费用的十多倍，实力较弱的中小型企业无力承受。目前中国已成为国际贸易摩擦的最大受害国，出于种种顾虑和困难，面对“调查”，大多数被调查企业都采取了回避态度。政府应建立知识产权应诉基金，对企业应诉给予必要的支持。

（三）行业协会对策

在知识产权保护的发展历史上，行业协会起到了巨大的作用。但在我国的知识产权保护中，行业协会的作用并不明显。目前，我国各行业基本上都建立了行业协会，但行业协会的作用并没有充分地发挥出来。因此，必须对行业协会重新定位，明确其职权和职责，赋予行业协会保护知识产权的相关权限。具体而言，行业协会应该被赋予并履行下列职责：向企业提供生产经营和政策、法律信息；参与有关行政部门对企业的监督检查；对有关知识产权侵权问题进行调查；向有关部门反映并支持受害企业起诉，同时就有关技术问题向法院提供公允说明，对损害知识产权利益的行为通过大众传媒予以揭露和批评；联合行业内企业进行行业自律，为了保护行业内企业的知识产权，对行业内部的傍名牌、搭便车、诋毁竞争对手、低价竞争等行为进行约束。

建立行业知识产权预警机制。在政府知识产权管理部门的指导下，建立本行业知识产权预警机制，尤其是专利预警机制，包括采集、分析与我国对外贸易有关的重要专利信息、品牌信息，并分行业、分领域进行规范的专业处理；调查我国重要产品出口市场对该产品的专利申请及技术标准的调整变化情况；对我国出口产品有可能遭遇的专利侵权诉讼等贸易风险进行分析，并通过设定相应的参数来构建预警系统。对本行业重大知识产权事件及时作出反应，使企业能够及时反映遇到的问题，以加强管理部门和企业之间的联系与沟通。

帮助指导企业应对知识产权诉讼。目前国内企业应对知识产权诉讼，尤其是美国调查程序，除费用问题外，往往还存在其他种种困难：取证复杂，从立案、取证到裁决，过程紧凑，准备时间十分短促，难以及时作出反应。程序复杂，国际贸易摩擦在国外审理，适用国外法律，法律程序复杂，相关手续烦琐。“谁应诉、谁受益”原则无完善的制度保障。协调困难，行业企业数量多、规模小、经营分散，致使全行业统一行动的难度较大。信息缺乏，面对贸易摩擦，企业可获取信息的渠道比较单一，信息通报滞后，应对时间紧迫，应诉工作缺乏针对性。因此，企业遭遇国外知识产权诉讼时，由行业协会牵头组织企业联合应诉，有利于各个企业采取联合行动，在取证、答辩、反诉等问题上采取更为有效的对策，可以降低每个企业的应诉成本，分散风险。

参考文献

1. 宾建成：《中国参与双边 FTA 的对策探讨》，《经济论坛》2004 年 12 月 20 日。
2. 陈宪、张鸿：《国际贸易》，上海财经大学出版社 2004 年版。
3. 程伟等：《经济全球化与经济转轨互动研究》，商务印书馆 2005 年版。
4. 池元吉：《世界经济概论》，高等教育出版社 2004 年版。
5. 冯绍雷、相蓝欣：《俄罗斯经济转型》，上海人民出版社 2005 年版。
6. 冯舜华：《转轨国家对外贸易体制改革比较》，《东欧中亚研究》2000 年第 4 期。
7. 冯舜华、杨哲英、徐坡岭：《经济转轨的国际比较》，经济科学出版社 2001 年版。
8. 高伟凯：《贸易自由化的国家利益原则》，《国际贸易》2007 年第 3 期。
9. 郭连成：《俄罗斯对外经济关系研究》，经济科学出版社 2005 年版。
10. 郭连成：《俄罗斯经济转轨与转轨时期经济论》，商务印书馆 2005 年版。
11. 郭连成：《俄罗斯经济自由化与市场开放问题论析》，《西伯利亚研究》2002 年第 3 期。
12. 郭连成：《经济全球化与转轨国家政府职能转换》，《世界经济》2003 年第 10 期。
13. 郭连成：《经济全球化与转轨国家经济发展及其互动效应》，经济科学出版社 2007 年版。
14. 郭连成：《经济全球化与转轨国家经济双向互动论》，《世界经济与政治》2006 年第 11 期。

15. 郭连成：《经济全球化与转轨经济发展的关联性分析——对转轨国家经济的一个新的分析视角》，《国外社会科学》2007 年第 3 期。

16. 郭连成：《面向 21 世纪的经济全球化——概念、成因、回顾与展望》，《国外社会科学》2001 年第 2 期。

17. 郭连成、李卿燕：《经济全球化与转轨国家经济安全相关性》，《世界经济》2005 年第 1 期。

18. 何传添：《加入 WTO 有利于中国的贸易安全》，《国际经贸探索》2002 年第 1 期。

19. 何枫、冯宗宪、陈荣：《中国市场化与贸易自由化的次序安排》，《经济学家》2000 年第 1 期。

20. 何如良：《贸易自由化的经济效应及其对中国入世的启示》，《浙江社会科学》2001 年第 6 期。

21. 何选荣：《对经济全球化的几点思考》，《求实》2001 年第 11 期。

22. 洪银兴、刘志彪、范从来：《转轨时期中国经济运行与发展》，经济科学出版社 2002 年版。

23. 华晓红、庄芮、杨立强：《“十一五”期间中国对外经济贸易热点问题》，对外经济贸易大学出版社 2007 年版。

24. 李琮：《经济全球化新论》，中国社会科学出版社 2005 年版。

25. 李永、刘鹃：《贸易自由化、产业结构升级与经济发展》，立信会计出版社 2005 年版。

26. 廖涵、房师杰：《贸易自由化及其度量理论述评》，《中南财经大学学报》2000 年第 5 期。

27. 刘昌黎：《经济全球化新论》，《财经问题研究》2003 年第 5 期。

28. 刘金源、李义中：《久加诺夫的反全球化思想述评》，《探索与争鸣》2007 年第 10 期。

29. 龙文懋：《经济全球化与经济安全》，湖南人民出版社 2003 年版。

30. 陆燕：《贸易自由化、经济全球化与我国外经贸发展》，《经济研究参考》2001 年第 4 期。

31. 潘广云、车丽娟：《俄罗斯服务贸易的发展现状及其国际竞争力分析》，《俄罗斯中亚东欧市场》2008 年第 1 期。

32. 茹玉骢：《规模报酬递增视角下的国际贸易理论述评》，《浙江社会科学》2004 年第 2 期。
33. 宋德勇：《经济转型问题研究》，华中理工大学出版社 2000 年版。
34. 孙莹、米军：《贸易自由化与转轨国家经济贸易的互动效应分析》，《俄罗斯中亚东欧市场》2007 年第 6 期。
35. 谈世中、王耀媛、江时学：《经济全球化与发展中国家》，社会科学文献出版社 2002 年版。
36. 王金亮：《转轨时期俄罗斯经济增长与对外贸易关系研究》，博士学位论文，辽宁大学，2006 年。
37. 王鹏：《中国对外贸易对经济增长的影响研究》，硕士学位论文，华东师范大学，2004 年。
38. 王述祖：《经济全球化与发展中大国的经济发展战略》，中国财政经济出版社 2003 年版。
39. 吴浩：《中国与俄罗斯贸易体制改革的路径和绩效比较研究》，硕士学位论文，对外经济贸易大学，2007 年。
40. 项义军、尤涛：《当前我国贸易安全存在的问题及对策》，《商业研究》2005 年第 13 期。
41. 薛伟贤、冯宗宪、郭根龙：《GATS 框架下发展中国家和转轨国家的金融服务贸易自由化研究》，《世界经济》2000 年第 11 期。
42. 张红侠：《俄罗斯对外经贸发展战略及发展前景分析》，《俄罗斯中亚东欧研究》2005 年第 5 期。
43. 张养志：《普京时期的俄罗斯对外经贸发展战略》，《俄罗斯中亚东欧研究》2005 年第 5 期。
44. 张养志：《俄罗斯的对外贸易商品结构分析》，《兰州商学院学报》2002 年第 2 期。
45. 张养志：《俄罗斯对外经济活动中的国家调节》，《甘肃社会科学》2003 年第 2 期。
46. 张养志、王娟熔：《对俄罗斯对外贸易发展战略的理论思考》，《东欧中亚研究》2001 年第 6 期。
47. 赵传君：《中俄外贸体制改革比较》，《俄罗斯中亚东欧市场》2003 年第 11 期。

48. 仲鑫：《贸易自由化渐进性与中国外贸政策的适应性》，《经济理论与经济管理》2002 年第 3 期。
49. 周洪涛：《浅析俄罗斯对外贸易的地区结构问题》，《西伯利亚研究》2004 年第 6 期。
50. 周全：《21 世纪的俄罗斯经济发展战略》，中国城市出版社 2002 年版。
51. 周申：《发展中国家贸易自由化与汇率政策》，中国财政经济出版社 2006 年版。
52. 朱玉荣：《俄罗斯服务贸易现状及发展策略》，《俄罗斯中亚东欧市场》2011 年第 9 期。
53. 朱玉荣：《跨国公司的知识产权战略及我国的应对策略》，《世界贸易组织动态与研究》（《上海对外贸易学院学报》）2009 年第 2 期。
54. 朱玉荣：《我国纺织服装企业国际化经营的策略选择》，《边疆经济与文化》2006 年第 12 期。
55. 朱玉荣：《我国实施知识产权战略的依据与选择》，《商业研究》2008 年第 12 期。
56. 朱玉荣：《自由贸易的新障碍——知识产权壁垒》，《国际经贸探索》2005 年第 3 期。
57. 朱玉荣、杨东升：《地理标志保护与我国农产品贸易的发展》，《辽宁师范大学学报》2007 年第 4 期。
58. 朱玉荣、杨东升：《加强我国商业秘密保护的对策研究》，《北方经贸》2006 年第 9 期。
59. 朱玉荣、杨东升：《辽宁外贸企业应对知识产权壁垒的对策研究》，《辽宁工业大学学报》2010 年第 4 期。
60. ［俄］ JI. H. 阿巴尔金：《俄罗斯发展前景预测——2015 年最佳方案》，社会科学文献出版社 2001 年版。
61. ［俄］ H. 乌斯基诺夫：《论俄罗斯对外贸易垄断制》，《东欧中亚市场研究》2002 年第 3 期。
62. ［美］ 艾尔 · L. 希尔曼：《贸易保护的政治经济学》，北京大学出版社 2005 年版。
63. ［美］ 保罗 · 克鲁格曼、茅瑞斯 · 奥伯斯法尔德：《国际经济学》，中国人民大学出版社 2002 年版。

64. ［美］贾格迪什·巴格沃蒂：《今日自由贸易》，中国人民大学出版社 2004 年版。

65. ［美］理查德·隆沃思：《全球经济自由化的危机》，三联书店 2002 年版。

66. ［美］拉尔夫·戈莫里、威廉·鲍莫尔：《全球贸易和国家利益冲突》，中信出版社 2003 年版。

67. ［英］大卫·李嘉图：《政治经济学及赋税原理》，华夏出版社 2005 年版。

68. ［英］托马斯·孟：《英国得自对外贸易的财富》，华夏出版社 2006 年版。

69. ［英］亚当·斯密：《国民财富的性质与原理》，中国社会科学出版社 2007 年版。

70. Anthony J. Venables, Alasdair Smith, Paul Krugman, Ravi Kanbur, 1986, "Trade and Industrial Policy under Imperfect Competition", *Economic Policy*, Vol. 1, No. 3, pp. 622 – 672.

71. Aaron Tornell, Frank Westermann, Lorenza Martínez, Liberalization, 2003, "Growth, and Financial Crises: Lessons from Mexico and the Developing World", Brookings Papers on Economic Activity, Vol. 2003, No. 2, pp. 1 – 88.

72. Anne O. Krueger, 1999, "Are Preferential Trading Arrangements Trade-Liberalizing or Protectionist?", *The Journal of Economic Perspectives*, Vol. 13, No. 4, pp. 105 – 124.

73. Andrei Shleifer and Daniel Treisman, "A Normal Country: Russia after Communism", *The Journal of Economic Perspectives*, Vol. 19, No. 1 (2005), pp. 151 – 174.

74. Bartlomiej Kaminski, Zhen Kun Wang, L. Alan Winters, Andre Sapir, Istvan P. Szekely, 1996, "Export Performance in Transition Economies", *Economic Policy*, Vol. 11, No. 23, pp. 423 – 442.

75. Chad P. Bown, 2004, "Trade Policy under the GATT/WTO: Empirical Evidence of the Equal Treatment Rule", *The Canadian Journal of Eco-*

nomics/Revue Canadienne d'Economique, Vol. 37, No. 3, pp. 678 – 720.

76. Charles van Marrewijk, Joachim Stibora, Albert de Vaal, 1996, "Services Tradability, Trade Liberalization and Foreign Direct Investment", *Economica*, *New Series*, Vol. 63, No. 252, pp. 611 – 631.

77. Costas Hadjiyiannis, 2004, "Common Markets and Trade Liberalization", *The Canadian Journal of Economics/Revue Canadienne d'Economique*, Vol. 37, No. 2, pp. 484 – 508.

78. Charlie Dannreuther and Rohit Lekhi, 2000, "Globalization and the Political Economy of Risk", *Review of International Political Economy*, Vol. 7, No. 4, pp. 574 – 594.

79. Cevdet Denizer and Holger C. Wolf, 2000, "The Saving Collapse during the Transition in Eastern Europe", *The World Bank Economic Review*, Vol. 14, No. 3, pp. 445 – 455.

80. Deepak Lal and Sarath Rajapatirana, 1987, "Foreign Trade Regimes and Economic Growth in Developing Countries", *The World Bank Research Observer*, Vol. 2, No. 2, pp. 189 – 217.

81. Dragoljub Stojanov, Vinko Kandžija, 2005, "Are the Trade Opennes and Competitiveness of Transition Economies Drivers for Economic Growth and Convergence or Not", http://oliver. efri. hr/ ~ euconf/2005/files/plenary% 20 session/3rd%20stojanov%20kandzija. pdf, pp. 1 – 11.

82. Ernesto Hernández-Catá, 1997, "Liberalization and the Behavior of Output during the Transition from Plan to Market", Staff Papers-International Monetary Fund, Vol. 44, No. 4, pp. 405 – 429.

83. Edward F. Buffie, 1995, "Import Liberalization vs. Export Promotion", *The Canadian Journal of Economics/Revue Canadienne d'Economique*, Vol. 28, No. 3, pp. 603 – 616.

84. Eric Helleiner, 1995, "Explaining the Globalization of Financial Markets: Bringing States Back in", *Review of International Political Economy*, Vol. 2, No. 2 (Spring), pp. 315 – 341.

85. Francisco Rodriguez and Dani Rodrik, 2000, "Trade Policy and Econom-

ic Growth: A Skeptic's Guide to the Cross-National Evidence", *NBER Macroeconomics Annual*, Vol. 15, pp. 261 - 325.

86. Gene M. Grossman and Elhanan Helpman, 1995, "The Politics of Free-Trade Agreements", *The American Economic Review*, Vol. 85, No. 4, pp. 667 - 690.

87. John Child and David K. Tse, 2001, "China's Transition and Its Implications for International Business", *Journal of International Business Studies*, Vol. 32, No. 1, pp. 5 - 21.

88. John McMillan and Christopher Woodruf, 2002, "The Central Role of Entrepreneurs in Transition Economies", *The Journal of Economic Perspectives*, Vol. 16, No. 3, pp. 153 - 170.

89. Jonathan Crystal, 2003, "Bargaining in the Negotiations over Liberalizing Trade in Services: Power, Reciprocity and Learning", *Review of International Political Economy*, Vol. 10, No. 3, pp. 552 - 578.

90. Jen Baggs and James A. Brander, 2006, "Trade Liberalization, Profitability, and Financial Leverage", *Journal of International Business Studies*, Vol. 37, No. 2, pp. 196 - 211.

91. Jacques Miniane and John H. Rogers, 2007, "Capital Controls and the International Transmission of U. S. Money Shocks", *Journal of Money, Credit and Banking*, Vol. 39, No. 5, pp. 1003 - 1035.

92. Jonathan D. Ostry, 1991, "Trade Liberalization in Developing Countries: Initial Trade Distortions and Imported Intermediate Inputs", *Staff Papers-International Monetary Fund*, Vol. 38, No. 3, pp. 447 - 479.

93. James E. Anderson and Eric van Wincoop, 2004, "Trade Costs", *Journal of Economic Literature*, Vol. 42, No. 3, pp. 691 - 751.

94. James E. Anderson and J. Peter Neary, 1994, "Measuring the Restrictiveness of Trade Policy", *The World Bank Economic Review*, Vol. 8, No. 2, pp. 151 - 169.

95. Jaleel Ahmad and Jing Yang, 1998, "Trade Liberalization in Eastern European Countries and the Prospects of Their Integration into the World Trading System", CESifo Group Munich in its series CESifo Working Pa-

per Series with number 164, pp. 12 - 13.

96. Joze Damijan, Jose de Sousa, Olivier Lamotte, 2006, "The effect of trade liberalization in South-Eastern European countries", http://www.wiiw.ac.at/balkan/files/DAMIJAN% 20DES-OUSA% 20LAMOTTE.pdf, pp. 1 -2.

97. L. Alan Winters, Neil McCulloch, Andrew McKay, 2004, "Trade Liberalization and Poverty: The Evidence so Far", *Journal of Economic Literature*, Vol. 42, No. 1, pp. 72 - 115.

98. Michael Ellman and Robert Scharrenborg, 1999, "The Russian Economic Crisis", *Economic and Political Weekly*, Vol. 33, No. 52, pp. 3317 - 3322.

99. Michael Lusztig, 1998, "The Limits of Rent Seeking: Why Protectionists Become Free Traders", *Review of International Political Economy*, Vol. 5, No. 1, pp. 38 - 63.

100. Michael B. Devereux, 1997, "Growth, Specialization, and Trade Liberalization", *International Economic Review*, Vol. 38, No. 3, pp. 565 - 585.

101. Michael Mussa, 1987, "Macroeconomic Policy and Trade Liberalization: Some Guidelines", *The World Bank Research Observer*, Vol. 2, No. 1, pp. 61 - 77.

102. Michael Kitson and Jonathan Michie, Conflict, 1995, "Cooperation and Change: The Political Economy of Trade and Trade Policy", *Review of International Political Economy*, Vol. 2, No. 4, pp. 632 - 657.

103. Massimo Florio, 2002, "Economists, Privatization in Russia and the Waning of the 'Washington Consensus'", *Review of International Political Economy*, Vol. 9, No. 2, pp. 359 - 400.

104. Michel Chossudovsky, 1994, "Russia: Towards Economic Collapse", *Economic and Political Weekly*, Vol. 29, No. 3, pp. 91 - 93.

105. Martha de Melo, Cevdet Denizer, Alan Gelb, 1996, "Patterns of Transition from Plan to Market", *The World Bank Economic Review*,

Vol. 10, No. 3, pp. 397 - 424.

106. Nauro F. Campos and Fabrizio Coricelli, 2002, "Growth in Transition: What We Know, What We Don't, and What We Should", *Journal of Economic Literature*, Vol. 40, No. 3, pp. 793 - 836.

107. Neil Robinson, 1999, "The Global Economy, Reform and Crisis in Russia", *Review of International Political Economy*, Vol. 6, No. 4, pp. 531 - 564.

108. P. L. Dash, 2001, "Perils of Putin's Russia", *Economic and Political Weekly*, Vol. 36, No. 4, Money, Banking & Finance, pp. 288 - 291.

109. Rachael E. Goodhue, 1998, "Gordon C. Rausser, Leo K. Simon, Privatization, Market Liberalization, and Learning in Transition Economies", *American Journal of Agricultural Economics*, Vol. 80, No. 4, pp. 724 - 737.

110. Raphael Kaplinsky, 2001, "Is Globalization All It Is Cracked up to Be?", *Review of International Political Economy*, Vol. 8, No. 1, pp. 45 - 65.

111. Samir Amin, 1996, "The Challenge of Globalization", *Review of International Political Economy*, pp. 216 - 259.

112. Seung Ho Park, Shaomin Li and David K. Tse, 2006, "Market Liberalization and Firm Performance during China's Economic Transition", *Journal of International Business Studies*, Vol. 37, No. 1, pp. 127 - 147.

113. Stephen L. Parente and José-Víctor Ríos-Rull, 2005, "The Success and Failure of Reforms in Transition Economies", *Journal of Money, Credit and Banking*, Vol. 37, No. 1, pp. 23 - 42.

114. Steven Globerman, 1990, "Trade Liberalization and Competitive Behavior: A Note Assessing the Evidence and the Public Policy Implications", *Journal of Policy Analysis and Management*, Vol. 9, No. 1, pp. 80 - 88.

115. Seppo Honkapohja and Arja Turunen-Red, 2002, "Complementarity, Growth, and Trade", *The Canadian Journal of Economics/Revue Cana-*

dienne d'Economique, Vol. 35, No. 3, pp. 495 – 516.

116. Sebastian Edwards, 1993, "Openness, Trade Liberalization, and Growth in Developing Countries", *Journal of Economic Literature*, Vol. 31, No. 3, pp. 1358 – 1393.

117. Susana Ferreira, 2004, "Deforestation, Property Rights, and International Trade", *Land Economics*, Vol. 80, No. 2, pp. 174 – 193.

118. Truong Quang Hoai Nam, 2006, "Competition Policy and Liberalization of Trade, and Investment", http://www.jftc.go.jp/eacpf/06/6_01_03.pdf, pp. 1 – 7.

119. Timothy C. G. Fisher and Donald J. Wright, 1999, "Unionized Oligopoly and Trade Liberalization", *The Canadian Journal of Economics/Revue Canadienne d'Economique*, Vol. 32, No. 3, pp. 799 – 816.

120. United Nations, Trade and Development Report 2007, pp. 100 – 102.

121. WTO Annual Report 2006, p. 4.

122. WTO Annual Report 2002, p. 40.

123. WTO World Trade Report 2009, pp. 8 – 17.

124. Yener Kandogan, 2003, "Technological Progress Through Trade Liberalization in Transition Countries", William Davidson Institute Working Paper No. 567, p. 20.

后　记

随着经济全球化的发展，转轨国家的贸易自由化问题成为转轨国家参与全球化进程中需要高度关注的课题。本书以中国和俄罗斯为例对转轨国家贸易自由化进程中的国家安全问题、知识产权保护问题、服务贸易发展问题及参与区域经济合作等问题进行了深入的思考和研究。本书的完成和出版得到诸多方面的支持和帮助，仅以此书的出版向他们表示衷心的感谢！

感谢东北财经大学的郭连成教授，感谢郭连成教授为本项目研究从框架的确定到资料的收集等诸多方面的指点和帮助！

感谢东北财经大学的刘昌黎教授，感谢刘昌黎教授对本研究提供的修改意见，其高屋建瓴的指点纠正了本研究成果的偏颇，丰富了本研究成果的内容！

感谢东北财经大学的李东阳教授、阙澄宇教授、何剑教授等对本书提供的指导和帮助！

感谢大连外国语大学的领导、同事们及我的家人对本项目研究给予的关心与支持！

感谢大连市政府学术专著出版资助办公室和大连外国语大学给予的出版资助！

本书写作过程中，进行了大量法律、贸易、实务方面的调查研究，参阅了大量书籍、期刊及网络信息，并努力使理论与实践相结合。尽管如此，由于转轨国家贸易自由化问题是一个内容十分丰富繁杂且理论性和实践性都很强的课题，受篇幅及时间所限，对该项目所涉及的贸易自由化与环境的关系等问题没有做深入的研究。受学识、能力所限，书中错误与不当之处难免，敬请读者批评指正。

最后，对作者参阅和引用的书籍及有关文献的作者表示衷心的感谢！

朱玉荣

2013 年 9 月